Künstliche Intelligenz aus staatlicher Perspektive

Europäische Hochschulschriften Recht

European University Studies in Law

Publications Universitaires Européennes de Droit

Band/Volume **6223**

Richard Rotermund

Künstliche Intelligenz aus staatlicher Perspektive

Rechtliche Herausforderungen und Chancen

PETER LANG

Bibliografische Information der Deutschen Nationalbibliothek
Die Deutsche Nationalbibliothek verzeichnet diese Publikation in der Deutschen Nationalbibliografie; detaillierte bibliografische Daten sind im Internet über http://dnb.d-nb.de abrufbar.

Zugl.: Passau, Univ., Diss., 2020

D 739
ISSN 0531-7312
ISBN 978-3-631-83362-9 (Print)
E-ISBN 978-3-631-84378-9 (E-PDF)
E-ISBN 978-3-631-84379-6 (EPUB)
E-ISBN 978-3-631-84380-2 (MOBI)
DOI 10.3726/b17982

Peter Lang – Berlin · Bern · Bruxelles · New York · Oxford · Warszawa · Wien

Diese Publikation wurde begutachtet.

www.peterlang.com

Danksagung

Mein besonderer Dank gilt zunächst Prof. Dr. Meinhard Schröder für die hervorragende Betreuung. Er hat die Arbeit stets mit viel Verständnis und sehr konstruktiver Kritik begleitet.

Bedanken möchte ich mich auch bei meinen Wegbegleitern, insbesondere:

- Dr. Thomas Heiß, der mir bei der Vorbereitung Orientierung gab.
- Dr. Korbinian Hartl, der mir die Inspiration für das Thema lieferte.
- Frau Stefanie Urchs für ihre fachlich-informatische und auch seelische Begleitung, die mir sehr geholfen hat.
- Allen ehemaligen und aktuellen Teammitgliedern des Lehrstuhls für Öffentliches Recht, Europarecht und Informationstechnologierecht der Universität Passau. Aufgrund zahlreicher Diskussionen, Kaffeepausen und schöner Gespräche werde ich die Zeit am Lehrstuhl in guter Erinnerung behalten.
- Meinen Freunden, die ich leider nicht alle namentlich nennen kann.

Schließlich bedanke ich mich ganz besonders bei meinen Eltern, ohne deren bedingungslose Unterstützung weder das Jurastudium noch diese Arbeit möglich gewesen wären.

Inhaltsverzeichnis

1. Einführung

„Erfolgreiches Schaffen einer effektiven künstlichen Intelligenz könnte das größte Ereignis in der Geschichte unserer Zivilisation sein. Oder das Schlimmste.“[1]

- Stephen Hawking

„Die Angst, künstliche Intelligenz könnte die Weltherrschaft übernehmen, taugt lediglich als gute Story für Hollywood.“[2]

- Garri Kasparow

„Ich für meinen Teil heiße unsere Maschinenherrscher willkommen“[3]

- Antony Garret Lisi

Seit tausenden von Jahren träumt die Menschheit in Geschichten, Mythen und Sagen davon, intelligente Wesen selbst zu erschaffen. In einer Entwicklung, die im letzten Jahrhundert begann, hat die Informatik uns durch die Schaffung von Computerprogrammen, deren zunehmend komplexe Algorithmen[4] sie immer menschenähnlicher erscheinen lassen, in die Nähe dieses Ziels gebracht.

Jetzt, da es zum Greifen nah scheint, sind sich die Denker unserer Zeit nicht einig, ob künstliche Intelligenz (KI) unser Heilsbringer wird oder die Apokalypse einleitet. Auf der einen Seite träumt man von einer Maschinen-Utopie, die mit Hilfe von Computern, deren Intelligenz dem Menschen weit voraus ist, Wohlstand, Gerechtigkeit und Zufriedenheit im Überfluss erreichen wird.[5] Weniger träumerisch, aber dennoch optimistisch in die Zukunft blickend,

1 *Gerstl*, Stephen Hawking warnt vor KI als "schlimmstes Ereignis der Zivilisationsgeschichte", Interview (https://www.elektronikpraxis.vogel.de/stephen-hawking-warnt-vor-ki-als-schlimmstes-ereignis-der-zivilisationsgeschichte-a-660803/) (geprüft am 10.06.2019).

2 *Küchemann*, Die Angst vor künstlicher Intelligenz ist Hollywood-Stoff, Interview (http://www.faz.net/aktuell/feuilleton/debatten/garri-kasparow-hat-keine-angst-vor-kuenstlicher-intelligenz-15007553.html) (geprüft am 10.06.2019).

3 *Lisi* in: Brockman (Hrsg.), What to think about machines that think, 2015, S. 22.

4 Zum Begriff des Algorithmus: *Hartl*, Suchmaschinen, Algorithmen und Meinungsmacht, 2016, S. 17; *Söbbing*, Fundamentale Rechtsfragen Künstlicher Intelligenz (AI Law), 2019, S. 6 ff.

5 *Bostrom*, Superintelligence, 2016, S. 25.

werden, beispielsweise von der Bundesregierung, jedenfalls kurzfristige Chancen zur Verbesserung des Lebens der Menschen gesehen.[6] Auf der anderen Seite befürchtet man entweder die Auslöschung der Menschheit durch Maschinen, welche die Menschen nicht mehr brauchen,[7] oder zumindest eine radikal kapitalistische Gesellschaft, in der einige wenige sich den neu geschaffenen Wohlstand einverleiben, während für den Rest der Gesellschaft nichts übrig bleibt, wenn nicht ein Umdenken geschieht.[8]

Bei aller Diskussion um das künftige Schicksal der Menschheit darf nicht vergessen werden, dass die Errungenschaften der KI-Forschung schon seit Jahrzehnten die Gesellschaft beeinflussen. Gestern lernten Computer das Schachspielen und veränderten den Sport grundlegend oder planten bereits militärische Einsätze.[9] Heute geben sie sich in Form von Social Bots auf sozialen Medien als Menschen aus und beeinflussen Meinungen und Wahlen oder ermöglichen uns, mit unseren Handys zu reden. Morgen werden sie unsere Autos steuern[10] und immer mehr Aufgaben übernehmen, die man den größten Teil unserer Geschichte nur Menschen zutraute, weil sie mit Intelligenz ausgestattet sind.

Wie es bei neuen Technologien nicht unüblich ist, hat die Rechtswissenschaft hier zunächst die Aufgabe, den neuen Einsatz intelligenter Computer in die bestehende Rechtslage einzuordnen. In den letzten Jahren explodierte deswegen, parallel zur Forschung an KI an sich, das juristische Interesse an der Thematik. Unzählige Aufsätze und Bücher wurden geschrieben, die Fachwelt diskutiert auf Konferenzen über die Implikationen, die sich durch die zunehmende Automatisierung von kognitiv anspruchsvolleren Aufgaben ergeben, und Gesellschaften wie die Robotics & AI Law Society (RAILS)[11] wurden gegründet.

Im Zivilrecht kann über Haftungsfragen diskutiert oder über dogmatische Schwierigkeiten bei automatisierten Vertragsschlüssen nachgedacht werden.[12]

---

6 *Bundesregierung*, Eckpunkte der Bundesregierung für eine Strategie Künstliche Intelligenz, 2018.

7 *Bostrom*, Superintelligence, 2016, S. 140.

8 *Delaney*, The robot that takes your job should pay taxes, says Bill Gates (https://qz.com/911968/bill-gates-the-robot-that-takes-your-job-should-pay-taxes/) (geprüft am 10.06.2019).

9 *Russell/Norvig*, Artificial intelligence, ^{3}2010, S. 29.

10 Autos selbst steuern? In 20 Jahren nur mit Sondererlaubnis (http://www.faz.net/aktuell/wirtschaft/neue-mobilitaet/angela-merkel-autos-selbst-steuern-in-20-jahren-nur-mit-sondererlaubnis-15056398.html) (geprüft am 10.06.2019).

11 ai-laws.org.

12 Z.B. *Kirn/Müller-Hengstenberg*, Rechtliche Risiken autonomer und vernetzter Systeme, 2016.

Im Strafrecht muss überprüft werden, ob manche dogmatische Konstruktion auch dann sachgerechte Ergebnisse hervorbringt, wenn intelligente Systeme benutzt werden.[13]

Auch aus staatlicher Perspektive muss sich mit dem Thema beschäftigt werden. Früher oder später besteht in vielen Gebieten Regelungsbedarf durch den Gesetzgeber. Das Europäische Parlament schreibt etwa in einer Empfehlung:

„in der Erwägung, dass die Menschheit mittlerweile an der Schwelle einer Ära steht, in der immer ausgeklügeltere Roboter, Bots, Androiden und sonstige Manifestationen Künstlicher Intelligenz („KI") anscheinend nur darauf warten, eine neue industrielle Revolution zu entfesseln, die wahrscheinlich keine Gesellschaftsschicht unberührt lassen wird, und es daher für Gesetzgeber von entscheidender Bedeutung ist, sich mit den rechtlichen und ethischen Implikationen und Folgen dieser Entwicklung zu befassen, ohne Innovationen abzuwürgen"[14]

Um dies zu ermöglichen muss der (vor allem verfassungsrechtliche) Rahmen gezogen werden, in dem die Legislative tätig werden darf. Ebenso müssen Potential und Grenzen der Einsatzmöglichkeiten intelligenter Programme durch den Staat bedacht werden. Die zentrale Frage dieser Arbeit soll daher sein, welche Herausforderungen sich für Träger von Staatsgewalt durch die Weiterentwicklung künstlicher Intelligenz stellen.

Dabei werden nach dieser Einführung (1.) die Grundlagen gelegt, indem zunächst die hier verwendete Definition von künstlicher Intelligenz festgelegt wird. Dies ist notwendig, weil der Begriff immer noch sehr unterschiedlich gebraucht wird, weswegen der Umfang der Arbeit umrissen werden muss. Anschließend wird der geschichtliche Hintergrund, der wie so häufig für das Verständnis der Materie unerlässlich ist, dargelegt, wobei wichtige Begriffe, die häufiger vorkommen werden, im historischen Kontext erklärt werden sollen (2.).

Im Anschluss werden aktuelle oder in Zukunft vermutete Anwendungsfälle von künstlicher Intelligenz darauf untersucht, ob staatlicher, insbesondere legislativer, Handlungsbedarf besteht und wenn ja, in welcher Form mögliche Handlungen aus verfassungsrechtlicher Sicht zulässig sind (3.). Es muss analysiert werden, ob sich Schutzpflichten ergeben, die in Extremfällen sogar zu Handlungspflichten führen können. Auch wenn das nicht der Fall ist, ist der Rahmen

---

13 Z.B. *Weber*, NZV 2016, 249; *Sander/Hollering*, NStZ 2017, 193.

14 Entschließung des Europäischen Parlaments vom 16. Februar 2017 mit Empfehlungen an die Kommission zu zivilrechtlichen Regelungen im Bereich Robotik (2015/2103(INL)).

zu ermitteln, in dem sich der Gesetzgeber bewegen darf, wenn er sich zu einer Regulierung entschließt.

Der dritte große Abschnitt dreht sich dann nicht mehr nur um die Regelung der Nutzung künstlicher Intelligenz durch Private, sondern um ihren Einsatz durch den Staat selbst, der nach Art. 1 III GG direkt an Grundrechte gebunden ist und für den schon deswegen strengere Handlungsmaßstäbe gelten werden, jedenfalls aus Sicht des Grundgesetzes (4.). Legislatives Handeln hat ein nur sehr eingeschränktes Automatisierungspotential. Grundsätzlich denkbar ist aber sowohl eine Automatisierung von Verwaltungsakten und Verwaltungshandeln als auch von Entscheidungen der Justiz. Insbesondere Staatsstrukturprinzipien und Grundrechte werden hier Grenzen setzen. Es werden sich aber auch Chancen ergeben, staatliches Handeln besser an das Idealbild des Grundgesetzes anzupassen. Die Herausforderung wird hier darin bestehen, diese Anpassung vorzunehmen, ohne die genannten Grenzen zu überschreiten.

Einige Schwierigkeiten werden in verschiedenen Bereichen auftauchen. Häufig werden dann auch die Möglichkeiten, diesen Problemen zu begegnen, ähnlich sein. Anhand dieser Muster soll im letzten Kapitel untersucht werden, welche Möglichkeiten der Staat hat, nicht nur Einzelprobleme zu lösen, sondern künstliche Intelligenz insgesamt zu regeln und wie die Erfahrungen der bereits existierenden und absehbaren Anwendungen in Zukunft übertragen werden können (5.). Dabei wird sich auch zeigen, inwieweit unser Rechtssystem insgesamt für eine zukünftige Gesellschaft geeignet ist, die aufgrund von KI noch deutlich automatisierter ist als die heutige.

2. Grundlagen und Geschichte

2.1 Definition

Was ist künstliche Intelligenz? Diese trügerisch einfach erscheinende Frage beinhaltet zwei bereits eigenständig lang diskutierte und schwierig zu beantwortende Probleme.

Zum einen wird schon das Wesen von „Intelligenz" an sich seit langer Zeit unter Wissenschaftlern verschiedener Fachrichtungen diskutiert. Im allgemeinen Sprachgebrauch bezeichnet man mit Intelligenz die „Fähigkeit [des Menschen], abstrakt und vernünftig zu denken und daraus zweckvolles Handeln abzuleiten."[15] Abgesehen von der Frage, was menschliche Intelligenz ausmacht, führt die Überlegung im Zusammenhang mit KI noch weiter. Die eigentliche Frage ist hier nämlich, ob Menschen überhaupt als Vorbild für Intelligenz taugen, oder ob man – unter Berücksichtigung dessen, dass Menschen sich nach allgemeiner Ansicht häufig eben nicht intelligent verhalten – nicht nach einer höheren Vernunft streben sollte, die dem Menschen vielleicht gar nicht zugänglich ist.[16]

Zum anderen stellt sich die Frage, ob intelligent ist, was sich intelligent verhält (schwache KI), oder ob entscheidend ist, tatsächlich selbst zu denken (starke KI), ob Intelligenz also eine eigene innere Qualität hat, die über das nach außen getragene hinausgeht.[17] Das eindrucksvollste Beispiel für diesen Streit ist John Searles Gedankenexperiment, in dem man einen Mann in einen Raum setzt und ihm chinesische Schriftsätze zukommen lässt, die er nicht verstehen kann. Er erhält aber Anweisungen in seiner Muttersprache, welche Zeichen er als Antwort auf welche Zeichen in den Schriftsätzen zeichnen soll. Sind die Anweisungen präzise genug, unterscheiden sich seine „Antworten" nicht von denen eines chinesischen Muttersprachlers. Aber hat er wirklich „verstanden", was in den Schriftsätzen steht?[18] Diese Diskussion ist aus philosophischer Sicht interessant, wirkt sich aber im Rahmen der meisten realen und rechtlichen Probleme kaum aus. Es spielt aus rechtlicher und gesellschaftlicher Sicht (abgesehen

---

15 *Duden.de*, Intelligenz (http://www.duden.de/rechtschreibung/Intelligenz) (geprüft am 10.06.2019).

16 *Russell/Norvig*, Artificial intelligence, ^{3}2010, S. 1 ff.

17 *Searle*, Behavioral and Brain Sciences 1980, 418; *Russell/Norvig*, Artificial intelligence, ^{3}2010, S. 1 ff.

18 *Searle*, Behavioral and Brain Sciences 1980, 419.

von der Frage, wie wir die Maschinen behandeln müssen, dazu später mehr) keine Rolle, ob eine KI, die einen Menschen ersetzt, tatsächlich selbst denkt oder sich lediglich intelligent verhält, solange das Ergebnis dasselbe ist. Relevant wird dieser Punkt nochmal im letzten Kapitel, in dem vertieft darauf eingegangen werden soll.

In dieser Arbeit stehen die Auswirkungen auf unsere Welt im Vordergrund, sodass unter KI die Nachahmung kognitiver Prozesse durch menschengemachte Maschinen verstanden werden soll, ohne dass wirklich entscheidend ist, ob der Sachverhalt technisch gesehen je nach Definition unter KI fällt oder nicht. Konkret bedeutet das, dass diejenigen Situationen interessant werden, in denen Maschinen Menschen ersetzen, obwohl der Mensch nicht nur als mechanischer Arbeiter eingesetzt wurde, sondern auch Entscheidungen treffen oder über den nächsten Schritt nachdenken musste.

Eine interessante Beobachtung dabei ist, dass es eine Tendenz gibt, funktionierende, in die Gesellschaft integrierte KI nicht mehr als KI zu sehen, wie schon Pionier John McCarthy feststellte.[19] So fallen beispielsweise die modernen digitalen Sprachassistenten wie Siri, Cortana und Google Assistant klar unter die oben genannte Definition. Das Erfassen dessen, was ein Mensch sagt, das Herausfinden der Bedeutung des Gesagten und die angemessene Reaktion darauf waren sehr lange Zeit Disziplinen, die man nur menschlichen Gehirnen zutraute.

Im Endeffekt sollen aber auch diese nicht immer als solche gewürdigten Intelligenzen hier behandelt werden.

Umgekehrt wird der größtenteils philosophische Streit, ob Maschinen jemals wirklich menschlich sein oder den Menschen in jeder Funktion komplett ersetzen können, keine große Rolle spielen.

2.2 Geschichte, Begriffe und Errungenschaften künstlicher Intelligenz

2.2.1 Vorgeschichte

Die Idee, Humanoide und andere denkende Lebewesen künstlich zu schaffen, ist ein alter Traum der Menschheit. Spätestens seit der Antike gibt es passende Geschichten im Kontext ihrer Zeit. Hephaistos, der griechische Gott der Schmiedekunst,

19 *Vardi*, Communications of the ACM 2012, 5, 5.

fertigte einigen Mythen zufolge beispielsweise goldene, denkende Mädchen, Talos, den Bewacher Kretas sowie einen Hund aus Bronze, den er Europa schenkte.[20]

Auch die philosophischen Grundlagen wurden in dieser Epoche gelegt. Aristoteles syllogistische Logik ist der erste Versuch, Denkprozesse so zu beschreiben, dass sie in der Theorie „mechanisch" abgearbeitet werden könnten.[21]

In den darauffolgenden Jahrhunderten vermischten sich weitere Geschichten über das Thema (etwa der jüdische Golem oder Frankensteins Monster) mit tatsächlicher Forschung, die bis in die Neuzeit Schritt für Schritt die Grundlagen für KI-Forschung legte (etwa die Entwicklung formaler Logik durch Bertrand Russel).[22]

Dies führte ab dem 18. Jahrhundert auch zur zunehmenden Darstellung von „Automatenmenschen",[23] die man heute wohl als Roboter bezeichnen würde. 1942 wurde „Runaround" veröffentlicht, eine Geschichte von Isaac Asimov, in der drei „Robotergesetze" vorkamen. Roboter dürfen Menschen nicht schaden, müssen Menschen gehorchen und sich selbst erhalten, wobei das zweite und dritte Gesetz unter dem Vorbehalt stehen, die vorigen nicht zu verletzen. Die Menschheit begann also, sich mit dem Gedanken zu beschäftigen, dass intelligente Konstrukte Regeln brauchen, ohne die sie potentiell großen Schaden anrichten. Dieses Bewusstsein ist bis heute gewachsen und drückt sich heute in, später noch zu behandelnden, Bestrebungen aus, derartige Regeln zu formulieren und durchzusetzen.

2.2.2 Anfänge

2.2.2.1 Die erste Arbeit

1943 veröffentlichten Warren McCulloch und Walter Pitts den Artikel „A logical calculus of the ideas immanent of nervous activity", in dem sie die Idee vorstellten, ein Netzwerk aus künstlichen Neuronen aufzubauen.[24] Diese Beschreibung der Imitation eines Gehirns gilt als erste Arbeit auf dem Gebiet der KI

20 *Roscher*, Ausführliches Lexikon der griechischen und römischen Mythologie, 2016, S. 2046.

21 *Russell/Norvig*, Artificial intelligence, ^{3}2010, S. 5.

22 *Association for the advancement of artificial intelligence*, A Brief History of Artificial Intelligence (https://aitopics.org/misc/brief-history) (geprüft am 10.06.2019), fasst neben den genannten Beispielen die Entwicklung, die zur modernen KI-Forschung geführt hat, gut und prägnant zusammen.

23 *Gendolla*, Die lebenden Maschinen, 1980, S. 3.

24 *McCulloch/Pitts*, Bulletin of mathematical biophysics 1943, 115 ff.

im Allgemeinen und der neuronalen Netze im Speziellen.[25] Letztere sind auch heute noch ein wichtiger Teil des Forschungsfeldes. Sie sind im Wesentlichen eine Verbindung vieler kleiner, für sich genommen simpler Recheneinheiten, die zusammen zu komplexen Vorgängen in der Lage sind.[26] Damit wird die Arbeitsweise des Gehirns nachgeahmt, das über ein Netz aus Neuronen funktioniert.[27]

2.2.2.2 Alan Turing und der Turing-Test

Eine der wichtigsten Figuren der frühen KI-Forschung – wenn nicht sogar die wichtigste – ist ohne Zweifel Alan Turing, der auch als „Großvater der KI" bezeichnet wird.[28]

Er hatte einen großen Anteil an der Schaffung der Grundlagen des Gebiets und war der erste, der künstliche Intelligenz als Möglichkeit erkannte. In einem Paper, in dem er sich mit der Frage, ob Maschinen denken können, beschäftigte, erfand er den nach ihm benannten „Turing-Test", der bis heute eine beliebte Prüfung dafür ist, ob ein Computer als intelligent angesehen werden kann.[29] Obwohl neben anderen auch Searle die Eignung des Tests dafür mit dem genannten Gedankenexperiment[30] anzweifelt, hat das Modell eine herausragende Bedeutung.[31] Turing formulierte es als Feststellung: Er war sicher, dass bis Ende des 20. Jahrhunderts ein durchschnittlicher Beobachter, der jeweils fünf Minuten einen Menschen und eine einen Menschen nachahmende KI befragen darf, in nicht mehr als 70% der Fälle den Computer als solchen identifizieren könne.[32]

Bis heute kämpfen Maschinen damit, diese Kriterien zu erfüllen. So hatte die russische Software „Eugene Goostman" zwar unter den genannten Bedingungen 10 von 30 Personen überzeugen können, gab sich dabei aber als ukrainischer Junge aus.[33] Damit konnten einige, vor allem sprachliche, Probleme umgangen werden, sodass festzustellen ist, dass der Test auch von modernen Computern

---

25 *Russell/Norvig*, Artificial intelligence, ^{3}2010, S. 16.

26 *Frankish/Ramsey*, The Cambridge handbook of artificial intelligence, 2014, S. 109.

27 *Russell/Norvig*, Artificial intelligence, ^{3}2010, S. 16.

28 *Frankish/Ramsey*, The Cambridge handbook of artificial intelligence, 2014, S. 17.

29 *Turing*, Mind 1950, 433 ff.

30 Siehe 2.1.

31 *Searle*, Behavioral and Brain Sciences 1980, 422.

32 *Searle*, Behavioral and Brain Sciences 1980, 422.

33 *Kremp*, Der unheimlich menschliche Eugene Goostmann (http://www.spiegel.de/netzwelt/gadgets/eugene-goostman-computer-besteht-erstmals-turing-test-a-974131.html) (geprüft am 10.06.2019).

nur bei sehr liberaler Interpretation der Regeln bestanden werden kann und jedenfalls die eigentlich zu beantwortende Frage, „Können Maschinen denken“,[34] in diesem Sinne noch mit „Nein“ beantwortet werden muss.

2.2.2.3 Der Dartmouth Workshop

1956 fand am Dartmouth College eine Zusammenkunft mehrerer Wissenschaftler statt (Dartmouth Workshop), die allgemein als Geburt des Forschungsfeldes „Künstliche Intelligenz“ gesehen wird.[35] Dort wurde auch der Name „Artificial Intelligence“ (Künstliche Intelligenz) durch John McCarthy geprägt.[36] Bei dieser Gelegenheit wurde zudem von Allen Newell und Herbert Simon der „Logic Theorist“ entwickelt, das erste nicht numerisch denkende Computerprogramm.[37] Es war, wie der Name schon vermuten lässt, in der Lage, bestimmte logische Theoreme zu beweisen.

2.2.3 Die frühen Jahre

2.2.3.1 Erste Gehversuche

Nach dem Dartmouth Workshop begann erstmals die ernsthafte Programmierung intelligenter Software. Schon davor wurde häufig die Idee geäußert, Maschinen könnten bestimmte menschliche Fähigkeiten niemals übernehmen oder auch nur nachahmen.[38] Der erste Impuls war daher, Maschinen zu erschaffen, die eben dies konnten, anfangs mit überwältigendem Erfolg.[39] So wurde beispielsweise der „General Problem Solver“ als nächster Schritt nach dem Logic Theorist von dessen Schöpfern erstellt, ein Programm, das verschiedene Arten von Rätseln lösen konnte, indem es menschliche Lösungsmethoden nachahmte.[40] Arthur Samuel schrieb 1959 ein Programm, das Dame spielen konnte und sich dabei eigenständig so stark verbesserte, dass Samuel selbst es nicht

---

34 *Turing*, Mind 1950, 433 ff.

35 *Russell/Norvig*, Artificial intelligence, ³2010, S. 17; *Frankish/Ramsey*, The Cambridge handbook of artificial intelligence, 2014, S. 18.

36 *Russell/Norvig*, Artificial intelligence, ³2010, S. 17; *Frankish/Ramsey*, The Cambridge handbook of artificial intelligence, 2014, S. 18.

37 *Russell/Norvig*, Artificial intelligence, ³2010, S. 17; *Frankish/Ramsey*, The Cambridge handbook of artificial intelligence, 2014, S. 18.

38 *Turing*, Mind 1950, 433 ff.

39 *Russell/Norvig*, Artificial intelligence, ³2010, S. 18.

40 *Russell/Norvig*, Artificial intelligence, ³2010, S. 18.

mehr schlagen konnte.[41] Dies zeigte nicht nur, dass Programme in der Lage sind, Spiele zu spielen, sondern bewies auch, dass sie in der Lage sind zu lernen und, auch über reine Rechengeschwindigkeit hinaus, Fähigkeiten zu entwickeln, die über die ihres Erfinders hinausgehen.[42]

2.2.3.2 Euphorie und Optimismus

Die plötzlichen Erfolge führten zu ungebremster Euphorie und sehr optimistischen Vorhersagen. So sagte Herbert Simon 1957 voraus, dass in zehn Jahren ein Computer Schachmeister werden und ein mathematisches Theorem beweisen würde.[43] 1965 glaubte er, dass 20 Jahre später ein Computer jede Arbeit bewältigen könne, die ein Mensch verrichten kann.[44]

2.2.3.3 Expertensysteme

1969 wurde das DENDRAL-Programm veröffentlicht.[45] Es konnte aus einer chemischen Formel alle möglichen Molekularstrukturen berechnen.[46] Die enorme Bedeutung des Programms ergibt sich daraus, dass es das erste sogenannte Expertensystem war, also ein Programm, das, im Gegensatz zu den früheren Programmen, nicht versuchte, menschliche Intelligenz nachzuahmen und damit allgemeine Lösungsansätze zu benutzen, um möglichst viele Probleme zu lösen. Stattdessen war es ein Spezialist, programmiert mit Lösungsalgorithmen für ein sehr spezielles Problem. Es war durch die schiere überlegene Rechenkraft schon damaliger Computer in eben diesem einen Gebiet Menschen weit überlegen.[47] Dies sollte der eingeschlagene Weg der KI-Forschung für die nächsten Jahrzehnte werden.

---

41 *Frankish/Ramsey*, The Cambridge handbook of artificial intelligence, 2014, S. 18.
42 *Frankish/Ramsey*, The Cambridge handbook of artificial intelligence, 2014, S. 18 f.
43 *Russell/Norvig*, Artificial intelligence, [3]2010, S. 21.
44 *Frankish/Ramsey*, The Cambridge handbook of artificial intelligence, 2014, S. 21.
45 *Russell/Norvig*, Artificial intelligence, [3]2010, S. 22.
46 *Russell/Norvig*, Artificial intelligence, [3]2010, S. 23.
47 *Russell/Norvig*, Artificial intelligence, [3]2010, S. 23.

2.2.4 Die folgenden Jahre: Enttäuschte Erwartungen und Kritik

2.2.4.1 Ernüchterung

Die immensen Erwartungen konnten nicht erfüllt werden. Die KI-Forschung stieß an Grenzen, die sie nicht vorhergesehen hatte, weshalb Fortschritte langsamer wurden.[48]

Zum einen hatte man unterschätzt, wie viel Hintergrundwissen für bestimmte Aufgaben nötig war. So werden die Probleme von Wort-für-Wort-Übersetzern (mit denen zu dieser Zeit erstmals experimentiert wurde) häufig mit folgendem Beispiel illustriert: Der Satz „The spirit is willing, but the flesh is weak" würde mit „Der Whisky ist stark, aber das Fleisch ist faul" oder ähnlich absurd übersetzt werden.[49]

Zum anderen wusste man noch nicht, dass für immer komplexer werdende Probleme der Anstieg an Rechenleistung nicht genügte, weil mit zunehmender Komplexität die Anforderungen an die Hardware schnell zu stark stiegen, um die vorhergesagten Ziele zu erreichen.[50]

Kritiker wurden, bestärkt vom Auseinanderfallen von Erwartung und Wirklichkeit, lauter. Sie griffen eine schon zu Turings ursprünglichem Werk vorgebrachte Kritik an denkenden Maschinen auf,[51] die im Folgenden behandelt werden soll.

2.2.4.2 Formlosigkeit und Hubert Dreyfus

Eine der schwierigsten philosophischen Fragen im Zusammenhang mit KI – und damit auch eine der größten Quellen für Kritik – ist, ob und inwieweit menschliches Denken durch Regeln ausgedrückt werden kann. Wenn es möglich ist, jegliches Denken in ein Regelsystem zu pressen, ist dessen perfekte Imitation durch Maschinen nur noch eine Frage von Rechenleistung und dem Herausfinden der entsprechenden Regeln. Das Gehirn wäre dann im Wesentlichen nur eine Art biologischer Computer.[52] Gerade dies wird aber von bedeutenden Philosophen

---

48 *Russell/Norvig*, Artificial intelligence, ^{3}2010, S. 23.

49 *Hutchins*, MT News International 1995, 32. Ob dieses Beispiel auf einer tatsächlichen Gegebenheit beruht oder ein weit verbreiteter Mythos ist, der seit Erfindung der Maschinenübersetzung herumgeistert, ist unklar. Jedenfalls zeigt es sehr gut die Probleme, die beim Übersetzen Wort-für-Wort ohne Hintergrundwissen entstehen können.

50 *Russell/Norvig*, Artificial intelligence, ^{3}2010, S. 21.

51 *Turing*, Mind 1950, 433 ff.

52 *Turing*, Mind 1950, 433 ff.

bestritten.[53] Folgt man dem, wäre die Funktion des menschlichen Gehirns nicht mathematisch beschreibbar, was eine natürliche Grenze für KI-Entwicklung darstellen würde.

Hubert Dreyfus ist einer der besagten Philosophen und wahrscheinlich der wichtigste Kritiker von künstlicher Intelligenz aus dieser Richtung. Schon 1965 sagte er eine bald erreichte Grenze voraus und verglich die KI-Forscher mit den mittelalterlichen Alchemisten, die sich vom anfänglichen Erfolg, Quecksilber aus scheinbarem Dreck zu destillieren, blenden ließen und lange Zeit glaubten, deswegen auch Metalle zu Gold transformieren zu können.[54] Er setzte seine Kritik dann in seinen Werken „What Computers can't do" (1972), „Mind over Machine" (1985) und „What Computer's still can't do" (1992) fort.

Anfangs nicht ernst genommen, musste man sich mit der Zunahme von nicht erfüllten Erwartungen eingestehen, dass Dreyfus teilweise den Finger in die Wunde von Schwierigkeiten bei der Weiterentwicklung von KI legte. Heute sind aber viele, von ihm als unlösbar vermutete Probleme entweder gelöst oder es wird jedenfalls vielversprechend an ihnen gearbeitet. So sind moderne Computer durchaus in der Lage, sich Hintergrundwissen anzueignen und sogar ohne menschlichen Lehrer zu lernen (reinforcement learning und unsupervised learning).[55]

Die dahinterliegende Frage, ob damit tatsächlich jeder Gedankenprozess Regeln unterfällt, die theoretisch mathematisch ausdrückbar sind, wird Philosophen aber wohl noch wenigstens so lange beschäftigen, bis man derartige Regeln tatsächlich gefunden hat (falls diese existieren).

2.2.4.3 Mathematisch-logische Kritik

Zurückgehend auf die Arbeit von Kurt Gödel ist seit Längerem anerkannt, dass bestimmte Fragen innerhalb eines Systems nicht logisch beantwortbar sind.[56] Als anschauliches Beispiel sei die Frage „Wirst du diese Frage mit ‚Nein' beantworten?" genannt. Dies wurde häufig auch als Beweis für die Begrenztheit von Maschinenintelligenz angeführt, die notwendigerweise Regeln gehorchen muss.[57]

---

53 *Dreyfus*, What Computers can't do, 1972, S. 136.

54 *Dreyfus*, Alchemy and Artificial Intelligence, 1965, S. 84.

55 *Russell/Norvig*, Artificial intelligence, [3]2010, S. 1025.

56 *Turing*, Mind 1950, 433 ff.

57 *Russell/Norvig*, Artificial intelligence, [3]2010, S. 1022 f.

Dagegen wird angeführt, es sei gar nicht klar, ob Menschen nicht ähnlichen Restriktionen unterliegen.[58] Die Überlegenheit des Menschen wird einfach angenommen, dabei ist das gerade der zu beweisende Punkt. Es ist überhaupt nicht klar, ob er in der Lage ist, die aufgeworfenen Probleme zu lösen, oder nicht auch an seine Grenzen stößt.

Der aus Sicht dieser Dissertation wichtigere Punkt ist allerdings, dass selbst dann, wenn logische Schranken für Maschinenintelligenz existieren, diese sich bis jetzt weder in der Praxis gezeigt haben, noch absehbar ist, dass sie in naher Zukunft die Weiterentwicklung bremsen könnten.

2.2.4.4 Argument des Unvermögens

Wie bereits geschrieben, wird häufig die gefühlte menschliche Überlegenheit durch die Feststellung ausgedrückt, Maschinen könnten bestimmte Fähigkeiten nie erlernen, bestimmte Erfahrungen nie machen. Auch diese Kritik ist alt und wurde schon von Turing aufgegriffen. Er schreibt beispielsweise, in der Regel würden gewisse Erfolge immer anerkannt, dann aber sogleich erklärt, Maschinen könnten aber zum Beispiel nie freundlich, nett, erfinderisch oder humorvoll sein, richtig und falsch unterscheiden, sich verlieben oder durch Erfahrung lernen.[59]

Turing selbst stellt fest, dass dies in der Regel einfach Behauptungen ohne weitere Ausführungen sind.[60] Aus heutiger Sicht zeigt sich außerdem, dass die Liste im Laufe der Jahrzehnte immer kleiner wird und zahlreiche, niemals für möglich gehaltene Aktivitäten gut von Computern ausgeführt werden, vom Schach spielen über das Steuern von Fahrzeugen bis hin zum Diagnostizieren von Krankheiten.[61] Gerade das Schachspiel ist interessanterweise heutzutage bereits als Domäne der Computer in den Köpfen verankert. Vor 50 Jahren war die Annahme, Menschen könnten hier durch künstliche Intelligenz übertroffen werden, noch stark umstritten.[62]

Über die noch nicht bewältigten Herausforderungen lässt sich jedenfalls ohne weitere Hinweise, warum sie unerreichbar sein sollen, wenig für die Zukunft sagen.

---

58 *Russell/Norvig*, Artificial intelligence, ³2010, S. 1023; auch schon *Turing*, Mind 1950, 433 ff.

59 *Turing*, Mind 1950, 433 ff.

60 *Turing*, Mind 1950, 433 ff.

61 *Russell/Norvig*, Artificial intelligence, ³2010, S. 1022.

62 *Bostrom*, Superintelligence, 2016, S. 14.

2.2.5 Weiterentwicklung während des „KI-Winters“

Aus Sicht der frühen 80er Jahre sah es nach den anfänglichen Erfolgen so aus, als befände sich die KI-Forschung in einer Sackgasse. Dadurch hatten Kritiker deutlich mehr Rückhalt, sodass KI von einem enthusiastisch als zukunftsweisend gefeierten Forschungsgebiet zu einem Tabuthema wurde[63] und bis Mitte der 80er Jahre sowohl staatliche als auch private Förderung fast komplett zurückgefahren war.[64] Die folgenden Jahrzehnte sollten daher als „KI-Winter“[65] in die Geschichte eingehen. Dennoch machte die Forschung nicht vollkommen halt. Vor allem Expertensysteme feierten immer wieder Erfolge. Im Folgenden sollen die Errungenschaften aufgeführt werden, die in dieser Epoche trotz des insgesamt düsteren Ausblicks vorgewiesen werden konnten.

2.2.5.1 Rückkehr neuronaler Netze

Die 80er Jahre waren gekennzeichnet durch die Rückkehr der Idee künstlicher neuronaler Netze, deren Konzept sich als besonders geeignet für bestimmte Aufgaben herausstellte.[66] So ist sie durch die Nachahmung der Gehirnfunktionsweise durch Nutzung einfacher, aber zahlreicher und vernetzter Recheneinheiten besonders geeignet für Mustererkennung, Klassifizierung und dem Lernen aus Erfahrung.[67] Ein weiterer Vorteil ist, dass die teilweise Beschädigung eines neuronalen Netzes in der Regel nicht zur Unbrauchbarkeit, sondern lediglich zu einer Performance-Verschlechterung führt.[68]

2.2.5.2 Kommerzialisierung

Weiterhin begann die Kommerzialisierung des Feldes. Für jede neue Technologie ist die Durchsetzung am Markt ein wichtiger Schritt. Im Falle der KI ist hierbei als Beispiel für einen Kommerzialisierungserfolg das R1 (später in XCON umbenannt)[69] zu nennen, ein Expertensystem, das der Digital Equipment Corporation ab 1982 half, Computer vor dem Verkauf automatisch zu konfigurieren,

---

63 *Frankish/Ramsey*, The Cambridge handbook of artificial intelligence, 2014, S. 21.
64 *Frankish/Ramsey*, The Cambridge handbook of artificial intelligence, 2014, S. 21.
65 *Frankish/Ramsey*, The Cambridge handbook of artificial intelligence, 2014, S. 21.
66 *Frankish/Ramsey*, The Cambridge handbook of artificial intelligence, 2014, S. 21.
67 *Bostrom*, Superintelligence, 2016, S. 9.
68 *Bostrom*, Superintelligence, 2016, S. 9.
69 *Frankish/Ramsey*, The Cambridge handbook of artificial intelligence, 2014, S. 22.

und dadurch Millionen einsparte.[70] Von diversen anderen Projekten gefolgt, entwickelte sich die KI-Industrie von einer kleinen Nische zu einer milliardenschweren Wirtschaft.[71]

2.2.5.3 Verbesserung der Methodik

Schließlich begann zu dieser Zeit die Etablierung und Verbesserung wissenschaftlicher Vorgehensweisen. In den Anfangsjahren wurde, trotz Austausch, im Wesentlichen jedes Projekt von Grund auf neu gebaut.[72] Nun erfolgte der Aufbau einer einheitlichen Methodologie sowie die empirische Überprüfung von Hypothesen, was die allgemeine Qualität der Arbeiten deutlich verbesserte.[73]

2.2.5.4 Logistische Planung

1991 setzte die US-Regierung während der Golfkrise erstmals eine KI zur Planung der Logistik und des Transports von Truppen ein. Die normalerweise mehrere Wochen dauernde Planung wurde in einigen Stunden abgeschlossen und sparte Kosten in einer Höhe ein, die, nach eigener Aussage, sämtliche Investitionen der US-Armee in KI-Forschung wieder kompensierte.[74] Dies zeigt, dass jedenfalls Teile von logistischer Planung stark automatisierbar sind und zu einem wichtigen, von Computern dominierten Gebiet werden.

2.2.5.5 Perfektionierung des Schachspiels

Bereits in den vorangegangenen Jahrzehnten war Schachspielen eine derjenigen Aufgaben für KI, die gleichzeitig gut umsetzbar war und für die meisten Menschen eindrucksvoll die Fortschritte von Maschinenintelligenz zeigte. Schon Hubert Dreyfus machte sich darüber lustig, ein Schachcomputer könne von einem 10-Jährigen geschlagen werden, nur um dann selbst gegen einen solchen Computer zu verlieren.[75]

1997 trat dann endlich die oben schon angesprochene Vorhersage von Herbert Simon ein und der IBM-Schachcomputer „Deep Blue" schlug den damaligen

---

70 *Russell/Norvig*, Artificial intelligence, ^{3}2010, S. 24, *Frankish/Ramsey*, The Cambridge handbook of artificial intelligence, 2014, S. 22.

71 *Russell/Norvig*, Artificial intelligence, ^{3}2010, S. 24.

72 *Russell/Norvig*, Artificial intelligence, ^{3}2010, S. 25.

73 *Russell/Norvig*, Artificial intelligence, ^{3}2010, S. 25.

74 *Russell/Norvig*, Artificial intelligence, ^{3}2010, S. 29.

75 Der Spiegel 1973, 108 ff..

Weltmeister Gary Kasparow in einem aufsehenerregenden Spiel.[76] Seitdem wird die Welt des Schachspiels von Computern dominiert.[77]

2.2.5.6 Mathematische Beweise

1997 bewies William McCullens „Equational Prover" die sogenannte Robbins-Vermutung.[78] Ein Computer löste erstmals ein mathematisches Problem, an dem sich menschliche Mathematiker jahrzehntelang die Zähne ausgebissen hatten.[79] Dies ist umso wichtiger, da es sich nicht um ein Expertensystem handelte, sondern um eine KI, die allgemeine Lösungsansätze benutzte.[80] Die lange Zeit, in der erfolgreiche KI praktisch ausschließlich Spezialistensysteme waren, neigte sich dem Ende zu.

2.2.5.7 Softwareagenten

In den 90er Jahren begann auch der Aufstieg der Software-Agenten,[81] intelligente Programme, die sowohl Möglichkeiten haben, ihre „Umgebung" wahrzunehmen, als auch selbst zu handeln.[82] Man kennt sie heute z.B. als „Bots", die mittlerweile vielfältige Aufgaben in unserer Gesellschaft wahrnehmen, von der Verteilung von Werbung bis zum technischen Support über Chat-Programme.[83]

2.2.6 Wiederaufstieg und aktuelle Entwicklungen

Rechenleistung und Forschung führten in den letzten Jahren zu einer Explosion der KI-Forschung. Künstliche Intelligenz ist mittlerweile ein nicht mehr wegzudenkender Teil modernen Lebens. Nachfolgend seien Beispiele für relativ neue Entwicklungen und den Stand der Forschung genannt. Zudem soll ein Ausblick gegeben werden, wo die Reise hingeht.

---

76 *Frankish/Ramsey*, The Cambridge handbook of artificial intelligence, 2014, S. 23.
77 *Russell/Norvig*, Artificial intelligence, ^{3}2010, S. 29.
78 *McCune*, Robbins Algebras Are Boolean (http://www.cs.unm.edu/~mccune/papers/robbins/) (geprüft am 10.06.2019).
79 *Frankish/Ramsey*, The Cambridge handbook of artificial intelligence, 2014, S. 25.
80 *Frankish/Ramsey*, The Cambridge handbook of artificial intelligence, 2014, S. 25.
81 *Russell/Norvig*, Artificial intelligence, ^{3}2010, S. 26.
82 *Russell/Norvig*, Artificial intelligence, ^{3}2010, S. 34.
83 *Tsvetkova/Garcia-Gavilanes/Floridi u.a.*, PLoS ONE 2017, 1.

2.2.6.1 *Big Data und Data Mining*

Durch die massenhafte Nutzung des Internets und – unter anderem – sozialer Medien im Speziellen ist in jüngerer Vergangenheit ein weiterer Trend absehbar: Früher unvorstellbare Mengen an teils wertvollen Daten sind im Umlauf. Dieses Phänomen hat den Namen „Big Data“ verliehen bekommen.[84] Die Schwierigkeit im Umgang hiermit ist vor allem, dass herkömmliche Datenverarbeitungssysteme mit der schieren Informationsmenge und deren Bewegungsgeschwindigkeit nicht mehr zurechtkommen und man daher auf neue Lösungen angewiesen ist.[85]

Hierfür wurde die Disziplin des „Data-Mining“ geschaffen, die eben das Auswerten großer Datenmengen ermöglichen soll.[86] KI vereint die eigentlich menschliche Fähigkeit für intelligente Auswahl und Auswertung mit der immensen Rechenkraft moderner Computer und ist daher wie geschaffen für dieses Anwendungsfeld.[87]

2.2.6.2 *Computer- und Videospiele*

Seit es elektronische Unterhaltungsmedien gibt, braucht man KI, um Gegner zu steuern und virtuelle Welten mit Leben zu füllen. Heute ist diese Industrie diejenige mit den meisten KI-Programmierern.[88] Das dafür nötige Niveau ist nicht unbedingt die Speerspitze der KI-Forschung. Dennoch wurde durch die enorme finanzielle Bedeutung der Branche (allein in Deutschland 2015 2,8 Milliarden €)[89] derart viel Zugkraft generiert, dass die zunehmende Bedeutung von Computer- und Videospielen teilweise sogar als der maßgebliche Faktor des neuen „KI-Frühlings“ gesehen wird.[90]

---

84 *Gartner IT Glossary*, Big Data (http://www.gartner.com/it-glossary/big-data) (geprüft am 10.06.2019).

85 *Wilder-James*, What is big data? (https://www.oreilly.com/ideas/what-is-big-data) (geprüft am 10.06.2019).

86 *Hand*, Data Mining (https://onlinelibrary.wiley.com/doi/abs/10.1002/9780470057339.vad002.pub2) (geprüft am 29.06.2019).

87 *Frankish/Ramsey*, The Cambridge handbook of artificial intelligence, 2014, S. 28.

88 *Frankish/Ramsey*, The Cambridge handbook of artificial intelligence, 2014, S. 24.

89 *Bundesverband Interaktive Unterhaltungssoftware*, Jahresreport der Computer- und Videospielbranche in Deutschland, 2016, S. 7.

90 *Frankish/Ramsey*, The Cambridge handbook of artificial intelligence, 2014, S. 21.

2.2.6.3 Andere Spiele

Auch Spiele, die nicht speziell für Computer erfunden wurden, werden immer mehr von KI dominiert. Neben dem bereits oben erwähnten Schachspiel und Dame sind Computer auch in Spielen wie Jeopardy oder Scrabble den Menschen mittlerweile weit überlegen.[91]

Hier haben auch die beiden wahrscheinlich bedeutsamsten KI unserer Zeit erste Erfolge gesammelt: IBMs Watson, überhaupt eines der bedeutendsten KI-Großprojekte unserer Zeit, schlug 2010 die besten menschlichen Spieler der Fernsehspielesendung „Jeopardy!"[92], während Googles DeepMind 2016 den Weltmeister im „Go" besiegen konnte.[93]

2.2.6.4 Maschinelles Lernen und Vorhersehbarkeit

Ein allgemein großes Thema in der Welt der künstlichen Intelligenz ist das maschinelle Lernen. Seit dem oben beschriebenen Dame-Programm von Arthur Samuel[94] wissen wir, dass es auch intelligenten Programmen möglich ist, zu lernen. Machine Learning ist in den letzten Jahren stark in Mode gekommen, die zugehörige Forschung explodierte geradezu. Immer durchdachtere Methoden, die Maschinen ermöglichen, sich selbst, teilweise sogar ohne menschliche Trainer, zu verbessern, sind Hauptverursacher einer neuen Situation, in der Computer Kontrolle über wichtige Lebensbereiche ausüben, ohne dass Menschen abschätzen können, was passieren wird. Als Beispiel seien bereits heute zu beobachtende, kleinere Börsencrashs genannt, die durch die nicht vorhersehbare Interaktion mehrerer verschiedener, an der Börse agierender KI entstehen.[95]

2.2.6.5 Fahr- und Flugzeugsteuerung

Aus der Luftfahrt ist bereits seit längerer Zeit der Autopilot bekannt. Mit dem Aufkommen künstlicher Intelligenz änderte sich auch der Fokus dieses Instruments von mechanischen Lösungen hin zur Elektronik. In der jüngeren Ver-

---

91 *Bostrom*, Superintelligence, 2016, S. 15 f.

92 *Bostrom*, Superintelligence, 2016, S. 16.

93 DeepMind's work in 2016: a round-up (https://deepmind.com/blog/deepmind-round-up-2016/) (geprüft am 10.06.2019).

94 Siehe dazu 2.2.3.1.

95 *Salmon/Stokes*, Algorithms take control of Wall Street (https://www.wired.com/2010/12/ff_ai_flashtrading/all/) (geprüft am 10.06.2019).

gangenheit wurde begonnen, ernsthaft an einer Art Autopilot für Kraftfahrzeuge zu arbeiten. Diese Entwicklung ist unter dem Namen „Autonomes Fahren“ bekannt. Die daraus resultierenden Herausforderungen werden auch in dieser Arbeit eine prominente Stellung einnehmen.

2.2.6.6 Human-Level AI, Artificial General Intelligence und Superintelligenz

Nach mehreren von Expertensystemem dominierten Jahrzehnten geht der Trend nunmehr wieder zunehmend in die andere Richtung. Es ist eine Rückkehr zu der Herangehensweise, allgemeine Lösungsansätze für die Lösung von Problemen mit Hilfe von KI zu benutzen, zu verzeichnen. Die weiteste Form davon wird nun als „Artificial General Intelligence“ bezeichnet und stellt den Versuch dar, eine KI zu schreiben, deren Intelligenz gerade nicht für einzelne Problemlösungen konstruiert ist, sondern die wie ihr menschliches Pendant durch ihre Beschaffenheit zahlreiche völlig verschiedene Sachverhalte erfassen und eine Vielzahl unterschiedlicher Probleme lösen kann.[96]

Ebenso versuchen einige Gründungsväter der KI den ursprünglichen Zweck der Unternehmungen wiederzubeleben und menschliche Intelligenz selbst nachzuahmen. Diese Bestrebungen werden als Human-level AI oder HLAI bezeichnet.[97]

Diese Forschungsfelder gipfeln im Postulat einer „Superintelligenz“, der eigentlich relativ alten Idee, eine generelle künstliche Intelligenz zu erschaffen, die der menschlichen in jeder Form massiv überlegen ist.[98] Ihre Entstehung wird aufgrund einer „technischen Singularität“[99] vorhergesagt. Diese soll dann eintreten, wenn sich Computer soweit selbst verbessern können, dass auch der Verbesserungsalgorithmus weiterentwickelt wird und auf diese Weise die Intelligenz immer schneller wächst, bis es zu einer „Intelligenz-Explosion“[100] kommt.

---

96 *Goertzel*, Artificial general intelligence, 2007, S. 1.

97 *Russell/Norvig*, Artificial intelligence, ^{3}2010, S. 27.

98 *Bostrom*, Superintelligence, 2016, V.

99 *Vinge*, The Coming Technological Singularity: How to Survive in the Post-Human Era, 1993; *Kurzweil*, The singularity is near, 2006.

100 *Bostrom*, Superintelligence, 2016, S. 4.

2.2.6.7 *Robotik*

Auch Roboter sind ein lange gehegter Traum der Menschheit, der eng mit der Entwicklung von KI verbunden ist. Die letzten Jahre haben in dieser Hinsicht große Fortschritte gesehen. Staubsaugerroboter reinigen unsere Häuser, „Packbots" werden in Krisengebieten eingesetzt, um sich um explosive Stoffe und andere gefährliche Materialien zu kümmern.[101] Die Alten- und Krankenpflege sind aktuell häufig diskutierte – und extrem grundrechtsrelevante – Felder, in denen Robotern eine immer größere Rolle zukommt.[102]

2.2.6.8 *Moderne Softwareagenten im Internet*

Das Internet ist heutzutage voller KI, vor allem in Form der oben beschriebenen Softwareagenten. „Social Bots" geben sich als echte Personen aus und verbreiten Meinungen und/oder Werbung in sozialen Medien.[103] Automoderatoren durchforsten Internetforen und löschen Beiträge teilweise ohne menschliche Hilfe.[104] Zudem tobt ein fast unsichtbarer Krieg zwischen Werbungs- und Spamfilteralgorithmen. Lernende Agenten werden immer besser darin, Spam zu identifizieren und zu vernichten, während die Gegenseite immer effizientere Spambots entwickelt.[105]

2.2.6.9 *Sprachsteuerung*

Moderne Smartphones lassen sich mittlerweile sehr einfach per Sprache steuern. Hier wird künstliche Intelligenz mehrfach auf die Probe gestellt. Die menschliche Sprache muss erkannt werden, dann der Sinn des Gesagten erfasst und schließlich eine brauchbare Reaktion erfolgen. State-of-the-art sind dabei die aktuellen Sprachsteuerungen Siri für iOS, die Google-Sprachsteuerung für Android und Cortana für Windows.

---

101 *Russell/Norvig*, Artificial intelligence, ^{3}2010, S. 29.

102 *Fraunhofer-Institut für Produktionstechnik und Automatisierung IPA*, Roboter zur Pflegeunterstützung im Altenheim und Krankenhaus (http://www.ipa.fraunhofer.de/pflegeunterstuetzung.html) (geprüft am 10.06.2019).

103 *Boshmaf/Muslukhov/Beznosov u.a.*, ACSAC 2011, 93; *Schönleben*, Welche Social Bots gibt es und wie funktionieren sie? (https://www.wired.de/collection/tech/welche-social-bots-gibt-es-und-wie-funktionieren-sie) (geprüft am 23.04.2019).

104 Als Beispiel seien die häufig vorkommenden Automoderatoren von http://www.reddit.com genannt. Je nach Unterforum moderieren diese anhand vorgegebener Kriterien, etwa unerlaubter Begriffe.

105 *Russell/Norvig*, Artificial intelligence, ^{3}2010, S. 29.

Auch das selbstfahrende Auto „Olli“, ein frühes Beispiel für seine Gattung, kann dank IBMs KI Watson sprachgesteuert werden und soll sich auch mit seinen Gästen unterhalten können.[106]

2.2.6.10 Medizin

Relativ neu ist auch der Einsatz von KI im medizinischen Kontext. IBMs Watson hilft bereits heute dabei, Krankheiten zu diagnostizieren,[107] während Googles Deepmind als Basis für ein intelligentes Informationsnetz dient, das, jedenfalls nach Angaben des Herstellers, in Krankenhäusern die Logistik immens verbessern kann.[108]

106 *IBM*, Kann ein Fahrzeug in eine Konversation einsteigen? (https://www.ibm.com/cognitive/de-de/outthink/olli.html) (geprüft am 23.04.2019).

107 *Stark*, IBM Watson hilft bei der Diagnose (http://www.com-magazin.de/news/business-it/ibm-watson-hilft-diagnose-1140556.html) (geprüft am 10.06.2019).

108 DeepMind's work in 2016: a round-up (https://deepmind.com/blog/deepmind-round-up-2016/) (geprüft am 10.06.2019).

3. Regelungsansätze und Schutzpflichten

Im Rahmen der rechtlichen Betrachtung von KI soll als erstes untersucht werden, inwieweit der Staat neue Einsatzmöglichkeiten künstlicher Intelligenz regeln kann und – wenn sich etwa aus dem Grundgesetz entsprechende Schutzpflichten ergeben sollten – unter Umständen sogar muss.

Einige Probleme werden sich häufiger stellen, da sie sich aus dem Wesen von KI selbst ergeben. Der Einsatz von Maschinenintelligenz gehört unter anderem zu den größeren Feldern Digitalisierung und Automatisierung, sodass deren Probleme auch hier zum Tragen kommen. Die Eigenarten führen aber zudem zu ganz eigenen, neuen Problemen und auch bei den bekannten Schwierigkeiten kann ein neues Ausmaß neue Beurteilungen erfordern.

Künstliche Intelligenz kann in sehr vielen Bereichen eingesetzt werden und findet bereits heute in vielfältiger Form Anwendung, sodass die Zusammenstellung im Folgenden sehr unterschiedliche Gebiete behandeln wird. Es werden sich aber Probleme zeigen, die auch in ganz anderen Zusammenhängen auftreten, weil sie eben typisch für künstliche Intelligenz sind.

Aufgrund dessen, dass Digitalisierung praktisch alle Bereiche des modernen Lebens abdeckt und damit jedenfalls mittelfristig auch der Einsatz von KI denkbar ist, ist es hier unmöglich, jede angedachte Verwendungsmöglichkeit zu diskutieren, geschweige denn vorauszusagen, wo weitere Anwendungsbeispiele denkbar sind. Es wird im Folgenden eine Auswahl besprochen, die nach Möglichkeit die wichtigsten übergreifenden Probleme beinhaltet.

Bietet das besprochene Gebiet keinen Anlass zu einer anderen Herangehensweise, wird dann jeweils zunächst die tatsächliche Lage abgebildet, Begrifflichkeiten geklärt und die technische Entwicklung beschrieben. Es muss die existierende Rechtslage dargestellt und Handlungsbedarf herausgearbeitet werden. Dort ist dann der Rahmen für mögliches staatliches Handeln zu bestimmen und im Anschluss zu untersuchen, ob sogar die strengen Anforderungen an eine staatliche Handlungspflicht[109] erfüllt sind. Gibt es Grund zur Annahme, Probleme und/oder Lösungen seien auf andere Bereiche übertragbar, wird auch dies schließlich diskutiert.

---

109 *Di Fabio*, in: Maunz/Dürig, Grundgesetz, 2019, Art. 2 II 1 Rn. 49.

3.1 Meinungskampf und Social Bots

Das erste untersuchte Gebiet ist der Meinungskampf und die demokratische Willensbildung. Die technische Entwicklung hat dazu geführt, dass Algorithmen nicht mehr nur „rein technisiert-neutrale Werkzeuge“[110] sind, sondern Einfluss auf den Meinungskampf nehmen können.[111] Auch künstliche Intelligenz im weiteren Sinn ist dort schon heute stark durch das Verbreiten von Nachrichten vertreten, in Form der sogenannten Social Bots.

3.1.1 Definition, Einsatzgebiete und Probleme

Social Bots sind nicht mehr und nicht weniger als Softwareagenten,[112] die in sozialen Medien wie Twitter, Facebook oder Tumblr oder auch in Internetforen als Menschen auftreten (oder jedenfalls wie Menschen kommunizieren), um Meinungen zu verbreiten, Werbung zu machen oder häufig aufkommende Fragen zu beantworten.[113] Je nach Komplexität des zugrundeliegenden Programms können sie Beiträge und Nachrichten „liken“, selbst Beiträge verfassen und verbreiten[114] oder sogar nach Stichwörtern suchen und nach der Analyse eines Textes auf diesen mit einem eigenen Kommentar antworten.[115] Das sind alles Fähigkeiten, die man üblicherweise Menschen zuschreibt und zu deren Ausübung bestimmte kognitive Leistungen notwendig sind. KI-Entwicklung ermöglicht derartige Programme und wird sie in Zukunft noch besser im Nachahmen von Menschen machen.

Die Bots können in viele unterschiedliche Kategorien eingeteilt werden. Es ist etwa möglich, sie danach zu unterscheiden, ob sie bösartige Absichten haben oder ob sie aktiv versuchen, menschliches Verhalten zu imitieren oder nicht.[116]

110 *Hartl*, Suchmaschinen, Algorithmen und Meinungsmacht, 2016, S. 43.

111 Zum Beispiel Suchmaschinen: *Hartl*, Suchmaschinen, Algorithmen und Meinungsmacht, 2016, S. 38 ff.

112 Zum Begriff siehe 2.2.5.7

113 *Schönleben*, Welche Social Bots gibt es und wie funktionieren sie? (https://www.wired.de/collection/tech/welche-social-bots-gibt-es-und-wie-funktionieren-sie) (geprüft am 23.04.2019).

114 *Boshmaf/Muslukhov/Beznosov u.a.*, ACSAC 2011, 93.

115 *Schönleben*, Welche Social Bots gibt es und wie funktionieren sie? (https://www.wired.de/collection/tech/welche-social-bots-gibt-es-und-wie-funktionieren-sie) (geprüft am 23.04.2019).

116 *Stieglitz/Brachten/Ross u.a.*, Australasian Conference on Information Systems 2017; *Boshmaf/Muslukhov/Beznosov u.a.*, ACSAC 2011, 93.

Es ist weder besondere Expertise notwendig, um die Bots zu benutzen, noch ist ein besonders hoher Aufwand dazu erforderlich.[117] Auch die Programmierung benötigt keine großen Teams und Rechenzentren, sondern ist von einem einzelnen Fachkundigen auf einem Heim-PC gut möglich. Schon 2011 konnte man daher für gerade einmal 29 US-Dollar einen Social Bot kaufen.[118] Das führt auch dazu, dass Bots nicht nur von Journalisten genutzt werden,[119] sondern von einer Vielzahl Personen, die an einer Verbreitung einer bestimmten Meinung interessiert sind. Einem massenhaften Einsatz steht daher nichts im Wege, sodass eine Überschwemmung sozialer Medien zu befürchten ist. In der Tat ist das in Ansätzen schon zu beobachten.

Der wohl bedeutendste Einsatz der Meinungsroboter ist der US-Wahlkampf 2016. Die beiden Kandidaten der großen Parteien scheuten beide nicht vor einem Einsatz zurück.[120] Teilweise wird der Anteil an Bot-Nachrichten auf ein Drittel des Gesamtvolumens geschätzt.[121] Hier kam neben der schieren Masse an automatisch generierten Meinungen auch noch ein weiterer Aspekt zum Tragen: Trump-freundliche Bots gaben sich zum Teil spanische Namen, um für einen Teil der Latino-Minderheit gehalten zu werden, die tendenziell eher dazu neigen, die Demokraten zu wählen.[122]

Andere Beispiele dafür, dass die Bots längst eine große Rolle in der Realität spielen, sind ihr Einsatz bei Wahlen in Kolumbien[123] und der Brexit-Abstimmung,[124] wo man bei ca. 660.000 Tweets, die den Ausstieg befürworten,

---

117 *Schönleben*, Welche Social Bots gibt es und wie funktionieren sie? (https://www.wired.de/collection/tech/welche-social-bots-gibt-es-und-wie-funktionieren-sie) (geprüft am 23.04.2019).

118 *Boshmaf/Muslukhov/Beznosov u.a.*, ACSAC 2011, 93.

119 Dazu ausführlich *Habel*, Roboterjournalismus, 2019; *Weberling*, NJW 2018, 735 ff.

120 *Lobe*, Erzwitschere dir deine Wahl (http://www.faz.net/aktuell/feuilleton/debatten/twitter-bots-von-donald-trump-greifen-in-us-wahlkampf-ein-14455894.html) (geprüft am 13.06.2019).

121 *Beeger*, Der Bot macht Meinung (http://www.faz.net/aktuell/wirtschaft/netzkonferenz-dld/dld-2017-der-bot-macht-meinung-14630988.html) (geprüft am 13.06.2019).

122 *Lobe*, Erzwitschere dir deine Wahl (http://www.faz.net/aktuell/feuilleton/debatten/twitter-bots-von-donald-trump-greifen-in-us-wahlkampf-ein-14455894.html) (geprüft am 13.06.2019).

123 *Lobe*, Erzwitschere dir deine Wahl (http://www.faz.net/aktuell/feuilleton/debatten/twitter-bots-von-donald-trump-greifen-in-us-wahlkampf-ein-14455894.html) (geprüft am 13.06.2019).

124 *Beeger*, Der Bot macht Meinung (http://www.faz.net/aktuell/wirtschaft/netzkonferenz-dld/dld-2017-der-bot-macht-meinung-14630988.html) (geprüft am 13.06.2019).

von ca. 97.000 Bot-Tweets sowie bei 186.000 ablehnenden Tweets von 28.000 Maschinennachrichten ausgeht.[125] Auch hier zeigt sich, dass ein riesiges Potential vorhanden ist und – obwohl es nicht klar nachweisbar ist – der Verdacht des Einflusses auf die knappe Wahl denkbar scheint.

Auch die deutsche Parteienlandschaft beschäftigt sich mit dem Phänomen. Nachdem die AfD zunächst einen Einsatz angekündigt hatte, ruderte sie später zurück und verkündete, wie auch die anderen größeren deutschen Parteien, aufgrund der Gefahr der Verzerrung des Meinungsbildes auf den Bot-Gebrauch zu verzichten.[126] Die Problematik des Einsatzes von Social Bots zur Beeinflussung von Meinungsbildung und Wahlentscheidungen ist auch hierzulande präsent und wird diskutiert.[127]

Social Bots, deren Ziel die Verbreitung von politischen Gesinnungen ist, sind deswegen problematisch, weil ein immer größerer Teil der Meinungsbildung im Internet und in sozialen Medien stattfindet[128] und die Bots diese auf verschiedene Arten und Weisen verzerren können:

Erstens können Meinungen unter viel mehr Namen in kurzer Zeit verbreitet werden. Dies kann die Wahrnehmung von Mehrheitsverhältnissen erschweren und so die öffentliche Meinungsbildung manipulieren. Man suggeriert Beobachtern, im Gegensatz zur Realität, eine größere gesellschaftliche Bedeutung der eigenen Meinung. Es wäre zwar wünschenswert, wenn lediglich die Qualität der Argumente über deren Überzeugungskraft entscheiden würde, allerdings liegt ein gewisses, nicht wegzudiskutierendes Bedürfnis nach Konformität in der Natur des Menschen. Schon alleine die Masse von Meinungen kann eine beeinflussende Wirkung haben, wie man gerade auch in sozialen Netzen beobachten kann, denn der Effekt existiert auch ohne die Bots alleine dadurch, dass die Nutzer der sozialen Medien und die „lautesten" Schreiber keinesfalls repräsentativ für die Bevölkerung sind.[129]

---

125 *Erxleben*, Wie Twitter-Bots Brexit-Wähler betrogen haben (http://www.internetworld.de/technik/bots/twitter-bots-brexit-waehler-betrogen-1111324.html) (geprüft am 13.06.2019).

126 *Reinsch*, Social Bots Parteien in Deutschland wollen auf technische Wahlkampfhelfer verzichten (http://www.berliner-zeitung.de/25278052) (geprüft am 13.06.2019).

127 *Friehe*, Wahlkampf in den sozialen Netzwerken – „Wilder Westen"? (https://www.juwiss.de/17-2017/) (geprüft am 24.06.2019).

128 *Mau*, Gegen TTIP! Aber wieso noch mal genau? (http://www.jetzt.de/meinungsbildung/meinungsbildung-durch-soziale-medien) (geprüft am 13.06.2019).

129 *Mau*, Gegen TTIP! Aber wieso noch mal genau? (http://www.jetzt.de/meinungsbildung/meinungsbildung-durch-soziale-medien) (geprüft am 13.06.2019).

Zweitens wird häufig vorgetäuscht, ein Mensch habe die Nachricht verfasst, obwohl dies nicht der Fall ist. Zweifelsohne macht auch diese Tatsache für die meisten Menschen einen Unterschied bei der Beurteilung, ob die geäußerte Meinung überzeugend ist. Moderne Social Bots sind sehr gut darin geworden, menschliche Identitäten anzunehmen. Sie bauen ein glaubhaftes Profil auf den entsprechenden Seiten auf, befreunden sich gegenseitig und führen für die Tarnung auch Gespräche, die mit dem eigentlichen Thema, für das es den Bot gibt, gar nichts zu tun haben, sodass Laien sie nicht mehr als nicht-menschlich identifizieren können und auch Experten zunehmend massive Schwierigkeiten damit haben.[130]

Drittens kann über die Erfindung eines Hintergrunds für den fiktiven Menschen der Eindruck erweckt werden, ein Mensch mit eben jenem Hintergrund habe eine besondere Meinung. Dies wird vor allem im Zusammenhang mit dem ersten Punkt, der großen Verbreitung, problematisch, wenn suggeriert wird, viele Menschen mit ähnlichem Hintergrund folgten einer bestimmten Meinung.

Viertens können durch gezielte, gleichzeitige Aktionen vieler Bots bestimmte Themen in den öffentlichen Fokus gerückt werden, die dort ansonsten nicht gegenwärtig wären.

Schließlich kann man auch durch reine Spamattacken bestimmte Plattformen einfach „überschwemmen" und auf diese Weise eine Diskussion unmöglich machen.[131]

Im Folgenden soll untersucht werden, ob der Gesetzgeber aufgrund des Aufkommens künstlicher Intelligenz und ihrem Einfluss auf den Meinungskampf eingreifen kann oder sogar muss.[132] Es werden dabei im Wesentlichen zwei Komplexe interessant: die Perspektive des Bürgers sowie die grundrechtliche Dimension. In letzterer müssen zunächst die Wirkungen der Meinungsfreiheit aus Art. 5 I 1 GG geprüft werden, bevor staatliches Handeln in Frage kommt. Zudem ist hierbei die Sicht der Parteien, vor allem im Wahlkampf, zu untersuchen, da

---

130 *Schönleben*, Welche Social Bots gibt es und wie funktionieren sie? (https://www.wired.de/collection/tech/welche-social-bots-gibt-es-und-wie-funktionieren-sie) (geprüft am 23.04.2019).

131 *Schönleben*, Welche Social Bots gibt es und wie funktionieren sie? (https://www.wired.de/collection/tech/welche-social-bots-gibt-es-und-wie-funktionieren-sie) (geprüft am 23.04.2019).

132 Für eine vertiefte Auseinandersetzung mit der Strafbarkeit des Einsatzes von Social Bots nach geltendem Recht siehe *Volkmann*, MMR 2018, 58. Ebenfalls zur Strafbarkeit, aber auch zu zivilrechtlichen Aspekten siehe *Libertus*, ZUM 2018, 20.

sich aus den Wahlrechtsgrundsätzen für die Parteien sowohl zusätzliche Vorgaben und Grenzen als auch Schutzmaßnahmen ergeben können.

3.1.2 Die grundrechtliche Dimension

3.1.2.1 Schutzbereich der Meinungsfreiheit

Zunächst stellt sich die Frage, ob die Benutzung von Social Bots in den Schutzbereich der Meinungsfreiheit, zu finden in Art. 5 I 1 GG, fällt. Jedenfalls können Maschinen selbst im deutschen Grundrechtssystem keine eigenen Grundrechte geltend machen. Das Grundgesetz gesteht diese nur natürlichen Personen und – wenn die Voraussetzungen des Art. 19 III GG erfüllt sind – juristischen Personen zu. Es ist, wenn überhaupt, auf die hinter dem Programm stehenden Menschen abzustellen.

Dabei muss als erstes geklärt werden, ob die endgültige Äußerung dem Programmierer des Bots zugerechnet werden sollte, wenn dieser die später getätigten Äußerungen bereits fest in das Programm integriert. Man könnte argumentieren, der feste Einbau einer Meinung sei bereits Teil einer Meinungsäußerung, da diese dann nicht mehr änderbar ist. Überzeugender ist es aber, in diesem wie in anderen Fällen auf denjenigen abzustellen, der den Social Bot schließlich „einsetzt", ihn also in die Welt des Internets entlässt. Erst durch diesen Schritt kann der Algorithmus seiner Bestimmung nachkommen und erst so findet überhaupt eine Meinungsverbreitung statt.

Fraglich ist nun aber, ob eben diese Verbreitung durch Art. 5 I 1 GG geschützt ist. Grundsätzlich umfasst der Schutz der Meinungsäußerung auch die gewünschte Art und Weise der Veröffentlichung, sodass der Äußernde diejenigen Möglichkeiten wählen darf, die ihm am geeignetsten erscheinen.[133] Das spricht zunächst für die Einbeziehung der Bots in den Schutzbereich, zumal Art. 5 I 1 GG grundsätzlich technologieneutral ist.[134] Die Nutzung elektronischer Hilfsmittel zur Meinungsverbreitung ist erlaubt und kann auch gerade für den Meinungskampf nützlich sein. In der Brexit-Abstimmung waren die zwei aktivsten Twitteraccounts Bots. Sie trugen die Namen @ivoteleave und @ ivotestay und hatten die bloße Aufgabe, möglichst viele andere Tweets für ihre

---

133 BVerfG NJW 1995, 3303; *Grabenwarter*, in: Maunz/Dürig, Grundgesetz, 2019, Art. 5 I, II Rn. 84.

134 *Zumkeller-Quast*, Die Nutzung von Socialbots als Identitätstäuschung? (https://www.juwiss.de/2-2017/) (geprüft am 13.06.2019).

Meinung zu finden und zu „retweeten", also selbst noch einmal zu verbreiten.[135] Gegen eine solche „Zusammentragungshilfe" von Meinungen ist rechtlich nichts einzuwenden. Auch die Tatsache, dass der Text selbst unter Umständen maschinengeneriert ist, ändert daran nichts.[136]

Umstritten ist, ob das auch dann gilt, wenn eine klare, bewusste Täuschung der Öffentlichkeit vorliegt. Wie oben beschrieben, werden Social Bots gerne dazu genutzt, die verbreitete Meinung legitimer erscheinen zu lassen, indem man Identitäten aufbaut, die gar nicht existieren, teilweise auch massenhaft. Der Leser soll dabei, so die Idee, darüber getäuscht werden, von wem die Meinung kommt und wie bedeutend diese Meinung in der Masse tatsächlich ist.

Es wird vertreten, die Bot-Nutzung sei auch unter diesen Umständen vom Schutz des Art. 5 I 1 GG umfasst.[137] Die grundsätzliche Einbeziehung elektronischer Hilfsmittel in den Schutzbereich spricht zunächst einmal dafür. Es wird angeführt, dass auch die Urheberschaft einer Äußerung Einfluss auf die Wahrnehmung ihres Inhalts hat und daher mitgeschützt sein sollte, sozusagen als Teil der Freiheit des Verbreiters, die Art und Weise der Verbreitung selbst zu bestimmen.[138] Die Autorenschaft sei in Verbindung mit dem Inhalt ein Werturteil über den Inhalt selbst.[139] Als weiteres Argument wird vorgebracht, dass auch eine gewünschte Anonymität bei der Meinungsäußerung geschützt ist.[140] Es wird grundsätzlich sowohl die Meinungsverbreitung ohne erkennbare Identität als auch die Meinungsverbreitung unter einem Pseudonym als geschützt angesehen.[141] Entsprechend sei auch die massenhafte Täuschung, wie sie durch Social Bots teilweise vorgenommen wird, als eine Art Massenpseudonym Teil

135 *Erxleben*, Wie Twitter-Bots Brexit-Wähler betrogen haben (http://www.internetworld.de/technik/bots/twitter-bots-brexit-waehler-betrogen-1111324.html) (geprüft am 13.06.2019).

136 *Schröder*, DVBl. 2018, 465, 467.

137 *Milker*, ZUM 2017, 216; *Zumkeller-Quast*, Die Nutzung von Socialbots als Identitätstäuschung? (https://www.juwiss.de/2-2017/) (geprüft am 13.06.2019), dessen Artikel zwar die Rechtfertigungsebene diskutiert, dabei aber eben auch annimmt, der Schutzbereich müsse eröffnet sein.

138 *Milker*, ZUM 2017, 216.

139 *Milker*, ZUM 2017, 216, 218.

140 *Zumkeller-Quast*, Die Nutzung von Socialbots als Identitätstäuschung? (https://www.juwiss.de/2-2017/) (geprüft am 13.06.2019).

141 BGH NJW 2009, 2888, 2892; OLG Frankfurt NJW 2012, 2896, 2897; *Grabenwarter*, in: Maunz/Dürig, Grundgesetz, 2019, Art. 5 I, II Rn. 86 m.w.N.

des Schutzbereichs, um die Meinungsfreiheit in Bezug auf die Art und Weise der Äußerung möglichst umfassend zu garantieren.[142]

Auf der anderen Seite ist das Bundesverfassungsgericht der Auffassung, erwiesenermaßen oder bewusst unwahre Tatsachenäußerungen seien nicht von Art. 5 I 1 GG geschützt.[143] Folgt man dieser Prämisse zunächst, sprechen die besseren Argumente dafür, hier bereits die Eröffnung des Schutzbereichs zu verneinen.[144] Wenn die (vermeintliche) Urheberschaft eines Werkes mit dem Inhalt zusammenspielt, spricht das gerade dafür, Täuschungen darüber gleich zu behandeln. Wenn inhaltliche Täuschungen verboten sind und die falsche Angabe der Autorenschaft, darin besteht Einigkeit, Einfluss darauf hat, wie der Inhalt wahrgenommen wird, wäre es ein Widerspruch, die Täuschung darüber, von wem die Meinung stammt, als zulässig anzusehen.

Entsprechend müssen auch die für Tatsachenbehauptungen anerkannten Rückausnahmen gemacht werden. Eine solche ist, dass Täuschungen zulässig sind, sofern sich Werturteil und Täuschung nicht trennen lassen, da das Werturteil im Falle einer solchen Trennung in seinem Sinn verändert wäre.[145] Man kann nun annehmen, dass jede Angabe (oder Nicht-Angabe) der Urheberschaft bezüglich der Meinungsäußerung als ein „Werturteil über ihren Inhalt <<zwischen den Zeilen>>“[146] zu betrachten ist. Dann stellt sich allerdings die Frage, inwieweit überhaupt Täuschungen existieren, die kein Werturteil darstellen. Konsequenter wäre es dann, die Idee des Ausschlusses von Täuschungen aus dem Schutzbereich des Art. 5 I 1 GG komplett abzulehnen. Akzeptiert man diese allerdings, so führt die Erkennbarkeit des Äußernden zwar möglicherweise zu einer anderen Wirkung auf das Publikum; eine untrennbare Verbundenheit mit dem Werturteil kann man aber jedenfalls nicht pauschal unterstellen. Dafür spricht auch die Ratio der Ausnahme für Täuschungen. Die Meinungsfreiheit soll den Widerstreit öffentlicher Meinungen in einer freiheitlichen, pluralistischen Gesellschaft sichern.[147] Es soll die Unterschiedlichkeit der Meinungen sowie deren Verbreitung geschützt werden.[148] Falschaussagen dienen dem nur,

---

142 *Schröder*, DVBl. 2018, 465, 467 f; *Zumkeller-Quast*, Die Nutzung von Socialbots als Identitätstäuschung? (https://www.juwiss.de/2-2017/).

143 BVerfG NJW 1980, 2072, 2073; NJW 1994, 1779.

144 So auch *Brings-Wiesen*, Meinungskampf mit allen Mitteln und ohne Regeln? (https://www.juwiss.de/93-2016/) (geprüft am 13.06.2019).

145 BVerfG NJW 1994, 1779.

146 *Milker*, ZUM 2017, 216, 218.

147 BVerfGE 12, 113.

148 BVerfG NJW 1980, 2072, 2073.

wenn sie eben mit dem Werturteil verbunden ist. Deswegen sind sie in diesen Fällen auch geschützt. Eine falsche Urheberschaft trägt aber genauso wie eine falsche Tatsachenbehauptung isoliert nichts zum Meinungskampf bei.

Auch die Tatsache, dass Anonymität und die Verwendung von Pseudonymen Teil des Schutzbereichs sind, ändert nichts an dieser Einordnung. Diese sind zulässig, um eine „Selbstzensur" zu verhindern. Es besteht die Gefahr, dass der Zwang zur Äußerung unter echtem Namen dazu führt, dass davon abgesehen wird, von seinem Grundrecht auf Meinungsäußerung Gebrauch zu machen, da man negative Folgen für die eigene Person fürchtet.[149] Es geht also darum, möglichst Vielen zu ermöglichen, ihre Meinung zu verbreiten. Für die Zulässigkeit einer Täuschung wird angeführt, diese sei, gerade bei der Nutzung von Pseudonymen, nicht zu verhindern und müsse daher gestattet sein.[150] Diese Argumentation übersieht aber, dass die Verfälschung hier nicht Selbstzweck, sondern ein hinzunehmendes Übel ist. Sie wird in Kauf genommen, weil es notwendig ist, die Meinungsäußerung selbst zu schützen. Es gibt aber keinen Grund, diesen Schutz über das erforderliche Maß auszudehnen. Man mag es für unabdingbar halten, einen erfundenen Namen zu verwenden, um Anonymität zu gewährleisten. Der Aufbau einer kompletten Legende und vor allem die Äußerung unter sehr vielen verschiedenen Namen gehören allerdings nicht dazu. Sie lassen die Meinung zwar unter Umständen glaubwürdiger erscheinen, sind aber weder notwendig, um die Identität des Autors zu verschleiern, noch ist das das Ziel dieser Täuschung. Die Anonymität ist daher auch nicht erforderlich, um „chilling effects", also die Gefahr, dass ein Grundrecht aus Angst nicht ausgeübt wird,[151] zu verhindern.

Etwas anderes muss konsequenterweise gelten, wenn man auch falsche Tatsachenbehauptungen und Täuschungen grundsätzlich als vom Schutzbereich des Art. 5 I 1 GG erfasst ansieht.[152] Dann wäre wiederum der Ausschluss der falschen Autorenschaft aus dem Schutzbereich ein Wertungswiderspruch.

---

149 BGH NJW 2009, 2888, 2892.

150 Wiederum im Rahmen der Abwägung *Zumkeller-Quast*, Die Nutzung von Socialbots als Identitätstäuschung? (https://www.juwiss.de/2-2017/) (geprüft am 13.06.2019).

151 EGMR, Urteil vom 27. März 1996 – 17488/90 Rn. 39.

152 Z.B. *Grabenwarter*, in: Maunz/Dürig, Grundgesetz, 2019, Art. 5 I, II Rn. 65; *Schulze-Fielitz*, in: Dreier (Hrsg.), Grundgesetz, ^{3}2013, Art. 5 I, II Rn. 51.

3.1.2.2 *Rechtfertigung von Eingriffen*

Geht man davon aus, der Schutzbereich sei eröffnet, können die aufgeworfenen Probleme allerdings im Rahmen der Rechtfertigung eine Rolle spielen. Notwendig für die Einschränkung von Art. 5 I 1 GG ist dabei ein allgemeines Gesetz. Diese sind nach Ansicht des Bundesverfassungsgerichts Gesetze, die sich „nicht gegen die Äußerung der Meinung als solche richten",[153] sondern „dem Schutze eines schlechthin, ohne Rücksicht auf eine bestimmte Meinung, zu schützenden Rechtsguts dienen."[154] Auch diese Gesetze müssen verhältnismäßig und insbesondere angemessen sein sowie nach der vom Bundesverfassungsgericht entwickelten „Wechselwirkungslehre" wiederum im Lichte der Meinungsfreiheit ausgelegt werden.[155] Es findet also eine Güterabwägung statt, wobei das Grundrecht der Meinungsfreiheit im Einzelfall zurücktreten kann.[156]

Dabei besteht jedenfalls Einigkeit über Fälle, in denen gezielte Massennachrichten von Social Bots eine Diskussion nicht nur beeinflussen, sondern komplett unterdrücken, sie rein destruktiv untergraben und in der Konsequenz unmöglich machen. Die Meinungsfreiheit der Bot-Nutzer (sofern man eben den Schutzbereich überhaupt als eröffnet ansieht) muss hier in der Regel hinter der Meinungsfreiheit der anderen Diskussionsteilnehmer zurücktreten.[157] Die komplette Verdrängung von Dritt-Meinungen kann nicht toleriert werden.

Sieht man hinsichtlich der oben beschriebenen vorgetäuschten Identitäten den Schutzbereich als eröffnet an, muss die Täuschung aber dazu führen, dass die Meinungsfreiheit des Bot-Nutzers, jedenfalls im Regelfall, hinter den tangierten Interessen der Allgemeinheit zurücktritt.[158] (Falsche) Tatsachenbehauptungen, die dem Schutzbereich des Art. 5 I 1 GG unterfallen, sind deutlich leichter einschränkbar als reine Werturteile.[159] Die Meinungsfreiheit wird nach zustimmungswürdiger Ansicht des Bundesverfassungsgerichts in diesen Fällen regelmäßig zurücktreten.[160] Dementsprechend muss grundsätzlich dasselbe für

---

153 BVerfG GRUR 1958, 254, 256.

154 BVerfG GRUR 1958, 254, 256.

155 BVerfG GRUR 1958, 254, 256.

156 *Schulze-Fielitz*, in: Dreier (Hrsg.), Grundgesetz, ^{3}2013, Art. 5 I, II Rn. 158 ff.

157 *Milker*, ZUM 2017, 216, 219; *Zumkeller-Quast*, Die Nutzung von Socialbots als Identitätstäuschung? (https://www.juwiss.de/2-2017/) (geprüft am 13.06.2019).

158 So auch *Milker*, ZUM 2017, 216, 218 f; *Brings-Wiesen*, Meinungskampf mit allen Mitteln und ohne Regeln? (https://www.juwiss.de/93-2016/) (geprüft am 13.06.2019).

159 BVerfG NJW 1983, 1415.

160 BVerfG NJW 1992, 1439.

Identitätstäuschungen gelten, da diese, wie beschrieben, ebenso Einfluss auf die Wahrnehmung der Meinung haben.

Die Gegenseite argumentiert damit, dass Pseudonyme erlaubt sind.[161] Nach hier vertretener Meinung sind sie allerdings eben auf das Notwendige zu beschränken und in der exzessiven Form, die bei Social Bots häufig anzutreffen ist, wie oben gezeigt, nicht mehr dem Meinungsaustausch dienlich. Dies muss spätestens auf Ebene der Rechtfertigung gewichtig berücksichtigt werden.

Zudem spreche die Problematik der massenhaften Täuschung und der damit einhergehenden vorgetäuschten „quantitativen Legitimation"[162] nicht gegen die Bot-Nutzung. Eine Verzerrung der Wahrnehmung der Verteilung von Meinungen sei mindestens so alt wie die schriftliche Verbreitung derselben, was die Existenz von Zeitungen und ähnlichen Medien, die keinesfalls repräsentativ die Meinung der Bevölkerung widerspiegeln, zeigt.[163] Dem ist zuzugeben, dass tatsächlich eine Verbreitung von Meinungen im Verhältnis zu der tatsächlichen Verbreitung in der Bevölkerung weder möglich noch überhaupt gewünscht oder von Art. 5 I 1 GG gefordert ist. Ein Prinzip, das besagt, jeder müsse im Meinungskampf genau eine „Stimme" haben, findet sich im deutschen Verfassungsrecht nicht. Die sozialen Medien sind selbst das beste Beispiel, auch wenn man die Bots ausklammert. Es zeigt sich, dass prominente Meinungen im Internet häufig völlig disproportional stark wahrgenommen werden, wenn man sie mit den tatsächlichen Mehrheitsmeinungen vergleicht.[164] Das ist allerdings auch nicht der Kern des Problems. Der Grund, warum in der Verhältnismäßigkeitsprüfung die angesprochenen Täuschungen stark gegen die Meinungsfreiheit der Einsetzenden sprechen, ist nicht isoliert die Tatsache, dass die entsprechenden Bot-generierten Meinungen überproportional häufig auftauchen. Das Problem ist, dass diese Überrepräsentation durch falsche Tatsachendarstellungen und Täuschungen verursacht wird. Größer zu wirken, als man eigentlich ist, ist im Meinungskampf nicht Schlimmes. Im Fall von sehr wenig verbreiteten Meinungen kann es sogar wichtig sein, um auch wenig bekannte Meinungen einem

---

161 *Zumkeller-Quast*, Die Nutzung von Socialbots als Identitätstäuschung? (https://www.juwiss.de/2-2017/) (geprüft am 13.06.2019).

162 *Brings-Wiesen*, Meinungskampf mit allen Mitteln und ohne Regeln? (https://www.juwiss.de/93-2016/) (geprüft am 13.06.2019).

163 *Zumkeller-Quast*, Die Nutzung von Socialbots als Identitätstäuschung? (https://www.juwiss.de/2-2017/) (geprüft am 13.06.2019).

164 *Scheufens*, Am Anfang ist die Illusion (http://www.spiegel.de/wissenschaft/mensch/wie-soziale-netzwerke-meinungsbildung-beeinflussen-a-1048991.html) (geprüft am 13.06.2019).

größeren Publikum vorzuführen. Das bedeutet aber nicht, dass man sich aller Mittel bedienen darf, um dort hinzukommen. Die disproportionale Darstellung von Meinungen ist, ebenso wie Anonymität, kein Selbstzweck, sondern ein Mittel zum Zweck, das toleriert und auch akzeptiert werden kann, aber nicht die Täuschung der Öffentlichkeit rechtfertigt.

Ein weiterer Punkt, der gegen die Angemessenheit der Bot-Nutzung in der beschriebenen Art spricht, ist die Tatsache, dass die Täuschung selbst sehr schwer zu durchschauen und zu entlarven ist und daher nicht auf der eigentlichen Diskussionsebene stattfindet, sondern darüber.[165] Eine normale falsche Tatsachenbehauptung kann von jedem, der sich mit der Materie auskennt, als solche gesehen und dann enttarnt werden. Computer, die sich als Menschen ausgeben, müssen zunächst als solche identifiziert werden, was heute selbst Experten zunehmend schwerfällt.[166]

Ist der Schutzbereich eröffnet, so muss jedenfalls die massenhafte und zielgerichtete Täuschung über den Urheber wenigstens auf der Rechtfertigungsebene im Rahmen der Angemessenheitsprüfung als gewichtiger Punkt gegen die Meinungsfreiheit gelten, sobald diese klar über die gewünschte, zulässige Anonymisierung hinausgeht. Wo die Grenze genau zu ziehen ist, kann zwar im Einzelfall schwierig sein, der Großteil der eingesetzten Bots zur Massenverbreitung wird aber jedenfalls klar über das Zulässige hinausschießen. Für diese Unterscheidung wurde vorgeschlagen, die zivilrechtlichen Grundsätze für „Handeln unter fremden Namen" entsprechend heranzuziehen,[167] allerdings ohne Angabe von Gründen. Zwar bietet diese Möglichkeit eine bewährte Methode zur Ermittlung der rechtlichen Einordnung einer Identitätstäuschung. Die Schutzrichtung ist allerdings eine völlig andere. Die Grundsätze für das „Handeln unter fremden Namen" sollen in erster Linie das Vertrauen potentieller Vertragspartner schützen, während die zulässige Pseudonymisierung zum Äußern einer Meinung eben die Meinungsfreiheit schützen soll.[168] Eine Gleichbehandlung ist daher nicht angebracht. Es muss vielmehr im Einzelfall darauf abgestellt werden, ob die getroffenen Pseudonymisierungsmaßnahmen für den Schutz der Meinungsfreiheit erforderlich waren oder eben nicht.

---

165 *Brings-Wiesen*, Meinungskampf mit allen Mitteln und ohne Regeln? (https://www.juwiss.de/93-2016/) (geprüft am 13.06.2019).

166 *Beeger*, Der Bot macht Meinung (http://www.faz.net/aktuell/wirtschaft/netzkonferenz-dld/dld-2017-der-bot-macht-meinung-14630988.html) (geprüft am 13.06.2019).

167 *Milker*, ZUM 2017, 216, 219.

168 BGH NJW 2009, 2888.

3.1.2.3 Handlungsmöglichkeiten und -pflichten

3.1.2.3.1 Handlungsmöglichkeiten

Der Schutz exzessiver, manipulativer Bot-Nutzung ist also nicht zu stark ausgeprägt, ob man nun ein Herausfallen aus dem Schutzbereich oder eine einfache Rechtfertigung annimmt. Der Gesetzgeber hat vor diesem Hintergrund deutliche Spielräume, wenn er die Materie regeln will. Es darf dabei aber nicht aus dem Auge verloren werden, dass es auch eine Vielzahl nützlicher und gleichzeitig nicht auf falschen Tatsachen basierender Bot-Nutzungen gibt, etwa Informationsbots, technische Supportbots oder auch die oben beschriebenen Twitteraccounts, die lediglich bestimmte Meinungen zusammentragen. Eine mögliche gesetzliche Regelung müsste auf diese Rücksicht nehmen, sodass als Extrembeispiel ein Komplettverbot von Social Bots nicht nur wenig praktikabel und unzweckmäßig, sondern auch rechtlich unzulässig sein dürfte. Es würde spätestens am Grundsatz der Verhältnismäßigkeit[169] wegen Unangemessenheit[170] scheitern und damit gegen Grundrechte, zumindest Art. 2 I GG, verstoßen.

Eine etwas weniger radikale – und in anderem Kontext auch durchaus diskutierte – Methode wäre die Einführung einer Pflicht, auf sozialen Medien mit dem eigenen, echten Namen aufzutreten.[171] Dies könnte allerdings zum einen gegen das aus dem Recht auf informationelle Selbstbestimmung hergeleitete Gebot der Datensparsamkeit verstoßen[172] oder wäre jedenfalls ein tiefer, schwer zu rechtfertigender Eingriff in das allgemeine Persönlichkeitsrecht. Zum anderen ist die Möglichkeit einer gewissen Anonymisierung notwendig, um die Meinungsfreiheit für alle zu garantieren[173]. Diese würde einem bei einer Durchsetzung der Idee komplett genommen.

Realistischer wäre es, die Betreiber in die Pflicht zu nehmen, Bots zu erkennen und zu verhindern. Dabei kommt zunächst der technische Weg in Betracht.[174] Schon heute finden sich etwa im Internet immer wieder „Sind sie ein Roboter?"-Abfragen, die eben dies verhindern sollen. Auch das ein oder andere Forum geht

---

169 *Sachs*, in: Sachs (Hrsg.), Grundgesetz, ^{8}2018, Art. 20 Rn. 145.

170 BVerfGE 13, 230, 236; 103, 197, 224; 117, 163, 182; *Sachs*, in: Sachs (Hrsg.), Grundgesetz, ^{8}2018, Art. 20 Rn. 154.

171 *Milker*, ZUM 2017, 216, 221, der der Idee aber skeptisch gegenübersteht.

172 *Milker*, ZUM 2017, 216, 221; *Caspar*, ZPR 2015, 233.

173 BGH NJW 2009, 2888, 2892; OLG Frankfurt NJW 2012, 2896, 2897; *Grabenwarter*, in: Maunz/Dürig, Grundgesetz, 2019, Art. 5 I, II Rn. 86.

174 *Milker*, ZUM 2017, 216, 221; *Brings-Wiesen*, Meinungskampf mit allen Mitteln und ohne Regeln? (https://www.juwiss.de/93-2016/) (geprüft am 13.06.2019).

diesen Weg bereits freiwillig. Man soll dabei eine kurze Aufgabe, wie zum Beispiel Bilderkennung, erledigen, von der man ausgeht, dass eine gewöhnliche KI sie heute noch nicht lösen kann. Die Effektivität wird dabei je nach aktuellem Stand im Rennen zwischen der Fähigkeit aktueller Bots und der Komplexität der Prüfung schwanken, jedenfalls ist es für Menschen lästig, diese Abfragen zu beantworten. Man könnte sie vor jeder Accounterstellung voraussetzen, oder sogar vor jeder Nachricht, die man in die Welt setzen will. Eine einfachere, aber dementsprechend auch weniger wirksame und vor allem weniger differenzierte Methode ist das einfache Zählen von ausgehenden Nachrichten pro Tag. Diese Möglichkeit lässt natürlich, je nach Strenge, auch unschuldige menschliche Dauerschreiber unter die Räder kommen, während große Mengen an Bots, von denen allerdings jeder einzelne lediglich geringe Mengen veröffentlicht, nicht erkannt werden. Eine wirklich problemfreie Lösung gibt es also in diesem Bereich nicht.

Ebenfalls denkbar wäre es, die Bot-Erkennung nicht auf technischem Wege durchzuführen, sondern eine Art Validierung eines Accounts zu verlangen, beispielsweise durch Ausweiskopien oder Ähnliches. Im Vergleich mit der Klarnamenspflicht besteht hier der Vorteil, dass der echte Name nur dem Betreiber der Plattform zur Verfügung stünde. Die auffälligsten Nachteile sind der immense Aufwand für die Durchführung und die Tatsache, dass auch hier starke Bedenken im Hinblick auf das allgemeine Persönlichkeitsrecht bestehen. Denn dabei wird man ebenfalls gezwungen, persönliche Daten an Dritte weiterzugeben. Man könnte das Prinzip „aufweichen", indem man eine Art freiwillige Verifizierung anstrebt, deren „Belohnung" die klare Kennzeichnung als menschlicher Account ist. Twitter kennzeichnet beispielsweise echte „Accounts von öffentlichem Interesse", um sie von gefälschten Konten abzugrenzen und damit den Lesern Sicherheit zu geben, dass es sich um den Menschen handelt, der er zu sein vorgibt.[175] Übertragen auf die Social Bot-Problematik würde das bedeuten, dass die Bots zwar weiter existieren und ihre Botschaften verbreiten dürfen, ernsthafte Diskussionsteilnehmer aber Möglichkeiten haben, als echte Menschen erkannt zu werden. Nachteile für den Meinungskampf können hier zwar nicht ganz verhindert werden, ein anonymer Teilnehmer an der Diskussion wirkt aber weniger glaubwürdig. Das ist ja gerade der Sinn der Konstruktion. Sie sind aber im Gegensatz zu radikaleren Vorschlägen abgeschwächt und ohnehin

175 *Twitter*, FAQ zu verifizierten Accounts (https://support.twitter.com/articles/313322#) (geprüft am 13.06.2019).

bei anonymen Meinungsäußerungen schwer zu vermeiden. Ob hier eine gesetzliche Regelung weiterhilft, ist natürlich fraglich.

In der Theorie wäre die Königslösung wohl die Umkehr des gerade beschriebenen, eine Kennzeichnungspflicht für Bots. Der Eingriff ist auch für Bot-Nutzer gering, schadet nützlichen Bots kaum bis gar nicht, verhindert die Verbreitung von Meinungen nicht und legt alle Karten offen auf den Tisch, ohne aber den normalen Nutzer der Plattform zu belasten. Jeder weiß, woran er ist und ob der Schreiber einer Nachricht menschlich ist oder nicht. Das Hauptproblem dieses Ansatzes ist die Umsetzbarkeit. Man könnte sowohl die Betreiber der Plattform in die Pflicht nehmen als auch den einzelnen Nutzer. Bei beiden Möglichkeiten müsste man zur sinnvollen Durchsetzung aber eine Möglichkeit haben, Bots sicher zu identifizieren, was gerade eines der zu lösenden Probleme darstellt. Auch wenn die Verpflichteten im Ausland sitzen, ergeben sich Schwierigkeiten.

Insgesamt lässt sich also ein Muster erkennen: Erstens ist eine Erkennungsmöglichkeit für Bots notwendig. Da diese immer besser darin werden, ihre Maschineneigenschaft zu verbergen und das Unterfangen selbst für Experten heute schon schwierig ist, liegt hier ein Problemschwerpunkt.

Zweitens wäre eine internationale Lösung mit Abstand am effektivsten. Wie realistisch ein multinationaler Zusammenschluss ist, ist im Moment schwer einzuschätzen, insgesamt ist die Frage aber wohl, ob die Staatengemeinschaft das Thema überhaupt als nennenswertes Problem ansieht. Neben den rein praktischen Vorteilen, die ein gemeinsames Vorgehen möglichst vieler Staaten bietet, würde auf diesem Weg auch ein Hindernis weniger bestehen: Bei Anbietern im EU-Ausland muss die Richtlinie 2000/31/EG („E-Commerce-Richtlinie") beachtet werden. Art. 3 I, II derselben bestimmt, dass „Dienste der Informationsgesellschaft" im koordinierten Bereich grundsätzlich nur von dem Mitgliedsstaat beschränkt werden dürfen, in dem der Anbieter niedergelassen ist. Ausnahmen finden sich in Art. 4 und 5 der Richtlinie. Soziale Netzwerke erbringen Dienste der Informationsgesellschaft im Sinne der Richtlinie,[176] sodass ihnen gegenüber die Regulierung in ihrem Anwendungsbereich stark eingeschränkt ist. Denkbar ist lediglich eine Maßnahme zum Schutz der öffentlichen Sicherheit und/oder Ordnung, die nach Art. 4 a) i) möglich sein kann. Die Richtlinie verlangt aber eine Aufforderung des nicht tätig werdenden Mitgliedsstaates in Art. 4 b) und eine Involvierung desselben sowie der Kommission. Dieses Erfordernis spricht dafür, die möglichen Ausnahmen eher als Notinstrument zu sehen, das lediglich im Einzelfall gebraucht werden darf, nicht aber für eine Regulierung der Materie

176 *Schröder*, DVBl. 2018, 465, 471.

Social Bots an sich.[177] Anstatt zu versuchen, diesen engen Voraussetzungen, die auch Verhältnismäßigkeit nach Art. 4 a) iii) erfordern, bietet sich an, direkt international zusammen zu arbeiten.

Je nachdem, wie gut man die Schwierigkeiten in den Griff bekommt, sind verschiedene Lösungen unterschiedlich sinnvoll, mit einem Vorteil für die Kennzeichnungspflicht.

3.1.2.3.2 Handlungspflichten

Eine andere Frage ist, ob sogar eine Handlungspflicht besteht. Diese Frage ist in der noch jungen Diskussion umstritten. Grundsätzlich besteht hinsichtlich der Meinungsfreiheit eine Pflicht des Staates, den Meinungskampf und die freie Meinungsbildung an sich zu ermöglichen.[178] Erst wenn die Freiheit der Meinungsäußerung an sich bedroht ist, muss der Staat handeln.[179] Er muss dabei aber weder pauschal Mittel zur Verfügung stellen, noch dafür sorgen, dass ein Publikum für jede Meinung existiert.[180] Eine Pflicht wird nun teilweise unter Hinweis auf das Potential der täuschenden Social Bots in Verbindung mit ihrer manipulativen Natur angedacht.[181] Die Gefährlichkeit und die Lenkung des Diskurses mache einen Eingriff erforderlich. Nach richtiger Ansicht ist ein Handeln des Staates aus grundrechtlicher Sicht zwar möglich, aber noch nicht zwingend.[182] Eine Beeinflussung des Meinungskampfes ist durchaus schon sichtbar, diese alleine reicht aber nicht für eine konkrete Handlungspflicht aus. Dafür bedarf es, wie beschrieben, einer Bedrohung für den Meinungskampf an sich. Eine solche befindet sich noch in weiter Ferne. In der Regel ist es für jedermann auch in Zeiten von bequemen Filterblasen und Echokammern möglich, seine Meinung im Internet und in sozialen Medien kundzutun und sich hinsichtlich quasi aller Meinungen umfassend zu informieren, wenn er das möchte. Dementsprechend ist der Spielraum des Gesetzgebers noch lange nicht ausgereizt. Anderes kann höchstens gelten, wenn die Bots in Zukunft derart überhandnähmen, dass grundsätzlich keine Meinungsäußerung in sozialen Medien mehr möglich

---

177 *Schröder*, DVBl. 2018, 465, 471.

178 *Grabenwarter*, in: Maunz/Dürig, Grundgesetz, 2019, Art. 5 I, II Rn. 109; BVerfGE 7, 198; BVerfGE 90, 1.

179 BVerfG NJW 2010, 47, 52.

180 *Grabenwarter*, in: Maunz/Dürig, Grundgesetz, 2019, Art. 5 I, II Rn. 111.

181 *Brings-Wiesen*, Meinungskampf mit allen Mitteln und ohne Regeln? (https://www.juwiss.de/93-2016/) (geprüft am 13.06.2019).

182 So auch *Milker*, ZUM 2017, 216, 220.

ist und selbst dann wird zu diskutieren sein, wie entscheidend diese zum entsprechenden Zeitpunkt für den Meinungskampf an sich sind.

Abschließend ist daher zum Komplex der Social Bot-Nutzung Privater zu sagen, dass es dem Staat freisteht, Regeln zu treffen, ohne dazu gezwungen zu sein. Die beste Lösung wird sich für den Fall des Umsetzungswunsches nach der Realisierbarkeit richten müssen.

3.1.3 Das Recht der Parteien und die Wahlrechtsgrundsätze

Die oben genannten Beispiele aus anderen Ländern zeigen, dass der politische Einsatz von Social Bots möglich und wahrscheinlich ist. Fraglich ist, ob die Wahlrechtsgrundsätze und das Parteienverfassungsrecht zusätzliche Anforderungen stellen. Zunächst sei aber angemerkt, dass auch hier mögliche rechtliche Bedenken eher der Mischung aus extremer Masse und/oder einer Identitätstäuschung entstammen. Bots, die etwa nur automatisiert häufige Fragen beantworten sollen, wie sie die CDU angedacht hat,[183] sollten unbedenklich sein.

3.1.3.1 Die Freiheit der Wahl

Art. 38 I 1 GG bestimmt, dass Wahlen in der Bundesrepublik frei sein müssen. Social Bots, im Grundsatz ist das anerkannt, können Einfluss auf den Bürger nehmen. Im Vergleich mit der Meinungsfreiheit ergeben sich aber auch hier keine neuen Schutzpflichten. Die reine Meinungsbeeinflussung selbst ist weder neu, noch verboten.[184] Es ist im Gegenteil gerade Aufgabe von Parteien, ihre Positionen zu verbreiten und zu versuchen, möglichst viele Menschen zu überzeugen. Ein möglicher Verzerrungseffekt tritt dabei fast zwangsläufig auf. Traditionelle Medien und Methoden zur Meinungsverbreitung repräsentieren die Bevölkerung ebenfalls nicht proportional. Ab einer gewissen Grenze wird man Täuschungen und Ähnliches unterbinden müssen. Ein Unterschied in der oben dargestellten Rechtslage zur Meinungsfreiheit besteht aber nicht. Es wäre widersprüchlich, etwas im Meinungskampf für erlaubt zu halten, aber die Freiheit der Wahl für bedroht zu halten. Auch hier gilt daher: Der Staat muss jedenfalls nicht handeln.

---

183 *Mpz*, CDU erwägt Einsatz von Chatbots (http://www.spiegel.de/netzwelt/web/cdu-peter-tauber-erwaegt-einsatz-von-chatbots-im-bundestagswahlkampf-a-1141207.html) (geprüft am 13.06.2019).

184 *Milker*, ZUM 2017, 216, 220.

3.1.3.2 Der Grundsatz demokratischer Willensbildung

Ein weiterer zu diskutierender Punkt ist die Frage, ob die demokratische Willensbildung durch den Einsatz von Social Bots durch Parteien beeinträchtigt ist. Nach Art. 21 I 1 GG wirken die Parteien bei der demokratischen Willensbildung mit. Es wird vertreten, die Meinungsbeeinflussung in Verbindung mit der Täuschung würde die Idee dieses Meinungsbildungsprozesses umkehren.[185] Dieser habe von „unten nach oben" zu erfolgen, während die Bots unerkannt von einer Partei gesteuert wären. Die Bürger sollten ihre Meinung über die Parteien als Medium zum Staat tragen, nicht die Parteien unter dem Deckmantel einer vorgetäuschten Menge die Meinung beeinflussen. Daraus soll folgen, dass Parteien der Einsatz von Social Bots schon verfassungsrechtlich untersagt sei.

Zweifelsohne versuchen Parteien gerade, aber nicht nur, bei Wahlen Einfluss auf die Meinungsbildung in der Bevölkerung zu nehmen. Dies steht auch nicht im Gegensatz zur Mitwirkung demokratischer Willensbildung. Die Vorstellung, Parteien würden warten, bis eine Meinung in der Bevölkerung entsteht und diese dann lediglich aufgreifen, entspricht nicht der Realität und ist auch von Art. 21 I 1 GG so nicht gewollt. Eine genaue Trennung ist ohnehin quasi nicht möglich, vielmehr existiert ein ständiger Prozess gegenseitigen Austauschs. Parteien „beeinflussen die öffentliche Meinung und werden von ihr beeinflusst."[186] Solange Menschen in ausreichendem Ausmaß selbst die Diskussion bestimmen, steht die Mitwirkung an der demokratischen Willensbildung dem Einsatz von Bots nicht entgegen.

Erst das Element der Täuschung verkompliziert die Angelegenheit wieder. Die Frage, die sich eigentlich stellt, ist also, ob Art. 21 I 1 GG eine redliche Mitwirkung an der demokratischen Willensbildung fordert oder inwiefern der Staat Manipulationen und Täuschungsversuche verhindern muss. Anhaltspunkte für Letzteres bestehen allerdings, zumindest im Hinblick auf die Willensbildung, nicht. Ein Verbot besonderer Beeinflussungsmittel ist aus der Vorschrift nicht herauszulesen. Es kann auch hier höchstens darauf abgestellt werden, ob es eine funktionierende demokratische Meinungsbildung gibt. Ein Zusammenbruch derselben in einem Ausmaß, das eine staatliche Schutzpflicht notwendig macht, ist nicht erkennbar. Die Frage, ob ein solches Verbot existieren soll, ist

---

185 *Gasser/Kraatz*, Social Bots: Wegbereiter der Maschinokratie (http://verfassungsblog.de/social-bots-wegbereiter-der-maschinokratie/) (geprüft am 13.06.2019).

186 *Klein*, in: Maunz/Dürig, Grundgesetz, 2019, Art. 21 Rn. 166.

Teil des weiten Spielraums[187] des Gesetzgebers. Eine andere Auslegung würde den Art. 21 I 1 GG zu stark aufladen und überdehnen.

3.1.3.3 Der Grundsatz der Parteiengleichheit

Art. 21 I 1 GG beinhaltet aber nach ständiger Rechtsprechung des Bundesverfassungsgerichts noch einen weiteren Aspekt, wenn man ihn mit Art. 3 I GG verbindet: Der Grundsatz der Chancengleichheit von Parteien soll nicht nur eine Gleichbehandlung der Parteien durch den Staat sicherstellen, sondern verlangt zudem die Herstellung gleicher Chancen im Sinne eines freien Wettbewerbs von Parteien, nicht nur bei Wahlen.[188] Daraus soll nun ein Recht der Parteien auf Abwehr von Wahlbeeinflussung durch Social Bots hergeleitet werden.[189] Die beschriebene mögliche Manipulation der öffentlichen Meinung ohne Offenlegung der wahren Autorenschaft zerstöre die Informationsgrundlage und sei daher zwingend zu unterbinden.

Das Potential zur Beeinflussung wurde bereits beschrieben und ist nicht wegzudiskutieren. Eine Pflicht des Staates zum Schutz davor aus der Verfassung herzuleiten, geht aber zu weit. Verzerrungen des Meinungsbildes und auch teilweise Manipulationen sind bis zu einem gewissen Grad unvermeidbar und Bestandteil jedes Wahlkampfes und jeglicher öffentlicher Diskussionen. Das Gefahrenpotential ist dabei auch bei allen anderen Veröffentlichungen gegeben. So ist etwa bei Zeitungsartikeln die Autorenschaft in der Regel gut zuzuordnen, zwingend ist dies aber nicht. Genauso können Meinungsumfragen veröffentlicht werden, die nicht immer repräsentativ sind oder andere methodische Mängel aufweisen und dennoch veröffentlicht werden können, auf diese Weise die Realität falsch abbilden und dadurch eine ähnliche Verzerrung erzeugen. Der Unterschied ist im Wesentlichen quantitativ und ob die dystopischen Vorstellungen, die man zu diesem Thema lesen kann,[190] Realität werden, ist keinesfalls sicher. Es bleibt daher der Entscheidung des Gesetzgebers überlassen, wo hier Grenzen zu setzen sind, eine Schutzpflicht lässt sich aus Art. 21 I 1 i.V.m. Art. 3 I GG derzeit nicht

---

187 BVerfGE 71, 66, 77; 73, 301, 315; 77, 84, 104; *Walter*, in: Maunz/Dürig, Grundgesetz, 2019, Art. 93 Rn. 104 ff.

188 *Pieroth*, in: Jarass/Pieroth (Hrsg.), Grundgesetz für die Bundesrepublik Deutschland, [13]2014, Art. 21 Rn. 16; BVerfGE 104, 14.

189 *Gasser/Kraatz*, Social Bots: Wegbereiter der Maschinokratie (http://verfassungsblog.de/social-bots-wegbereiter-der-maschinokratie/) (geprüft am 13.06.2019).

190 *Gasser/Kraatz*, Social Bots: Wegbereiter der Maschinokratie (http://verfassungsblog.de/social-bots-wegbereiter-der-maschinokratie/) (geprüft am 13.06.2019).

herleiten. In Zukunft kann sich das ändern, wenn die pessimistischsten Vorhersagen eintreffen und Bots zu einer Gesellschaft führen, in der einige Parteien einen derart massiven Nachteil haben, der in einer Demokratie nicht mehr hingenommen werden kann. Dafür fehlen aber sämtliche Anhaltspunkte.

3.1.3.4 Handlungsmöglichkeiten

Sieht der Staat hier allerdings Handlungsbedarf, ist er keinesfalls daran gehindert, entsprechende Gesetze zu erlassen. Im Grunde gilt dabei das im Grundrechtsteil Gesagte. Es sei nur noch zusätzlich angemerkt, dass ein Verbot, das sich nur an Parteien richtet, zwar theoretische Vorzüge haben kann, eben, wenn man dem Bürger die Freiheit lassen möchte, die Bots so weit wie möglich zu nutzen, sie im Wahlkampf durch Parteien aber für zu gefährlich hält. Sinnvoll umzusetzen wäre diese Idee aber nicht, eine Umgehung durch Mittelmänner wäre nicht zu vermeiden. Darüber hinaus ist auch nicht auszuschließen, dass Bürger, die einer Partei nahestehen, dieser aber nicht angehören, für diese Handeln könnten (auch ohne deren Anweisung), was eine Zurechnung enorm erschweren würde.

Auch die genannten Prinzipien der freien Wahl und der Parteiengleichheit können dabei einen Eingriff in Grundrechte legitimieren, den eine Beschränkung des Einsatzes von Social Bots in jedem Fall darstellen würde, auch wenn es sich „nur" um einen Eingriff in die allgemeine Handlungsfreiheit nach Art. 2 I GG handeln würde.

3.1.4 Petitionen

Social Bots zeichnen sich vor allem durch ihren Einsatz auf sozialen Medien aus, woher auch der Name stammt. Sie sind der eindrucksvollste und heute mit großem Abstand bedeutendste Einfluss, den KI im weitesten Sinne auf die Meinungsbildung hat. Aber auch andere Bots können Bereiche beeinflussen, die dem Meinungskampf zuzuschreiben sind.

Art. 17 GG normiert das Recht, Petitionen an zuständige Stellen und die Volksvertretung zu senden. Dieses Recht kann sowohl alleine als auch in der Gruppe ausgeübt werden, so schon der Wortlaut. Dabei muss die Schriftform gewahrt bleiben. Einigkeit besteht darüber, dass keine strengeren Maßstäbe angelegt werden dürfen als für Klagen und Rechtsmittel.[191] Dementsprechend sind auch Übermittlungen per Fax oder Telegramm zulässig. Die elektronische

191 *Pagenkopf*, in: Sachs (Hrsg.), Grundgesetz, ^{8}2018, Art. 17 Rn. 9; *Klein*, in: Maunz/Dürig, Grundgesetz, 2019, Art. 17 Rn. 61.

Übermittlung gestaltet sich schwieriger. Wenn sie aber eröffnet wurde, wie es zum Beispiel beim Petitionsausschuss des Bundestages der Fall ist, muss die zuständige Stelle die Petition auch behandeln.[192]

Online-Petitionen eröffnen die Möglichkeit der Bot-Nutzung, was wiederum ermöglicht, viele „Unterschriften" für ein Anliegen zu sammeln. Eine Massenpetition ist nichts anderes als sehr viele einzelne Petitionen.[193] Solange jede einzelne Petition den Urheber erkennen lassen muss, können Bots nicht sinnvoll eingreifen.

Tatsächlich besteht aber die Möglichkeit, dass durch echte Personen Petitionen gestartet werden, bei denen im Internet auf dafür vorgesehenen Plattformen die Möglichkeit gegeben wird, zu „unterschreiben", um im Anschluss die Petition mit der gesammelten, gefühlten Macht der zahlreichen Unterschriften im Rücken an die entsprechende Stelle zu schicken. Für eine Unterschrift auf diesen Plattformen ist es aber nicht zwingend notwendig, sich auszuweisen, sodass das Einfallstor für Bots geöffnet ist, die massenweise Unterschriften zur Verfügung stellen, auch wenn möglicherweise nur wenige Menschen dahinterstehen.

Das in der Petition unterstützte Anliegen scheint nun viel mehr Gravitas zu besitzen, als tatsächlich vorhanden ist. Die zuständige Stelle oder Volksvertretung wird dabei, bewusst oder unbewusst, getäuscht. Zwar entsteht aus dem Grundrecht auf Petitionsfreiheit kein Anspruch auf eine tatsächliche Handlung, von einer Verbescheidung (und nach teilweise vertretener Ansicht einer Begründung) abgesehen.[194] Dennoch ist es für die Auseinandersetzung über ein Thema schädlich, wenn ein Anliegen gewichtiger erscheint, als es in der Bevölkerung wahrgenommen wird. Die Problematik ähnelt der des Einsatzes von Social Bots. Es wird hier aber nicht (nur) der öffentliche Diskurs beeinflusst, sondern Entscheidungsträger selbst. Man kann darüber streiten, wie viel Wirkung Petitionen tatsächlich haben. Nimmt man das Grundrecht des Art. 17 GG aber ernst, kann man eine Beeinflussung nicht für ausgeschlossen halten.

Für die staatlichen Stellen ist es deswegen legitim, sich dagegen zu schützen und derartige Petitionen nicht in dieser Form zu behandeln. Der Petitionsausschuss des Bundestages tut dies etwa, indem er für Online-Petitionen ein eigenes Formular bereitstellt, bei dem jeder einzelne Petent „unterschreiben" muss. Diese Lösung ist, solange sie funktioniert und selbst Bot-sicher ist, eine grundrechtsschonende Möglichkeit, die Ausübung des Petitionsrechts auch online und

192 *Klein*, in: Maunz/Dürig, Grundgesetz, 2019, Art. 17 Rn. 61.
193 *Klein*, in: Maunz/Dürig, Grundgesetz, 2019, Art. 17 Rn. 78.
194 *Pagenkopf*, in: Sachs (Hrsg.), Grundgesetz, [8]2018, Art. 17 Rn. 8.

in Gruppen zu ermöglichen, aber gleichzeitig zu kontrollieren, dass kein Missbrauch betrieben wird.

3.2 Automatisiertes und autonomes Fahren

3.2.1 Ausgangssituation

In den letzten Jahren ist das Interesse an der Idee von Fahrzeugen, die komplett von einem Computer gesteuert werden und keinen menschlichen Fahrer mehr benötigen, immens gestiegen. Das hat wohl vor allem damit zu tun, dass funktionierende vollautomatisierte Fahrzeuge durch Fortschritte in der Weiterentwicklung von KI in absehbarer Zeit Realität werden könnten.[195] Maschinenintelligenz ist weit genug fortgeschritten, um die Steuerung eines Fahrzeugs zu übernehmen, was bisher eine Domäne des Menschen war. Es findet daher eine rege Diskussion über die künftige Bedeutung der neuen Technologie statt, wobei das Spektrum von der Vorhersage der Marginalisierung des menschlichen Autofahrers auf der einen Seite[196] bis zur Behauptung, die Fahrzeuge werde es erstmal nicht geben und wenn, würde sie keiner kaufen, reicht.[197] Das Analyseunternehmen IHS geht davon aus, dass 2021 51.000 Einheiten selbstfahrende Autos weltweit verkauft werden, 2040 sollen es dann schon 33 Millionen Einheiten jährlich sein.[198]

Nicht erst seit dem ersten tödlichen Unfall eines (jedenfalls teilweise) selbstständig fahrenden Autos in Florida,[199] der den Diskurs aber sicherlich verstärkt hat, wird über die Zukunft automatisierter und autonomer Fahrzeuge öffentlich geredet.

---

195 *Rauchhaupt*, Technik ist nicht alles (http://www.faz.net/aktuell/wissen/geist-soziales/selbstfahrende-autos-braucht-kein-mensch-14909061.html) (geprüft am 13.06.2019).

196 Autos selbst steuern? In 20 Jahren nur mit Sondererlaubnis (http://www.faz.net/aktuell/wirtschaft/neue-mobilitaet/angela-merkel-autos-selbst-steuern-in-20-jahren-nur-mit-sondererlaubnis-15056398.html) (geprüft am 10.06.2019).

197 *Rauchhaupt*, Technik ist nicht alles (http://www.faz.net/aktuell/wissen/geist-soziales/selbstfahrende-autos-braucht-kein-mensch-14909061.html) (geprüft am 13.06.2019).

198 *IHS Markit*, Autonomous Vehicle Sales to Surpass 33 Million Annually in 2040, Enabling New Autonomous Mobility in More Than 26 Percent of New Car Sales, IHS Markit Says (https://technology.ihs.com/599099/autonomous-vehicle-sales-to-surpass-33-million-annually-in-2040-enabling-new-autonomous-mobility-in-more-than-26-percent-of-new-car-sales-ihs-markit-says) (geprüft am 13.06.2019).

199 *Sander/Hollering*, NStZ 2017, 193.

Auch der Politik ist diese Diskussion nicht entgangen. Auf deutscher Ebene wurden die neuen §§ 1a, 1b und 1c StVG geschaffen, um eine „Steigerung der Verkehrseffizienz, Erhöhung der Verkehrssicherheit, Reduzierung mobilitätsbedingter Emissionen sowie Stärkung des Innovations- und Wirtschaftsstandortes Deutschlands“[200] zu erreichen. Es werden dabei die grundsätzliche Zulässigkeit automatisierter Fahrzeuge festgeschrieben sowie Voraussetzungen und Regeln aufgestellt (§ 1a StVG), weiterhin aber auch eine Entscheidung dafür getroffen, dass ein menschlicher Fahrer jederzeit eingreifbereit sein muss, das Fahrzeug wieder zu übernehmen, wenn dieses ihn dazu auffordert oder er erkennt, dass eine Notwendigkeit der Eigenlenkung besteht (§ 1b StVG). Das nun geltende Recht erlaubt also immer noch keinen vollkommenen Ersatz des menschlichen Fahrers durch eine KI.

Man kann zwischen automatisierten und autonomen Fahrzeugen unterscheiden.[201] Erstere können je nach Automatisierungsgrad[202] Fahreraufgaben erfüllen und auf höheren Stufen der Automatisierung im Grunde selbst fahren, überlassen aber einem Menschen noch die Hauptverantwortung, während Letztere, wie schon das Wort „autonom“ nahelegt, unabhängig und völlig selbstständig sind. Die Unterscheidung ist unscharf, die Terminologie ist in der Praxis noch nicht einheitlich und die Begriffe werden teilweise auch synonym verwendet.[203] Auch andere Einteilungen sind denkbar und werden gebraucht, etwa in nichtautonom, teilautonom und vollautonom.[204]

Das neue Feld stellt die Rechtswissenschaft (und die Gesellschaft im Allgemeinen) vor einige Herausforderungen, die teils exemplarisch für die Einbringung künstlicher Intelligenz in das tägliche Leben sind. Vieles wird deshalb übertragbar sein, wenn auch andere Aufgaben von KI übernommen werden, da es sich um Probleme handelt, die entstehen, wenn ein Prozess automatisiert wird, der eigentlich komplexe Gedankenvorgänge benötigt.[205] Im Einzelnen soll hier Folgendes besprochen werden:

200 BR-Drs. 69/17.

201 *Lange*, NZV 2017, 345, 346.

202 *Lange*, NZV 2017, 345, 346; *Söbbing*, Fundamentale Rechtsfragen Künstlicher Intelligenz (AI Law), 2019, S. 95 ff.

203 So etwa *Jänich/Schrader/Reck*, NZV 2015, 313, 314.

204 *Schulz*, NZV 2017, 548, 549.

205 Natürlich existieren auch spezielle Probleme, etwa Verkehrskontrollen. Siehe dazu *Stender-Vorwachs/Steege*, NZV 2017, 553.

- Zunächst werden Haftungsfragen geklärt, indem die aktuelle Rechtslage dargestellt und auf ihre Zukunftstauglichkeit überprüft wird.
- Dann wird die Sicherheitsregulierung von automatisierten und autonomen Fahrzeugen besprochen, insbesondere mit Blick auf die Fahrzeugzulassung, deren Voraussetzungen sich geändert haben.
- Verwandt damit ist die aufkommende Frage, ob für den Menschen als Fahrer in Zukunft überhaupt noch Platz ist.
- Ebenfalls relevant sind Datenschutzfragen, mit denen sich schon das geltende Recht beschäftigt.
- Stark in der Diskussion ist weiterhin, wie selbstfahrende Autos in Dilemmasituationen entscheiden sollen.
- Schließlich wird untersucht, welche Teile des Besprochenen nur für automatisiertes und autonomes Fahren passen und was man als Modell für andere Probleme nutzen kann.

3.2.2 Haftungsfragen

Um weiteres mögliches oder notwendiges staatliches Handeln im Haftungsrecht zu ermitteln, muss zunächst die aktuelle Lage geklärt werden. Hier zeigt sich ein neuer Aspekt intelligenter Computer. Einfache Automatisierungen sind leicht überschaubar, sodass ihre Benutzung relativ einfach dem Fahrer zugerechnet werden kann.

Je klüger aber die Maschine wird, desto schwerer ist für den Menschen vorhersehbar, wie diese handeln wird, und desto mehr muss man die klassische Zurechnung in Frage stellen.[206] Das neue Gesetz umgeht diese Problematik noch, da es dem Fahrer durch umfassende Überwachungs- und Eingriffspflichten weiterhin klar die Verantwortung aufbürdet. Ob das dauerhaft so bleibt, ist zweifelhaft.

3.2.2.1 Fahrzeugführerhaftung

Haftbar ist nach geltendem Recht zunächst der Fahrzeugführer nach § 18 I 1 StVG, insofern er sich nicht exkulpieren kann, § 18 I 2 StVG. Die Frage, ob der hinter dem Lenkrad sitzende Mensch noch „Fahrzeugführer" ist, wenn das Auto eigentlich von einem intelligenten Computer gelenkt wird, war vor der Neuregelung umstritten. Fahrzeugführer ist, wer das Kraftfahrzeug in eigener

---

206 Zur allgemeinen Frage, ob die existierenden Haftungskategorien ausreichen, siehe auch *Spindler*, CR 2015, 766.

Verantwortung führt, leitet und lenkt, also die Verrichtungen ausübt, die erforderlich sind, damit die bestimmungsmäßigen Triebkräfte des Fahrzeugs auf dieses zur Fortbewegung einwirken.[207] Es wurde nun vertreten, auf den „Fahrer" eines automatisierten Fahrzeugs treffe dies nicht zu.[208] Eine tatsächliche Herrschaft über das Auto liege gerade nicht vor, daran ändere auch die Notwendigkeit der Überwachung und die Pflicht zum Übernehmen des Steuers in bestimmten Situationen nichts. Denn trotz der Pflicht zum Eingreifen bediene der Fahrer selbst eben keine Vorrichtungen zum Steuern des Fahrzeugs, er lasse die Maschine fahren. Untermauert wurde dies mit der Rechtsprechung des BGH, der Fahrlehrer sei, zumindest bei einem fortgeschrittenen Fahrschüler, kein Fahrzeugführer (allerdings bezogen auf § 23 Ia StVO).[209] Dies zeige, dass die Pflicht und Bereitschaft, im Notfall einzugreifen, nicht ausschlaggebend für die Fahrzeugführereigenschaft sind, wenn nicht tatsächlich gefahren wird.

Dagegen wurde angeführt, die Nutzung der Fahrautomatik sei Teil der Entscheidung des Fahrers. Solange er das Steuer jederzeit übernehmen könne, um die Computerentscheidungen zu übersteuern, habe er immer noch die Herrschaft über das Fahrzeug.[210]

Der Gesetzgeber hat diesen Streit nun entschieden, indem er in § 1a IV StVG auch den Nutzer eines automatisierten Fahrzeugs als Fahrzeugführer festschrieb. Sollten (nicht ersichtliche) Zweifel daran bestehen, dass dies auch für § 18 I S. 1 StVG gelten soll, wären diese spätestens bei Lektüre der Gesetzesbegründung ausgeräumt. Sie geht klar von einer möglichen Haftung nach §§ 7, 18 I S. 1 StVG aus.[211]

Der nun auf diese Weise festgestellte Fahrzeugführer könnte sich lediglich bei technischen Fehlern exkulpieren. § 1b StVG bestimmt, dass zunächst immer noch auf den Verkehr zu achten ist und vor allem das Steuer in Gefahrensituationen wieder übernommen werden muss. Auch Verletzungen dieser Pflichten würden ein Verschulden begründen und eine Exkulpation verhindern.

Die Nichterfüllung dieser Pflichten kann auch eine Haftung nach § 823 I BGB begründen. § 1b StVG dient zumindest auch dem Schutz Dritter und stellt

---

207 BGH NJW 1963, 43; *Bodungen/Hoffmann*, NZV 2016, 449, 452; *Franke*, DAR 2016, 61, 62.

208 Im Folgenden: *Bodungen/Hoffmann*, NZV 2016, 449, 452; *Franke*, DAR 2016, 61, 62.

209 BGH DAR 2015, 97, 98.

210 *Buck-Heeb/Dieckmann*, in: Oppermann (Hrsg.), Autonomes Fahren, 2017, S. 60, 64 f, m.w.N.

211 BR-Drs. 69/17, S. 17.

damit ein Schutzgesetz im Sinne des § 823 II BGB[212] dar, der damit ebenso als Anspruchsgrundlage in Betracht kommt.

Der Gesetzgeber legt mit dem neuen Gesetz einen starken Fokus auf die immer noch bestehende Verantwortlichkeit des Menschen und verschiebt diese nur von einer permanent aktiven Rolle hin zu Überwachung und Eingreifen im Notfall. Er bleibt aber die zentrale verantwortliche Person. Die Beibehaltung der Fahrzeugführerhaftung erscheint daher konsequent.

Geht man aber wiederum von einer Zukunft des autonomen Fahrens ohne menschliche Einflussnahmemöglichkeit aus, hat die Fahrzeugführerhaftung in dieser Form keine Zukunft. Die Nutzung eines Fahrzeugs, auf dessen Fahrvorgang der Mensch keinen Einfluss hat, lässt wenig Raum für Verschulden. Auch deswegen wird bereits gefordert, im Fall der zunehmenden Automatisierung des Straßenverkehrs den Fahrer entsprechend vermindert haften zu lassen.[213]

Denkbar ist allenfalls, die Inbetriebnahme eines autonomen Fahrzeugs, das erkennbar nicht verkehrssicher ist, als Anknüpfungspunkt für einen Schuldvorwurf heranzuziehen. „Fahrzeugführer" wäre diese Person allerdings in keinem denkbaren Wortsinn mehr, das neue Recht müsste einen haftbaren Verantwortlichen bestimmen. Derjenige, der das Auto „einschaltet", liegt nahe. Das könnte allerdings zu kurz greifen. Es wird bereits eine Zukunft mit Fahrzeugen ohne jede manuelle Steuermöglichkeit vorhergesagt, die größtenteils gar nicht mehr im Privatbesitz einzelner sind, sondern überall bereitstehen.[214] Heute schwer vorstellbar, sprechen ökonomische und ökologische Gründe für ein solches Szenario.[215] Wenn nun eine Gruppe Menschen in ein solches Auto steigt, erscheint die Entscheidung, denjenigen haften zu lassen, der nun das Fahrzeug „aktiviert", nicht mehr sachgerecht, da sein Beitrag zum Losfahren nur unwesentlich höher ist als der der anderen Mitfahrer. Dies würde das faktische Ende der Fahrerhaftung bedeuten.

---

212 BGH NJW 2014, 64; *Teichmann*, in: Jauernig (Hrsg.), Bürgerliches Gesetzbuch, ^{17}2018, § 823 Rn. 43 ff.

213 *53. Deutscher Verkehrsgerichtstag Arbeitskreis II*, Empfehlung Automatisiertes Fahren, 2015.

214 Philosoph Precht: Das Ende der deutschen Autoindustrie (http://automotive-technology.de/philosoph-precht-das-ende-der-deutschen-autoindustrie/) (geprüft am 22.08.2018).

215 Dazu mehr unter 3.2.2.2.

3.2.2.2 *Halterhaftung*

§ 7 I StVG normiert für den Halter eines Kraftfahrzeugs eine verschuldensunabhängige Haftung, die lediglich dann entfällt, wenn ein Unfall durch höhere Gewalt verursacht wird, § 7 II StVG. Daran hat auch die neue Gesetzeslage nichts geändert, was der Intention des Gesetzgebers entspricht.[216] Höhere Gewalt i.S.d. § 7 II StVG stellt ein Fehler des automatischen Steuerungssystems nach einhelliger Meinung nicht dar.[217] Ein solcher Fehler ist im Gegenteil in der Funktionsweise des Fahrzeugs angelegt und wäre auch Teil der Betriebsgefahr, die der Grund für die Existenz des § 7 I StVG ist.[218] Die Beibehaltung der Halterhaftung sorgt dafür, dass keine Haftungslücken entstehen können.

Zusätzlich wurden die Höchstgrenzen für die Haftung, die § 12 StVG vorschreibt, für Unfälle, die aus Systemfehlern automatisierter Fahrzeuge entstehen, sicherheitshalber um 100% angehoben. Begründet wird dies mit fehlenden Erfahrungswerten.[219] Inwieweit die Erhöhung der Höchstgrenzen hilfreich sein soll, ist nicht klar. Die Haftungsgrenze gilt, wie schon der Wortlaut klar bestimmt, pro Ereignis. Hilfreich wäre die Grenze also nur, wenn davon ausgegangen wird, dass automatisierte Fahrzeuge nicht mehr Unfälle verursachen, sondern bei den verursachten Unfällen höhere Schäden anzunehmen wären. Für diese Annahme gibt es keinen Grund. Der Wille des Gesetzgebers muss natürlich dennoch beachtet werden.

Selbst ein zukünftiges gänzlich autonomes Fahren würde die Halterhaftung nicht obsolet machen. Die Idee der Gefährdungshaftung (wie eben der Halterhaftung nach § 7 I StVG) fußt auf der Idee, dass derjenige, der vom erlaubten Schaffen einer Gefahrenquelle profitiert, auch für das Risiko einstehen muss.[220] Daran ändert selbst ein von Menschen unabhängiges Auto nichts. Im Gegenteil würde das Wegfallen eines klassischen Fahrers die Idee unterstützen, die verbliebenen Haftungssubjekte weiter haften zu lassen, um Lücken zu vermeiden, die dadurch entstehen könnten, dass die Fahrzeugführerhaftung, wie oben beschrieben, an Bedeutung verliert.

---

216 BR-Drs. 69/17, S. 8.

217 *Franke*, DAR 2016, 61, 63; *Buck-Heeb/Dieckmann*, in: Oppermann (Hrsg.), Autonomes Fahren, 2017, S. 60, 77; *Armbrüster*, ZRP 2017, 83, 84.

218 BGH NJW 1992, 1684; *Burmann*, in: Burmann/Heß/Hühnermann u.a. (Hrsg.), Straßenverkehrsrecht, [25]2018, § 7 Rn. 1.

219 BR-Drs. 69/17, S. 8.

220 BGH NJW 2005, 2081, 2082; *Armbrüster*, ZRP 2017, 83, 84.

3.2.2.3 Herstellerhaftung

Hersteller haften nach § 1 I ProdHaftG verschuldensunabhängig für Fehler des Produkts und nach § 823 I BGB für Vorsatz und Fahrlässigkeit bei der Produktion, wenn ein dort genanntes Rechtsgut verletzt wurde.[221] 2015 waren technische Mängel für 1% der Unfälle im Straßenverkehr verantwortlich.[222] Die Häufigkeit von Unfällen durch Fehler des automatisierten Fahrzeugs, sei es durch einen Fehler der KI oder einen Fehler der Kommunikation von KI und Fahrzeugteilen, wird sich noch zeigen müssen. Die Tatsache, dass bei computergesteuerten Autos nun menschliches Versagen (das den Großteil der Unfälle in Deutschland verursacht[223]) immer weiter in den Hintergrund gerät (dank der Eingriffspflicht des aktuellen StVG allerdings noch nicht absolut), wurde eine Haftungsverschiebung von Fahrer/Halter hin zum Hersteller des Autos vorhergesagt.[224] Die Beibehaltung und *de facto* Ausdehnung der §§ 7 I, 18 I 1 StVG scheint dagegenzusprechen.[225] Tatsächlich ist die genannte Tendenz aber wahrscheinlich. Zum einen haften die Hersteller neben Fahrer und Halter, sodass es zu einer Gesamtschuld (§ 421 BGB) kommt, die intern ausgeglichen werden muss (§ 426 BGB).[226] Das heißt, im Gegensatz zur gegenwärtigen, sehr seltenen Haftung der Hersteller wird es zu einer relativ häufigeren Haftung kommen, die aber nur teilweise wieder auf den Halter/Fahrer zurückfällt. Der Anteil des Herstellers wird dabei höher, wenn die Höchstgrenzen des § 12 StVG überschritten werden (die allerdings für automatisierte Fahrzeuge erhöht wurden) oder wenn der andere haftbare Teil zahlungsunfähig ist (was normalerweise allerdings dank Pflichtversicherung quasi ausgeschlossen ist, § 1 PflVG).

Denkt man weiter an die hier schon häufiger postulierte Zukunft völlig selbstständiger Autos, würde die genannte Haftungsverschiebung vom Fahrer weg weiter zunehmen, weil immer weniger Raum für einen „Fahrer" bleibt. Je weniger Aufgaben ein Fahrer hat, desto weniger Anknüpfungspunkte bestehen für eine Haftung. Hat der Mensch schließlich in einer möglichen Zukunft keine Eingriffsmöglichkeit mehr, ist außerhalb einer Gefährdungshaftung gar kein Anspruch gegen die Fahrzeuginsassen mehr denkbar. Behält man die Halterhaftung bei, würde sich aber weniger im Gegensatz zur aktuellen Rechtslage ändern,

---

221 *Jänich/Schrader/Reck*, NZV 2015, 313, 316 f; *Gless/Janal*, JR 2016, 561, 567.
222 *Statistisches Bundesamt*, Verkehr im Überblick 2015, S. 145.
223 *Statistisches Bundesamt*, Verkehr im Überblick 2015, S. 145.
224 *Lutz*, NJW 2015, 119.
225 *Armbrüster*, ZRP 2017, 83, 84 f.
226 *Walter*, in: Spickhoff (Hrsg.), Beck-Online Großkommentar StVG, 2017, § 16 Rn. 42.

als man glauben könnte. Ein Geschädigter hätte bei einem technischen Fehler weiterhin wenigstens zwei Anspruchsgegner, den Halter und den Hersteller des Fahrzeugs. Ebenfalls denkbar ist, den Hersteller dann als „Fahrzeugführer" zu sehen und ihn damit ebenfalls dem § 18 I 1 StVG auszusetzen, da dieser durch die Programmierung des Fahrzeugs dessen Aktionen im Straßenverkehr determiniert und damit das Fahrzeug quasi „lenkt".[227] Dagegen spricht allerdings, dass die Vorgabe des Herstellers lediglich eine abstrakte ist. Er hat zum Zeitpunkt des Unfalls keine direkte Kontrolle. Diese hat vielmehr der intelligente Computer selbst, der durch das Zusammenspiel der ihm zur Verfügung stehenden Informationen über seine Umgebung und der Programmierung eine Entscheidung trifft.[228] Im Übrigen lässt der neue § 1a IV StVG darauf hoffen, dass dem Gesetzgeber die Problematik bekannt ist und er bei künftigen Änderungen der Rechtslage (die aus Gründen der Kfz-Zulassung für das geschilderte Szenario ohnehin notwendig wären) den Fahrzeugführerbegriff wieder legaldefinieren würde.

Halter- und Herstellerhaftung haben aber auch in der Zukunft nebeneinander Platz. Der Hersteller haftet für eigene Fehler, der Halter dafür, dass er von einer potentiell gefährlichen Technologie profitiert.[229] An diesen verschiedenen Haftungsgründen wird sich auch in Zukunft nichts ändern. Im Gegenteil wird eine zusätzliche Gefährdungshaftung auch auf anderen Gebieten als Haftungslösung für die Probleme durch KI vorgeschlagen.[230]

3.2.3 Zulassung und Sicherheitsregulierung

Bei jeder potentiell gefährlichen Technologie ist es denkbar und sinnvoll, eine staatliche Zulassung zu verlangen, wovon auch intelligente Maschinen, über deren Funktionalität wir noch wenig wissen, keine Ausnahme darstellen. Kraftfahrzeuge sind bereits Gefahrenquellen, wenn sie von Menschen gesteuert werden. Das bestehende Zulassungsrecht musste daher im Wesentlichen nur erweitert werden. Diese Erweiterung ist dabei als Zwischenschritt einer größeren Entwicklung zu sehen, die dem technischen Fortschritt folgen wird.[231]

Es ist daher zunächst die bestehende Rechtslage darzustellen, um im Anschluss die Rahmenbedingungen für eine künftige Gesetzesänderung darzulegen. Der

227 *Schrader*, NJW 2015, 3537, 3541.

228 *Bodungen/Hoffmann*, NZV 2016, 503, 503 f.

229 BGH NJW 2005, 2081, 2082; *Armbrüster*, ZRP 2017, 83, 84.

230 *Spindler*, CR 2015, 766, 775.

231 Zur Frage, ob die Richtung von diesem oder dem Gesetzgeber vorgegeben wird: *Jourdan/Matschi*, NZV 2015, 26.

Begriff der „Zulassung" wird dabei weit verstanden. Es geht sowohl um die Zulassung i.S.d. FZV als auch um die Zulässigkeit der Benutzung eines bestimmten Fahrzeugs im Straßenverkehr, wie es etwa das StVG regelt.

3.2.3.1 Die aktuelle Rechtslage

Deutschland ist Vertragsstaat des Wiener Übereinkommens über den Straßenverkehr (WÜ), in dem sich eine Vielzahl von Staaten auf bestimmte zulassungsrechtliche Standards einigte. Eine notwendige Voraussetzung ist dabei die grundsätzliche Beherrschbarkeit seitens des Fahrzeugführers, Art. 8 V, 13 I WÜ. In der Vergangenheit war umstritten, ob und inwieweit automatisierte Fahrzeuge dieses Kriterium erfüllen.[232] Mittlerweile stellt der eingefügte Art. 8 V^{bis} WÜ klar, dass auch autonome Fahrzeuge mit den Art. 8 V, 13 I WÜ vereinbar sind, wenn sie den Anforderungen eines anderen Abkommens entsprechen oder vom Fahrzeugführer übersteuert oder abgeschaltet werden können. Die deutschen Vorschriften im Straßenverkehrsrecht verlangen dazu passend Übersteuerbarkeit und Abschaltbarkeit, § 1a II 1 Nr. 3 StVG.

Das nationale Recht lässt Fahrzeuge vor allem dann zu, wenn sie einem genehmigten Typ entsprechen, § 3 I 1 FZV. Die wichtigste Vorschrift diesbezüglich ist die RL 2007/46/EG, die in Art. 35 I wiederum die sogenannten UN/ECE-Regelungen für anwendbar erklärt. Für automatisierte Fahrzeuge sind die Regelungen über die automatisch gesteuerte Bremsung (Regelung Nr. 13h, 5.2.22.2) und Lenkassistenzsysteme (Regelung Nr. 79, 2.3.4 und 5.1.6) relevant.[233] Letztere verlangen, wie das WÜ auch, eine Übersteuerbarkeit von Lenkassistenz und die Hauptverantwortlichkeit des Fahrers. § 1 a II 1 Nr. 3 StVG geht, wie bereits erwähnt, eben davon aus.

Das geltende deutsche Recht sieht (noch) keine Entziehung der menschlichen Kontrolle vor. Zulassungsrecht und Straßenverkehrsrecht stehen damit insoweit im Einklang. Für eine Vollautomatisierung wären demnach weitere Änderungen notwendig.[234]

---

232 *Lutz/Tang/Lienkamp*, NZV 2013, 57 f; *Jänich/Schrader/Reck*, NZV 2015, 313, 315.

233 *Lutz*, NJW 2015, 119, 124.

234 Dies fordert etwa *53. Deutscher Verkehrsgerichtstag Arbeitskreis II*, Empfehlung Automatisiertes Fahren, 2015.

3.2.3.2 Künftige Regelungsmöglichkeiten

Sowohl auf nationaler als auch auf internationaler Ebene wurde damit eine Entscheidung für die weiter bestehende Hauptverantwortlichkeit eines Menschen getroffen. Dies ist aufgrund der Neuheit der Technologie und der damit gebotenen Vorsicht verständlich und angemessen. Glaubt man diversen Einschätzungen, gehört die Zukunft aber dem Computer als Fahrer, der den Menschen komplett ablösen soll.[235] Der Mensch wird mehr und mehr zum Sicherheitsrisiko. Zudem ermöglicht eine Vollautomatisierung eine viel dynamischere Nutzung von Fahrzeugen. Ein Auto, das gerade nicht gebraucht wird, könnte in dieser Zeit andere Aufgaben wahrnehmen oder andere Passagiere befördern. Jeder könnte ein Auto in seiner Nähe benutzen, ähnlich dem bereits existierenden Konzept des Carsharings, nur mit dem Unterschied, dass ein Auto, ähnlich einem Taxi, auch über mittlere Distanzen zu denjenigen fahren kann, die es verwenden wollen.[236] Die effektivere Nutzung der Autos führt dann zu weniger Verkehr und Stau. Teilweise wird damit zusammenhängend auch das Ende von Autos in Privatbesitz vorhergesagt.[237] Sollte die Entwicklung in Zukunft tatsächlich in diese Richtung gehen, müssten sowohl das WÜ als auch das übrige Zulassungsrecht erneut angepasst werden, möchte man den technischen Fortschritt, der auf Dauer schwer aufzuhalten ist, nicht komplett ignorieren. Die genannten Utopien sind mit der momentanen Rechtslage nicht möglich, da sie eine komplett fahrfähige KI als Fahrhilfe sieht und nicht als vollwertigen Fahrer.

Den verfassungsrechtlichen Rahmen, der bei einer Neuregelung beachtet werden muss, bilden die Schutzpflichten des Staates. Sowohl hinsichtlich des Lebens[238] als auch hinsichtlich der körperlichen Unversehrtheit[239] ergibt sich aus Art. 2 II 1, 2 GG eine staatliche Verpflichtung nicht nur zur Unterlassung

---

235 Autos selbst steuern? In 20 Jahren nur mit Sondererlaubnis (http://www.faz.net/aktuell/wirtschaft/neue-mobilitaet/angela-merkel-autos-selbst-steuern-in-20-jahren-nur-mit-sondererlaubnis-15056398.html) (geprüft am 10.06.2019).

236 Philosoph Precht: Das Ende der deutschen Autoindustrie (http://automotive-technology.de/philosoph-precht-das-ende-der-deutschen-autoindustrie/) (geprüft am 22.08.2018).

237 Z.B. *Sternberg*, Wollen Sie das Auto abschaffen? (http://www.haz.de/Sonntag/Promi-Talk/Wollen-Sie-das-Auto-abschaffen) (geprüft am 14.06.2019).

238 BVerfGE 39, 1, 36; 45, 187, 254; *Di Fabio*, in: Maunz/Dürig, Grundgesetz, 2019, Art. 2 II 1 Rn. 43.

239 BVerfGE 45, 187, 254 f; 77, 170, 214; *Starck*, in: Mangoldt/Klein/Starck (Hrsg.), Grundgesetz, [7]2018, Art. 2 II Rn. 229.

von nicht gerechtfertigten Eingriffen, sondern bis zu einem gewissen Punkt auch zum aktiven Eingreifen, um Schutz zu gewährleisten. Diese Pflicht wird teilweise durch Gestaltung der Rechtsordnung erfüllt.[240]

Grundsätzlich muss daher bei einer Neuregelung auf die genannten Rechtsgüter der Bürger geachtet werden. Der Gesetzgeber muss in irgendeiner Weise dafür sorgen, dass die Menschen in Deutschland nicht Gefahr laufen, durch unsichere automatisierte Fahrzeuge verletzt oder getötet zu werden. Dabei ist natürlich ein gewisses Restrisiko nicht auszuschließen. Weiterhin muss der weite Einschätzungsspielraum des Gesetzgebers beachtet werden, der bei Schutzpflichten noch größer ausfällt als bei Eingriffen.[241] Der Staat muss seine Schutzpflicht in irgendeiner Form erfüllen und darf sich nicht offensichtlich unzureichender Mittel bedienen.

Es ist unwahrscheinlich, dass dieses Schutzniveau durch eine künftige Regelung unterschritten wird. Schon jetzt wird in § 1a II 1 Nr. 1, 2 StVG die Fähigkeit zum Fahren, einschließlich der Einhaltung von Verkehrsregeln, gefordert. Es gibt keinen Grund, das zu ändern. Auch die grundsätzliche Zulässigkeit autonomer Fahrzeuge ist gegeben, solange diese sicherheitstechnisch nicht zu weit hinter einem menschlichen Fahrer zurückbleiben. Aktuell sieht es so aus, als wären schon frühe automatisierte Fahrzeuge nicht unsicherer als menschliche Fahrer.

Nicht vergessen werden darf weiterhin, dass nicht nur die Außenwelt geschützt werden kann. Auch der Fahrer bzw. Fahrzeugführer im Sinne des Gesetzes kann von Regelungen profitieren. Gerade in einer Übergangsphase, in der Fahrzeuge unterschiedlicher Automatisierungsgrade existieren, muss derjenige, der ein Fahrzeug einschaltet, wissen, welche Fahreraufgaben der Computer übernimmt, und vor allem, welche Überwachungspflichten bestehen.[242]

3.2.3.3 Machine learning

In Zukunft wird sich auch vermehrt die Frage stellen, inwieweit der Einsatz selbstlernender Systeme in automatisierten und autonomen Fahrzeugen zulässig sein wird. Je intelligenter Computersysteme werden und je mehr sie menschliche Denkprozesse nachahmen, desto wichtiger ist es, lernfähige Systeme zu benutzen, um die Aufgabenerfüllung zu verbessern. Angeleitetes Lernen, also Lernsysteme, bei denen der Mensch die Kontrolle über das Gelernte hat, ist kein

---

240 *Di Fabio*, in: Maunz/Dürig, Grundgesetz, 2019, Art. 2 II 1 Rn. 86.

241 *Di Fabio*, in: Maunz/Dürig, Grundgesetz, 2019, Art. 2 II 1 Rn. 50.

242 *53. Deutscher Verkehrsgerichtstag Arbeitskreis II*, Empfehlung Automatisiertes Fahren, 2015.

großes Problem und wird schon heute verwendet, um diejenigen selbstfahrenden Autos zu verbessern, die sich noch in der Experimentierphase befinden. Bereits heute ist es aber möglich, Computersysteme zu verwenden, die sich ohne menschlichen Einfluss selbst verbessern können. Unsupervised learning ist eine Methode, bei der der Computer durch gewonnene Daten bessere z.B. statistische Erkenntnisse hat und sein Handeln dementsprechend anpassen kann.[243] Er merkt etwa, dass im Winter die Fahrbahn in der Regel glatter ist und kann präventiv reagieren. Reinforcement learning gibt dem Computer für bestimmte Ergebnisse „Belohnungen", nach denen er strebt, weil dies in seiner Programmierung so festgelegt ist. Man könnte z.B. Punkte für schnelleres Ankommen am Zielort vergeben. Der Computer versucht dann herauszufinden, was dazu geführt hat, und verbessert seine Algorithmen dementsprechend.[244] Beide Methoden können zu der schwierigen Situation führen, dass eine Maschine ihre Aufgabe besser erfüllt als vorher, im Fall des autonomen Fahrens also etwa sicherer fährt, selbst ihre Schöpfer aber im Detail nicht mehr wissen, was sie genau macht, also welche Algorithmen im Endeffekt Grundlage des Fahrens sind, weil nicht sie diese geschrieben haben, sondern die Maschine selbst. Selbst das Auslesen eines solchen Algorithmus führt nicht zwingend dazu, dass man ihn versteht. Von Maschinen selbst generierte Algorithmen sind häufig zu komplex, um von Menschen verstanden zu werden, sodass man nur noch das Ergebnis betrachten, aber das „Innenleben" des Computerprogramms nicht analysieren kann („Black Box").[245] Daraus ergeben sich Sicherheitsbedenken.

Zunächst sei angemerkt, dass sämtliche Regelungen zu selbstfahrenden Autos keine Anmerkungen dazu machen, wie ein automatisiertes/autonomes Fahrzeug verkehrssicher wird, lediglich, dass es verkehrssicher sein muss. Wie sieht also die Zulässigkeit des Einsatzes von Machine Learning aus? Besteht Regelungsbedarf?

Die geringsten Implikationen hat Machine Learning, solange sich die Fahrzeuge noch gar nicht im Straßenverkehr befinden. Bedenklich ist aber das angesprochene Problem, dass es im Rahmen des Möglichen liegt, dass niemand, auch nicht die verantwortlichen Aufsichtspersonen, genau weiß, wie der Algorithmus aussieht, der das Fahrzeug antreibt. Das kann es erschweren, Risiken

243 *Russell/Norvig*, Artificial intelligence, [3]2010, S. 694.

244 *Russell/Norvig*, Artificial intelligence, [3]2010, S. 695.

245 *Delibašić/Vukićević/Jovanović u.a.*, IEEE Transactions on Education 2013, 287; *Wüst*, Deep-Learning-Modelle an der Börse: Finanzmarktanalysten aus der Tiefe des Netzes (https://www.finanzen100.de/finanznachrichten/wirtschaft/deep-learning-modelle-an-der-boerse_H694531631_410535/) (geprüft am 14.06.2019).

abzuschätzen, und führt zu einer weiteren Stufe der gesellschaftlichen Tendenz, immer mehr von Maschinen abhängig zu sein, diesen „vertrauen" zu müssen. In der Praxis werden aber solche Lernmethoden nur dann angewandt, wenn man sich von ihnen verspricht, dass der Computer besser in der Lage ist, die notwendigen Anpassungen vorzunehmen, als es ein Mensch jemals könnte. Solange der Lernprozess bei Entlassung des Autos in den Verkehr abgeschlossen ist, bleibt es im Wesentlichen eine Frage ausreichender Tests, da der Einsatz der Lernmethode notwendigerweise zu einer Erhöhung der Sicherheit führt und ein Einsatz damit quasi unumgänglich ist. Im Moment muss ein automatisiertes Fahrzeug nach § 1a II S. 1 Nr. 1 und 2 StVG in der Lage sein, den Verkehrsvorschriften entsprechend zu fahren. Dass damit eine einhundertprozentige Sicherheit nicht gemeint sein kann, ergibt sich aus der faktischen Unmöglichkeit von Fehlerfreiheit,[246] aber auch daraus, dass das Fahrzeug in gewissen Situationen die Kontrolle ohnehin wieder abgeben muss. Es ist davon auszugehen, dass auch Machine Learning eingesetzt werden kann, um dem Ziel eines möglichst sicheren Straßenverkehrs so nahe zu kommen wie möglich und zwar schon deswegen, weil eine derart komplexe KI ohne Lernmechanismus nicht denkbar ist. Für die Zukunft wird das gleiche wohl auch für autonome Fahrzeuge gelten.

Möglicherweise verändert sich die Wertung aber, wenn die Fahrzeuge schließlich im Straßenverkehr eingesetzt werden und man sie sich selbst weiterhin per unsupervised learning oder reinforcement learning verbessern lässt. Nun ist nicht mehr nur der genaue Fahralgorithmus unbekannt, es ist auch nicht mehr möglich, genau zu testen, wie sicher das Fahrzeug ist. Denn alle neuen Daten, die gesammelt werden, können zu einer Veränderung der Software führen. Statistisch gesehen wird der Straßenverkehr dadurch wohl noch sicherer werden; würde er das nicht, hätte es ohnehin keinen Sinn, diese Methode weiter zu gebrauchen. Es ist aber nicht mehr auszuschließen, dass unvorhergesehene Wechselwirkungen dazu führen, dass im Einzelfall Unfälle passieren, weil die Maschine sich aufgrund eines Fehlers im Lernalgorithmus ein falsches Manöver beigebracht hat. Dieses Risiko kann gering sein, es besteht aber eine gewisse Unvorhersehbarkeit, mit der man sich auseinandersetzen muss.

Der Gesetzgeber muss entscheiden, ob er hier ansetzen will und möglicherweise, ebenso wie er die menschliche Eingriffsmöglichkeit als Vorsichtsmaßnahme zunächst bestehen lässt, Lernprozesse auf die Zeit vor dem realen Einsatz beschränken möchte, um später, wenn mehr Daten verfügbar sind, neu darüber zu urteilen. Dies würde aber auch einen der größten Vorteile selbstlernender

246 *Grunwald*, SVR 2019, 81, 85.

Systeme zunichtemachen, die Möglichkeit, sich in Echtzeit anzupassen. Der Vorteil dieser Eigenschaft würde sich nicht nur in der Art zeigen, wie der Computer das Auto im Allgemeinen fährt, sondern ermöglicht auch ein Zuschneiden des Fahrstils auf die spezielle Situation des Fahrers. Fährt er viel auf der Autobahn? Befinden sich auf Strecken, die er häufig fährt, oft mehr Menschen als angenommen? Gerade bei derartigen Erkenntnissen scheint es deutlich realistischer, die Möglichkeiten der Anpassung in einem sicheren Rahmen zu halten. Natürlich verschärft sich das Problem bei tatsächlich autonomen Fahrzeugen nur noch, wenn nicht mal mehr eine Eingriffsmöglichkeit des Menschen besteht.

Ein Handlungszwang aus einer Schutzpflicht des Staates für Leben und körperliche Unversehrtheit aus Art. 2 II 1 GG ist nicht völlig fernliegend, nicht unbedingt zu einer konkreten Handlung, möglicherweise aber zu einem Einschreiten an sich, wenn die aktuelle Gesetzeslage dem notwendigen Schutzniveau nicht gerecht würde. Man könnte argumentieren, die Tatsache, dass der Mensch die Kontrolle über die tiefste Ebene der Maschine aufgibt und damit ein Risiko schafft, das er nicht zu 100% absehen kann, welches wiederum bei gefährlichen Gegebenheiten wie dem Straßenverkehr zu Toten und Verletzten führen kann, zwinge den Staat, hier einzuschreiten und den Einsatz zu verbieten. Grundsätzlich können auch Risiken eine staatliche Schutzpflicht auslösen.[247] Die Rechtsprechung des Bundesverfassungsgerichts zur Kernenergie zeigt aber, dass ein gewisses Restrisiko verbleiben darf, wenn nach aktuellem Forschungsstand der Schadenseintritt quasi ausgeschlossen ist.[248] Hier wird weitere Forschung nötig sein, klar ist aber, dass auch der bereits heute stattfindende Straßenverkehr Menschenleben kostet. Wenn dieser im Endeffekt sicherer wird, ist es schwer einzusehen, warum der Gesetzgeber nicht die Entscheidung für das kleinere Risiko treffen kann. Zu beachten ist schließlich auch noch der diesem zustehende Einschätzungsspielraum. Im Gegenteil ist sogar daran zu denken, dass bei einer Risikoreduzierung eine staatliche Schutzpflicht in Richtung der Abschaffung menschlicher Fahrer geht.

3.2.4 Abschaffung des Menschen als Fahrer

Eine Zukunft völlig autonomer Fahrzeuge ist ein nicht unwahrscheinliches Szenario, mit dem man sich beschäftigen muss. Noch wissen wir zwar nicht genug darüber, wie sicher autonome Fahrzeuge auf absehbare Zeit sein werden. Dass

---

247 BVerfG NJW 1979, 359, 363; *Di Fabio*, in: Maunz/Dürig, Grundgesetz, 2019, Art. 2 II 1 Rn. 49.

248 BVerfG NJW 1979, 359, 363 f.

Unfälle auch mit Autopilot unvermeidbar sein würden, wurde nie ernsthaft bezweifelt und wird mittlerweile auch durch die Realität bestätigt.[249]

Es ist aber denkbar, dass die neuen, völlig selbstfahrenden Autos besser und sicherer fahren als Menschen und dieser Aspekt durch Forschung und Weiterentwicklung noch weiter verbessert wird. Irgendwann könnte die Eingriffsmöglichkeit des Menschen nur noch ein zusätzliches Risiko sein. Sollte es so kommen, wird mittel- bis langfristig der im Moment noch geltende Grundsatz, dass ein menschlicher Fahrer immer die Verantwortung trägt und zum Eingriff verpflichtet ist, wahrscheinlich entfallen. Der Gesetzgeber könnte dann auch autonomes Fahren erlauben. Der nächste Schritt liegt nahe: Wenn Menschen ein Sicherheitsrisiko sind, wird man möglicherweise einmal so weit gehen wollen, den Menschen komplett den Einfluss auf den Straßenverkehr zu entziehen und nur noch Computer fahren zu lassen, unter Umständen mit einzelnen Ausnahmen.[250] Dass die Politik dies nicht für völlig fernliegend hält, zeigt auch eine entsprechende Aussage von Bundeskanzlerin Merkel.[251]

Die Prognose, dass der Mensch zum gefährlicheren und dennoch verzichtbaren Teil wird, ist aber wahrscheinlich genug, um sich damit zu befassen, ob ein weitgehendes Fahrverbot für Menschen verfassungsgemäß wäre. Auch hier stellt sich die Frage, ob ab einem gewissen Risikounterschied staatliche Schutzpflichten eine Regelung sogar verfassungsrechtlich notwendig machen könnten.

Als erstes gilt es festzuhalten, dass die Gesetzgebungskompetenz aufgrund von Art. 74 I Nr. 11 Var. 1 GG beim Bund liegt.[252] Hinsichtlich der materiellen Rechtmäßigkeit kommen diverse Grundrechtsverletzungen in Betracht.

Ein Eingriff in Art. 2 I GG läge schon deswegen vor, weil dieser jede menschliche Handlung schützt[253] und Menschen hier etwas verboten würde. Die Hersteller der Autos könnten in ihrem Grundrecht aus Art. 12 I GG verletzt sein, da

---

249 Erster tödlicher Unfall mit Autopilot-Funktion (http://www.faz.net/aktuell/wirtschaft/neue-mobilitaet/tesla-meldet-ersten-toedlichen-unfall-mit-autopilot-funktion-14318194.html) (geprüft am 14.06.2019).

250 *Ernst*, in: Breyer-Mayländer (Hrsg.), Das Streben nach Autonomie, 2018, 149.

251 *Vitzthum*, Als Merkel in die Zukunft blicken soll, lacht das Auditorium (https://www.welt.de/politik/deutschland/article165359594/Als-Merkel-in-die-Zukunft-blicken-soll-lacht-das-Auditorium.html) (geprüft am 14.06.2019).

252 *Stender-Vorwachs/Steege*, in: Oppermann (Hrsg.), Autonomes Fahren, 2017, S. 253, 267.

253 *Di Fabio*, in: Maunz/Dürig, Grundgesetz, 2019, Art. 2 I Rn. 13 ff.

ihnen vorgeschrieben wird, was sie herzustellen haben.[254] Im Rahmen der Drei-Stufen-Theorie[255] des Bundesverfassungsgerichts ist dies als Berufsausübungsregelung einzuordnen. Ebenso begründet Art. 14 GG ein Recht auf Nutzung vorhandenen Eigentums,[256] sodass das Verbot, die eigenen Autos zu fahren, auch in die Eigentumsfreiheit eingreift. Es handelt sich dabei um eine Inhalts- und Schrankenbestimmung, da jedenfalls das für eine (Teil-)Enteignung notwendige Element der Güterbeschaffung durch den Staat[257] fehlt.

All diese Grundrechte könnten durch ein Gesetz eingeschränkt werden, solange der Grundsatz der Verhältnismäßigkeit[258] gewahrt bleibt.[259] Das legitime Ziel zur Durchsetzung eines Fahrverbots für Menschen ist der Schutz aller am Verkehr teilnehmenden Menschen. Geht man von einer Welt aus, in der autonomes Fahren das Risiko für Tod und Verletzung deutlich senkt, wäre der Gesetzeserlass eine geeignete Maßnahme hierfür. Die entscheidende Frage ist, ob eine Abwägung von Leben und körperlicher Unversehrtheit aus Art. 2 II 1 GG gegen die oben genannten Grundrechte zugunsten der einen oder anderen Seite ausgeht.

Leben und körperliche Unversehrtheit sind dabei sehr bedeutende Schutzgüter. Sie zu schützen ist „fundamentale Freiheitsvoraussetzung".[260] Man muss sich dabei allerdings vor Augen führen, was Straßenverkehr eigentlich bedeutet. Der Mensch ist weiterhin das mit Abstand größte Unfallrisiko auf der Straße.[261] 2016 starben in Deutschland, trotz stetigen Rückgangs der Zahl, ca. 3300 Menschen im Straßenverkehr.[262] Dies wird für eine mobile Gesellschaft hingenommen und

254 Im Folgenden: *Stender-Vorwachs/Steege*, in: Oppermann (Hrsg.), Autonomes Fahren, 2017, S. 253, 268 f.

255 *Mann*, in: Sachs (Hrsg.), Grundgesetz, [8]2018, Art. 12 125 ff.

256 *Papier/Shirvani*, in: Maunz/Dürig, Grundgesetz, 2019, Art. 14 Rn. 146.

257 BVerfGE 104, 1, 9 f; *Papier/Shirvani*, in: Maunz/Dürig, Grundgesetz, 2019, Art. 14 Rn. 645.

258 Zu den einzelnen Elementen z.B. *Sachs*, in: Sachs (Hrsg.), Grundgesetz, [8]2018, Art. 20 Rn. 149 ff; *Grzeszick*, in: Maunz/Dürig, Grundgesetz, 2019, Art. 20, VII. Rn. 110 ff.

259 *Di Fabio*, in: Maunz/Dürig, Grundgesetz, 2019, Art. 2 I Rn. 41; *Mann*, in: Sachs (Hrsg.), Grundgesetz, [8]2018, Art. 12 Rn. 126; *Wendt*, in: Sachs (Hrsg.), Grundgesetz, [8]2018, Art. 14 Rn. 85.

260 *Di Fabio*, in: Maunz/Dürig, Grundgesetz, 2019, Art. 2 II 1 Rn. 7.

261 *Jourdan/Matschi*, NZV 2015, 26.

262 *Schmitt*, 2016 wieder weniger Verkehrstote (http://www.faz.net/aktuell/gesellschaft/ungluecke/2016-wieder-weniger-verkehrstote-in-deutschland-15094360.html) (geprüft am 14.06.2019).

kann auch hingenommen werden, da er auf der anderen Seite einen immensen Beitrag zu Wohlstand, Sicherheit und auch Freiheit leistet. Besteht aber eine Alternative, ist die Rettung von Menschenleben eine derart wichtige Aufgabe des Staates, dass es zulässig sein muss, die anderen Grundrechte dafür einzuschränken. Es ist gerade Aufgabe des Gesetzgebers, festzulegen, wie viel eine Gesellschaft bereit ist, für die Nutzung von Technologien zu opfern. Ein sich aus der Verfassung ergebendes Recht, lebensgefährdende Gegenstände benutzen zu dürfen, existiert nicht. Ebenso wie der Staat den Waffenbesitz aufgrund der Gefährlichkeit derselben einschränken kann, ebenso wie die Nutzung der Kernenergie erlaubt und auf Dauer wieder abgeschafft werden konnte, ist eine Einschränkung der Benutzung bestimmter Fahrzeuge grundsätzlich möglich, ohne den Grundsatz der Verhältnismäßigkeit zu verletzen. Um diesen zu wahren, bieten sich Ausnahme- und Übergangsregelungen an.[263] Dies ebnet den Weg für eine Zukunft ohne menschliche Fahrer, wenn dies eines Tages politisch gewollt sein sollte. Die gleichzeitige Nutzung von Straßen durch Menschen und Maschinen mag zwar insoweit Nachteile haben, als autonome Fahrzeuge, die sich nur auf andere, berechenbare Computer verlassen müssen anstatt auf undurchschaubare Menschen, wahrscheinlich sicherer wären. Eine Umstellung über Nacht ist aber ohnehin unrealistisch. Automatisierten Straßenverkehr wird es nur nach und nach geben können. Die Fahrzeuge müssen daher zunächst lernen, mit Menschen umzugehen.

Anders stellt sich die Situation dar, in der eine (faktische) Pflicht zur Nutzung autonomer Fahrzeuge festgeschrieben würde, nicht nur in Bezug auf andere Kraftfahrzeuge, sondern auf alle Verkehrsmittel. Der Ausschluss auch anderer Möglichkeiten, am Verkehr teilzunehmen, etwa mit dem Rad zu fahren, wäre eine tiefgreifende Beschränkung der Freiheit der Menschen in Deutschland. Es würde einer weitgehenden staatlichen Kontrolle des Lebens gleichkommen und dabei vermutlich keinen zu großen Mehrwert gegenüber einem „einfachen" Verbot herkömmlicher Kraftfahrzeuge bringen. Es wäre deshalb unverhältnismäßig, würde wenigstens gegen Art. 2 I GG verstoßen und müsste als verfassungswidrig angesehen werden.[264]

---

263 Bei Einhaltung von sehr strengen Sicherheitsstandards auch: *Stender-Vorwachs/Steege*, in: Oppermann (Hrsg.), Autonomes Fahren, 2017, S. 253, 273.

264 *Ethik-Kommission*, Automatisiertes und vernetztes Fahren – Bericht Juni 2017, S. 21; *Stender-Vorwachs/Steege*, in: Oppermann (Hrsg.), Autonomes Fahren, 2017, S. 253, 276.

3.2.5 Datenschutz

Ein völlig anderer Komplex, der Fragen aufwirft, ist der Datenschutz. Die zunehmende Digitalisierung schafft häufig neue Möglichkeiten, aber auch Notwendigkeiten zur Speicherung von Daten.

Zur Beweiserleichterung für die neue Möglichkeit automatisierter Fahrzeuge ist der Gesetzgeber dabei schon tätig geworden. Der neue § 63a I StVG verlangt die Aufzeichnung von (satellitenermittelter) Position und Zeit, wenn:

- der Fahrzeugführer die Steuerung von der Maschine übernimmt,
- das System den Fahrzeugführer dazu auffordert oder
- ein technischer Fehler auftritt.

Im Gegensatz zum ursprünglichen Gesetzesentwurf[265] wird in der nun gültigen Fassung präzisiert, dass sowohl Zeit als auch Ort des Fahrzeugs gespeichert werden. Die Daten dürfen dann, soweit erforderlich, den Landesbehörden zwecks Ahndung von Verkehrsverstößen zur Verfügung gestellt werden (§ 63a II StVG). Ebenso muss der Halter die Daten an Dritte weitergeben, wenn es der Durchsetzung eines Anspruchs derselben aus § 7 I StVG dienen kann (§ 63a III StVG). Absatz 4 bestimmt die Löschung der Daten nach 6 Monaten, falls es nicht zu einem Unfall kam, ansonsten nach 3 Jahren. Absatz 5 ermöglicht noch die anonyme Weitergabe für die Unfallforschung. Die Speicherung wird wohl auf einer Art „Black Box" geschehen,[266] wie sie aus dem Flugverkehr bekannt ist. Die genauen Details sind aber der Ausgestaltung durch das Bundesministerium für Verkehr und digitale Infrastruktur vorbehalten, § 63b StVG.

§ 63a StGB regelt einen Sachverhalt, der bei automatisierten und autonomen Fahrzeugen fast zwingend Probleme aufwirft: Ein Computer, der ohnehin permanent möglichst viel über seine Umgebung „wissen" muss, um die sichere Steuerung des Fahrzeugs zu gewährleisten, braucht eine Vielzahl an möglicherweise nützlichen Daten, deren Speicherung naheliegt, etwa die genaue Kenntnis des Aufenthalts der Fahrzeuginsassen zu einer bestimmten Zeit. Gleichzeitig hat die reine Menge an Daten und deren Aussagekraft das Potential, zum datenschutzrechtlichen Albtraum zu werden. Die gespeicherten Daten würden die Möglichkeit schaffen, den genauen Standort der Fahrzeuginsassen zu jedem Zeitpunkt, zu denen sie das Fahrzeug nutzen, ebenso wie Geschwindigkeit, Umgebung, Ausrichtung und alle mit dem Fahrvorgang verbundenen Informationen zu kennen.

---

265 BR-Drs. 69/17, S. 4.

266 *Ernst*, in: Breyer-Mayländer (Hrsg.), Das Streben nach Autonomie, 2018, 141.

Daraus lassen sich wiederum andere Schlüsse ziehen, z.B. im Hinblick auf Straftaten, Gesundheitszustand,[267] aber auch zivilrechtlich relevante Hinweise, etwa für Arbeitgeber, oder einfach intime Details aus dem Leben eines Menschen. Während der Gesetzgeber für den Moment die Speicherung zu einigen begrenzten Zeitpunkten für zwingend erklärt hat, schließt das eine weitergehende Speicherung nicht per se aus. Es sind daher zwei Komplexe zu diskutieren: Die vom Gesetzgeber vorgesehene Speicherung und Verarbeitung muss zunächst auf ihre Verfassungsmäßigkeit, die naheliegende Speicherung und Verarbeitung seitens der Hersteller anschließend auf ihre datenschutzrechtliche Zulässigkeit überprüft werden.

3.2.5.1 Verfassungsmäßigkeit des § 63a StVG

Das Bundesverfassungsgericht hat im berühmten „Volkszählungsurteil" ein Recht auf informationelle Selbstbestimmung aus dem allgemeinen Persönlichkeitsrecht des Art. 2 I i.V.m. 1 I GG hergeleitet und damit auch die verfassungsrechtlichen Mindeststandards für den Datenschutz festgelegt.[268] § 63a StVG muss daher anhand der entsprechenden Maßstäbe geprüft werden, wenn er die Speicherung und Verarbeitung personenbezogener Daten regelt.[269] Dann würde er in das allgemeine Persönlichkeitsrecht eingreifen. Gespeichert werden Ort und Zeit eines Wechsels der Kontrolle über das Fahrzeug, vom Menschen zur Maschine und umgekehrt, § 63a I StVG. Entscheidend ist also, ob diese Daten individualisiert oder individualisierbar sind.[270] Die Position des Autos kann, wie eingangs erwähnt, Aufschluss über eine Vielzahl persönlicher Informationen geben, wenn der Fahrer oder Halter des Autos bekannt ist. Es reicht allerdings aus, wenn dieser bestimmbar ist, etwa durch eine Halterabfrage.[271] Damit können sowohl die Behörden, die zur Ahndung von Verkehrsverstößen zuständig sind und nach Absatz 2 als Datenverarbeiter in Betracht kommen, als auch Dritte, die Rechtsansprüche haben könnten und gemäß Absatz 3 die Daten direkt vom Fahrzeughalter erhalten, jedenfalls den Halter identifizieren und die Daten mit ihm verknüpfen. Auch wenn nicht der Halter selbst das Fahrzeug benutzt, sondern ein Dritter, sagen die Informationen viel über ihn aus. Auch die Ermittlung des Fahrzeugführers durch die entsprechenden Stellen ist

---

267 *Forgó*, in: Oppermann (Hrsg.), Autonomes Fahren, 2017, S. 157, 159.

268 BVerfGE 65, 1.

269 BVerfGE 65, 1.

270 *Di Fabio*, in: Maunz/Dürig, Grundgesetz, 2019, Art. 2 I Rn. 176.

271 *Hornung*, DuD 2015, 359, 361.

nicht ausgeschlossen. Der Ort und die Information, ob der Fahrer das Fahrzeug selbst gelenkt hat, sind also personenbezogene Daten.[272] Die Regelung der Speicherung und Weiterleitung personenbezogener Daten ist ein Eingriff in das allgemeine Persönlichkeitsrecht und muss gerechtfertigt sein, um nicht gegen die Verfassung zu verstoßen.[273] Die Verhältnismäßigkeit und insbesondere Erforderlichkeit der Speicherung der Daten in Bezug auf den angestrebten Zweck ist die entscheidende Frage.[274]

Die Speicherung des Zeitpunkts des An- und Abschaltens der Automatik ist notwendig. Für die Rekonstruktion des Geschehens bei Unfällen, Verkehrsverstößen oder sonstigen Delikten ist es unerlässlich, zu wissen, wer zum maßgeblichen Zeitpunkt Kontrolle über das Fahrzeug hatte. Die neue Technologie ermöglicht nun aber, dass im Vergleich zu früher die zusätzliche Option einer fahrenden Maschine besteht. Zwar ist der Fahrer auch dann verantwortlich, wenn er das Auto gar nicht selbst gefahren hat, da er Fahrzeugführer bleibt, § 1a IV StVG. Für die Frage, ob er sich nach § 18 I 2 StVG exkulpieren kann, ist die Information aber relevant. Ob die Software oder der Mensch gefahren ist, kann nur durch eine fahrzeuginterne Lösung mit Hilfe einer Datenspeicherung zuverlässig herausgefunden werden.

Die Speicherung der satellitenermittelten Position geht dagegen zu weit und ist unangemessen. Die Angemessenheit ist zu verneinen, wenn der Nutzen des Gesetzes sich im Rahmen einer Güterabwägung nicht als außer Verhältnis zu den Beeinträchtigungen darstellt.[275] Der Eingriff in die informationelle Selbstbestimmung wiegt zu schwer, als dass der Nutzen sie rechtfertigen könnte. Natürlich ist der Ort des Fahrzeugs bei Unfällen oder Verkehrsverstößen eine wichtige Information zur Ermittlung des Geschehens an sich. Dieser lässt sich aber in aller Regel auch anders herausfinden. Die Aufklärung von rechtlich relevanten Sachverhalten im Straßenverkehr geschieht bei menschlicher Fahrzeugführerschaft ohne elektronische Positionsbestimmung. Es gibt keinen Grund, dies zu ändern, nur, weil auf einmal ein Computer ins Spiel kommt. Wichtig ist, ob zum maßgeblichen Zeitpunkt Mensch oder Maschine das Fahrzeug kontrollierte. Diese Information ist ohne elektronische Speicherung sehr schwer ermittelbar.

---

272 *Forgó*, in: Oppermann (Hrsg.), Autonomes Fahren, 2017, S. 157, 160 ff; *Weichert*, SVR 2014, 201, 204; *Weichert.*, ZD 2013, 251, 257; *Lüdemann*, ZD 2015, 247, 249.

273 *Murswiek/Rixen*, in: Sachs (Hrsg.), Grundgesetz, [8]2018, Art. 2 Rn. 103.

274 BVerfG NJW 1984, 419, 422 ff.

275 BVerfGE 50, 217, 227; 80, 103, 107; *Grzeszick*, in: Maunz/Dürig, Grundgesetz, 2019, Art. 20, VII. Rn. 117.

Dafür ist der Ort des Fahrzeugs aber nicht notwendig. Es müssen Ort und Zeit des aufzuklärenden Ereignisses ohnehin bekannt sein, sodass die räumliche Komponente einen zusätzlichen Eingriff ohne ergänzenden Wert darstellt. Sie würde immer nur dann benötigt, wenn die Zeit nicht eindeutig ermittelbar ist und gleichzeitig der Wechsel zeitnah stattgefunden hat. Auf der anderen Seite hat die Zeit des Wechsels außerhalb der aufzuklärenden Ereignisse wenig Relevanz, während der Ort des Wechsels je nach Häufigkeit evtl. die Erstellung eines Bewegungsprofils ermöglicht, wenigstens aber die Ermittlung einiger Standorte eines Fahrzeugs, was für sich genommen schon ein sensibles Datum sein kann. Es steht daher ein relativ geringer Erkenntnisgewinn, der im normalen Straßenverkehr offensichtlich auch nicht gebraucht wird, einem stärkeren Eingriff in das allgemeine Persönlichkeitsrecht gegenüber. Aus diesen Gründen ist das Gesetz in dieser Form unangemessen. Natürlich darf der Staat sich zusätzlicher Ermittlungsmethoden bedienen, wenn er dies für zielführend hält. Die beliebige Speicherung von Daten, die nur eine geringe Verbesserung der Aufklärung bewirkt, ist aber gerade das, wovor das allgemeine Persönlichkeitsrecht und die informationelle Selbstbestimmung im Besonderen schützen sollen.

Ebenso gibt es keinen Grund für die Erlaubnis einer anlasslosen Speicherung der Daten von 6 Monaten. Es kann schon daran gedacht werden, ob eine mildere Maßnahme gleich effektiv wäre, sodass es an der Erforderlichkeit[276] fehlt. Jedenfalls ist die Speicherung aber auch aus diesem Grund unangemessen. Die Grundkonstruktion, länger zu speichern, wenn ein Anlass vorliegt, und kürzer, wenn nicht, ist an sich sinnvoll, um Interessen zu schützen und dabei gleichzeitig den Eingriff in die informationelle Selbstbestimmung zu minimieren. 3 Jahre sind dabei auch angemessen, da sich die Datenspeicherung damit in etwa mit den Verjährungsfristen der zivilrechtlichen Ansprüche aus unerlaubter Handlung deckt, wie sie in § 195 BGB geregelt sind.[277] Liegt ein Anlass aber nicht vor, ist nicht ersichtlich, warum 6 Monate lang gespeichert werden soll. Eine sachgerechte Frist, die allen Beteiligten die Möglichkeit gibt, zu handeln, bevor die Löschung durchgeführt wird, ist logisch und notwendig. 6 Monate liegen aber über dem Einschätzungsspielraum, der dem Gesetzgeber grundsätzlich zugestanden werden muss, weil es schlicht keine tragende Begründung für diese Dauer gibt.

---

276 *Grzeszick*, in: Maunz/Dürig, Grundgesetz, 2019, Art. 20, VII. Rn. 113.

277 *König*, NZV 2017, 123, 127, weist zu Recht darauf hin, dass die Fristen sich insoweit unterscheiden, dass die Haftung nach § 195 BGB erst am Jahresende zu laufen beginnt.

Das Bundesverfassungsgericht hat im Urteil zur Vorratsdatenspeicherung über die völlig anlasslose Speicherung von Daten entschieden.[278] Dabei wurde zwar die Vereinbarkeit mit Art. 10 GG geprüft, nicht aber mit der informationellen Selbstbestimmung. Das Gericht betont dennoch, dass es die für die informationelle Selbstbestimmung entwickelten Grundsätze anwendet,[279] sodass eine Rückübertragbarkeit möglich ist. Das Bundesverfassungsgericht hat dabei eine Frist von 6 Monaten für eine „verfassungsrechtlich noch vertretbare Speicherungsdauer"[280] gehalten. Es hat aber auch deutlich gemacht, dass wichtige Rechtsgüter geschützt werden müssen, soll die Speicherung dem Verhältnismäßigkeitsgrundsatz genügen.[281] Hier werden aber lediglich die Verfolgung von Verkehrsstraftaten und die Durchsetzung zivilrechtlicher Ansprüche ermöglicht. Letztere lassen sich dabei in der Regel ohne die Information durchsetzen, da Fahrzeugführer und Halter meist ohnehin nach den §§ 7, 18 StVG haften.

Die Kombination aus 6 Monaten Speicherdauer ohne jeglichen Anlass, dem verfolgten Ziel, das nicht erkennbar der Schutz wichtiger Rechtsgüter ist, und der Sensibilität der gespeicherten Daten lässt das Gesetz in seiner aktuellen Form unverhältnismäßig erscheinen.

Insgesamt stellt das Gesetz daher einen nicht gerechtfertigten Eingriff in das allgemeine Persönlichkeitsrecht dar und ist damit verfassungswidrig. Dies gilt jedenfalls in Bezug auf die Speicherung der Position des Fahrzeugs zu einem bestimmten Zeitpunkt. Brächte man das Gesetz in seine ursprünglich vorgesehene Fassung[282] ohne Speicherung des Ortes, müsste die Lage neu beurteilt werden, weil das Datum des Wechsels der Kontrolle von Mensch zu Maschine und umgekehrt kein derart sensibles ist wie die Position des Fahrzeugs, die etwa die Erstellung von Bewegungsprofilen ermöglicht.

3.2.5.2 Zulässigkeit der Speicherung und Verarbeitung weiterer Daten

Zusätzlich zu der gesetzlich vorgeschriebenen Speicherung ist zu vermuten, dass die Hersteller automatisierter und autonomer Fahrzeuge versuchen werden, auch andere Daten in größerem Umfang zu erheben. Das passiert bereits im

278 BVerfGE 125, 260.
279 BVerfGE 125, 260 Rn. 191. So auch schon BVerfGE 100, 313, 358 f.
280 BVerfGE 125, 260 Rn. 270.
281 BVerfGE 125, 260 Rn. 277ff.
282 BR-Drs. 69/17, S. 4.

„kleineren" Ausmaß mit Hilfe der schon heute in modernen Autos vorhandenen zahlreichen Computer.[283]

Seit dem 25.05.2018 gilt die Datenschutzgrundverordnung, die, abgesehen von in ihr selbst vorgesehenen Ausnahmen, das Datenschutzrecht in der EU vollständig harmonisiert.[284] Auch datenschutzrechtliche Fragen automatisierter und autonomer Fahrzeuge in Deutschland richten sich demnach nach ihr. Die Anwendbarkeit ergibt sich aus Art. 2 I DSGVO. Wie oben festgestellt, sind Daten, deren Speicherung bei autonomen Fahrzeugen in Betracht kommt, personenbezogene Daten.

Trotz der neuen Regelung hat die Einführung der DSGVO weniger Auswirkungen auf die Datenverarbeitung, als man meinen könnte. Die Erlaubnistatbestände sind häufig vergleichbar zu denen des alten BDSG und selbst andere Begrifflichkeiten sind oft ähnlich auszulegen.

3.2.5.2.1 Grundsätzliches

Nach der Grundsystematik der DSGVO unterliegt die Verarbeitung von personenbezogenen Daten ähnlichen Beschränkungen wie noch unter dem alten BDSG. Nach Art. 6 I 1 DSGVO, der zentralen Erlaubnisnorm der DSGVO,[285] ist die Zulässigkeit der Verarbeitung, ähnlich wie nach dem alten BDSG, gegeben, wenn

- eine Einwilligung vorliegt (lit. a),
- die Verarbeitung zur Erfüllung vertraglicher oder vorvertraglicher Pflichten erforderlich ist (lit. b),
- ein berechtigtes Interesse gewahrt werden soll (lit. f).

3.2.5.2.1.1 Erfüllung vertraglicher Pflichten

Wenn vertragliche Pflichten erfüllt werden sollen und die Datenverarbeitung erforderlich ist, gilt das gleiche wie nach altem Recht. Die Begrifflichkeiten des Art. 6 I 1 b) DSGVO sind nicht die des BGB, sondern im Ergebnis so zu verstehen wie in § 28 BDSG a.F. Vom Wortlaut „Vertrag" sind daher auch andere rechtsgeschäftliche und rechtsgeschäftsähnliche Schuldverhältnisse erfasst.[286] Ebenso

---

283 *Lüdemann*, ZD 2015, 247.

284 *Schantz*, in: Wolff/Brink (Hrsg.), BeckOK Datenschutzrecht, 2019, DS-GVO Art. 1 Rn. 8.

285 *Kramer*, in: Auernhammer, DSGVO/BDSG, [6]2018, Art. 6 Rn. 1.

286 *Albers/Veit*, in: Wolff/Brink (Hrsg.), BeckOK Datenschutzrecht, 2019, DS-GVO Art. 6 Rn. 30.

umfasst die „Erfüllung“ nach der DSGVO auch Nebenpflichten u.Ä.[287] Entscheidend ist die Notwendigkeit der Datenverarbeitung für die Vertragszwecke.[288]

Ähnlich der alten Rechtslage ist die Erhebung und Speicherung von Daten für die Erfüllung eigener Geschäftszwecke also zulässig, soweit es für ein Schuldverhältnis erforderlich ist. In den Konstellationen, die nicht exklusiv bei autonomen und automatisierten Fahrzeugen auftreten, fehlt es auch da, wo ein solches Schuldverhältnis besteht (z.B. Kauf, Reparatur, Miete des Fahrzeugs), an der Erforderlichkeit der Datenspeicherung.[289] Hier hat der Rechtsverkehr lange ohne Datenspeicherung funktioniert, sodass es eben nicht notwendig sein kann, die Datenspeicherung zu betreiben. Sie ist nicht nach Art. 6 I 1 b) DSGVO zulässig. Wie früher mag es für Verpflichtungen, die unabhängig von der automatisierten Fahrfunktion bestehen, der Produktverbesserung dienen, bestimmte Daten auszulesen, erforderlich i.S.d. DSGVO ist es aber nicht.

Durch die selbstfahrenden Automobile neu hinzugekommene Sachverhalte müssen dagegen unter Umständen anders beurteilt werden. So wird es für die Wartung oder Überprüfung des Fahrsystems selbst unumgänglich sein, auch Daten auslesen zu können. Die Überprüfung/Wartung der Fahrsoftware wird derartige Daten benötigen, sodass die Verarbeitung nach Art. 6 I 1 b) DSGVO zulässig ist.

3.2.5.2.1.2 Wahrung eines berechtigten Interesses

Im Allgemeinen große praktische Bedeutung hat die Abwägung nach Art. 6 I 1 f) DSGVO.[290] Der Anwendungsbereich übersteigt den der anderen Erlaubnistatbestände.[291] Die Lage wird ähnlich wie bei § 28 I Nr. 2 BDSG a.F. zu beurteilen sein. Statt einem Rechtsverhältnis genügt, dass ein berechtigtes Interesse wahrgenommen, für das die Datenverarbeitung erforderlich ist und kein schutzwürdiges Interesse des Betroffenen überwiegt.[292] Dies wird für die Daten anzunehmen sein, die der Computer zum Fahren braucht.[293] Damit darf der Hersteller die Daten zwar erheben, sie aus Gründen der Erforderlichkeit

287 *Albers/Veit*, in: Wolff/Brink (Hrsg.), BeckOK Datenschutzrecht, 2019, DS-GVO Art. 6 Rn. 30.

288 *Heberlein*, in: Ehmann/Selmayr (Hrsg.), DS-GVO, 2017, Art. 6 Rn. 13.

289 *Forgó*, in: Oppermann (Hrsg.), Autonomes Fahren, 2017, S. 157, 164.

290 *Albers/Veit*, in: Wolff/Brink (Hrsg.), BeckOK Datenschutzrecht, 2019, DS-GVO Art. 6 Rn. 45.

291 *Kramer*, in: Auernhammer, DSGVO/BDSG, ^{6}2018, Art. 6 Rn. 41.

292 *Kramer*, in: Auernhammer, DSGVO/BDSG, ^{6}2018, Art. 6 Rn. 45.

293 *Forgó*, in: Oppermann (Hrsg.), Autonomes Fahren, 2017, S. 157, 165.

allerdings nicht anderweitig verwenden, als für den Fahrbetrieb notwendig ist. Für die darüberhinausgehende Erhebung und vor allem Verarbeitung überwiegt dagegen das schutzwürdige Interesse des Fahrers. Dieser hat keinerlei Vorteile aus der Datenverarbeitung. Erst recht muss man das in Mehrpersonenkonstellationen annehmen, also wenn der Fahrer bekanntermaßen nicht der Halter ist.[294] Praktisch ist dies für den Hersteller natürlich schwer herauszufinden.

Aber auch der Fahrer hat häufig kein gesteigertes Interesse an einer Datenverarbeitung. Für die Verbesserung des Produktes, auch in sicherheitstechnischer Hinsicht, reicht eine anonymisierte Übertragung aus.

Im Falle eines Unfalls existiert grundsätzlich § 63a StVG, eben gerade, um Dritten die Durchsetzung ihrer Ansprüche zu ermöglichen, solange ein zusammenhängendes Ereignis nach § 7 I StVG gegeben ist. In anderen Fällen kommt auch bei Unfällen nur noch Art. 6 I 1 f) DSGVO in Betracht, aber auch hier ist denkbar, dass der Fahrer, je nach Konstellation, kein Interesse an der Datenweitergabe hat, sodass ein schutzwürdiges Interesse überwiegt.

3.2.5.2.1.3 Einwilligung

Die letzte Möglichkeit für diejenigen, die ein Interesse an den anfallenden Daten haben, ist, eine Einwilligung des Betroffenen einzuholen, Art. 6 I 1 a) DSGVO. Die Anforderungen an eine Einwilligung richten sich nach Art. 7 DSGVO. Wie nach altem Recht muss diese freiwillig sein.[295] Die Einwilligung ist zudem frei widerruflich. Auch das war schon zu Zeiten des alten BDSG allgemeine Auffassung[296] und ist nun in Art. 7 III DSGVO normiert.

Für den Hersteller des Fahrzeugs, der die tatsächliche Möglichkeit hat, die Daten zu erheben, ist problematisch, dass in der Regel kein Vertragsverhältnis mit dem Halter vorliegt, bei dessen Abschluss sinnvollerweise eine Einwilligung im Raum stünde.[297] Gibt es dagegen einen solchen Vertrag, kann die Einwilligung relativ einfach eingeholt werden. Der Großteil der Endverbraucher wird, ohne groß nachzudenken, zustimmen und Erfahrungen aus den USA zeigen, dass die Fahrzeughersteller die Verträge jetzt bereits dementsprechend gestalten.[298]

Für die Freiwilligkeit spielt aber insbesondere das eingeschränkte Koppelungsverbot[299] nach Art. 7 IV DSGVO eine wichtige Rolle. Bei der Beurteilung,

---

294 *Lüdemann*, ZD 2015, 247, 252.

295 *Heberlein*, in: Ehmann/Selmayr (Hrsg.), DS-GVO, 2017, Art. 6 Rn. 7.

296 Für viele: *Simitis*, in: Simitis (Hrsg.), Bundesdatenschutzgesetz, [8]2014, § 4a Rn. 94.

297 *Forgó*, in: Oppermann (Hrsg.), Autonomes Fahren, 2017, S. 157, 166.

298 *Franke*, DAR 2016, 61, 65.

299 *Kramer*, in: Auernhammer, DSGVO/BDSG, [6]2018, Art. 7 Rn. 30 ff.

ob Freiwilligkeit vorliegt, muss demnach berücksichtigt werden, ob die Erbringung von Vertragsleistungen unter die Bedingung einer Einwilligung gestellt wird.[300] Die Situation, in der etwa, wie oben beschrieben, der Fahrcomputer erst dann den Betrieb aufnimmt, wenn einer Datenverarbeitung zugestimmt wurde, wäre ein solcher Fall. Von einer freiwilligen Einwilligung könnte dabei nicht mehr ausgegangen werden.

Allgemein wird die Möglichkeit, Einwilligungen einzuholen, exzessiv genutzt. Hier zeigt sich ein allgemeines Problem des Datenschutzrechts: Der eigentliche Gedanke der freien Wahl wird ausgehebelt, indem man die Nutzung verschiedener Dienste von der Einwilligung abhängig macht.[301] Dieses vielfach kritisierte Problem ist in der Grundkonstruktion des Datenschutzrechts verankert und lässt sich nicht isoliert für autonome Fahrzeuge lösen.

3.2.5.2.2 Privacy by design/privacy by default

Unabhängig von den Erlaubnistatbeständen sind die Grundsätze „privacy by design“ und „privacy by default“ in Art. 25 DSGVO normativ verankert. Nach Art. 25 I DSGVO müssen die Grundsätze des Datenschutzes schon bei der Erschaffung der Technik bestmöglich berücksichtigt werden („privacy by design“). Kommen mehrere Einstellungsmöglichkeiten in Betracht, so ist nach Art. 25 II DSGVO für die Standardeinstellungen die datenschutzfreundlichste Einstellung zu wählen („privacy by default“). Eine neue Technologie wie automatisierte und autonome Fahrzeuge ist gerade Zielrichtung dieser Vorschriften. Die Fahrzeuge müssen daher unter Verwendung von so wenig Daten wie möglich in der Lage sein, zu fahren und die benötigten Daten, vor allem dann, wenn sie etwa an den Hersteller übertragen werden, zu anonymisieren/pseudonymisieren. Eine Einstellungsmöglichkeit, die dies ändert, kann existieren, die Werkseinstellungen müssen aber andere sein.

3.2.6 Entscheidung in Dilemmasituationen

Seit Philosophen im antiken Griechenland sich Gedanken über Ethik machten, ist bekannt, dass bestimmte Situationen schwer mit den allgemein akzeptierten Regeln auflösbar sind. Ein klassisches Beispiel: Wenn ein Zug auf einen Personenzug zurast, dessen Insassen bei einem Zusammenprall sterben würden, und

---

300 Siehe auch *Heckmann/Paschke*, in: Ehmann/Selmayr (Hrsg.), DS-GVO, 2017, Art. 7 Rn. 53 f.

301 *Roßnagel*, in: Hilgendorf (Hrsg.), Autonome Systeme und neue Mobilität, 2017, S. 23, 38 f.

ein anderer Mensch diese Situation sieht und mit einer Weichenstellung den Zug auf einen anderen Kurs bringen kann, wo allerdings drei Arbeiter stehen, die nicht ausweichen können, ist die Weichenstellung ethisch geboten oder ist sie es nicht?[302] Ein anderes Beispiel ist die Planke im Meer, die nur einen von zwei ertrinkenden Seeleuten halten kann. Darf sich ein Seemann die Planke erkämpfen? Im deutschen Recht können solche Situationen ebenfalls auftreten. Die Menschenwürde ist unantastbar (Art. 1 I GG) und die Degradierung des Menschen zum Objekt deshalb verfassungswidrig.[303] Daraus folgt, jedenfalls nach der Rechtsprechung des Bundesverfassungsgerichts, dass eine Abwägung Leben gegen Leben bei der Ausübung von Hoheitsgewalt nicht stattfinden darf. Ein Mensch darf nicht für einen anderen Menschen geopfert werden.[304] Gibt es für den Hoheitsträger mehrere Handlungsalternativen, die jeweils zum Tod verschiedener Personen(gruppen) führen, muss aber eine Entscheidung getroffen werden.

Der Bürger wird in Situationen, die für ihn ein Dilemma darstellen, häufig nicht zu einer der Alternativen gezwungen. Tötet jemand einen anderen, um sein eigenes Leben zu retten, helfen ihm regelmäßig entweder die Notwehr nach § 32 I StGB oder, wenn kein Angriff vorliegt, der entschuldigende Notstand nach § 35 I 1 StGB. Ein Gedanke, der § 35 I 1 StGB zugrunde liegt, ist, dass von niemandem verlangt werden kann, sein eigenes Leben für einen anderen zu opfern.[305]

Das Aufkommen von KI verkompliziert die Situation. Jedes Mal, wenn Computer weiterentwickelt werden, um neue Aufgaben erfüllen können, die in irgendeiner Form potentiell gefährlich sind, und diese in der Folge von Menschen übernehmen, kann es passieren, dass von Computern nun die Entscheidung über Leben und Tod getroffen werden muss. Autonome Fahrzeuge sind das Paradebeispiel. Aus diesem Grund wird die Frage, wie sie sich in Dilemmasituationen verhalten sollen, auch aus ethischer Sicht rege diskutiert.[306]

Sobald selbstfahrende Autos marktreif sind, werden wir vor den beschriebenen Problemen stehen. Es sind Situationen denkbar, die rein wahrnehmungstechnisch

302 *Welzel*, ZSTW 1951, 47, 51.

303 BVerfG NJW 1969, 1707.

304 BVerfG NJW 2006, 751, 757 f; a.A. z.B. *Hillgruber*, JZ 2007, 209, 214 ff.

305 Die Details sind umstritten, siehe z.B. *Kühl*, in: Lackner/Kühl (Hrsg.), Strafgesetzbuch, [29]2018, § 35 Rn. 1.

306 *Bonnefon/Shariff/Rahwan*, Science 2016, 1573; *Ethik-Kommission*, Automatisiertes und vernetztes Fahren – Bericht Juni 2017.

einfach genug sind, dass sie für eine eigenständig fahrende KI lösbar sein müssen. Wäre dem nicht so, müsste schon die Zulassung des selbstfahrenden Autos in Frage gestellt werden. Der Staat muss Leben und körperliche Unversehrtheit der Menschen schützen, Art. 2 II 1 GG.[307] Daraus ergeben sich in der Regel keine konkreten Handlungspflichten, es gilt aber das Untermaßverbot.[308] Ein Staat, der nicht verhindert, dass gefährliche Maschinen die Straßen befahren, die nicht einmal in der Lage sind, einfache gefährliche Situationen zu erfassen, kommt seiner Schutzpflicht nicht ausreichend nach. Behält man das aktuelle Recht bei, würde das Fehlen dieser Funktionen auch bedeuten, dass die „Bewältigung der Fahraufgabe" sowie die Einhaltung der Verkehrsvorschriften nach § 1a II 1 Nr. 1, 2 StVG nicht möglich sind.

Man stelle sich Folgendes vor: Ein PKW fährt auf einer Straße der Situation entsprechend, bevor ein Fußgänger aus nicht einsehbarer Lage auf die Straße rennt und bei Beibehaltung der Fahrtrichtung vom Fahrzeug erfasst und wahrscheinlich getötet würde. Die einzige Alternative ist ein Ausweichversuch, der den Fahrer mit ebenfalls hoher Wahrscheinlichkeit umbringen würde, etwa, weil auf beiden Straßenseiten Wände sind. Das Auto muss nun erkennen können, dass sich vor ihm ein Fußgänger befindet und dass es nicht mehr rechtzeitig bremsen kann. Es muss sich außerdem seiner Umgebung „bewusst" sein und erkennen, dass der Ausweichversuch ebenfalls sehr gefährlich für den Fahrer wäre. Könnte es diese Probleme nicht erkennen, wäre es kaum vertretbar, das Auto überhaupt am Straßenverkehr teilnehmen zu lassen. Wäre ein Mensch am Steuer, würde man nicht verlangen, dass er sein eigenes Leben preisgibt, um den Fußgänger zu retten. Er kann diese Entscheidung aber treffen. Selbstfahrende Autos müssen sich in dieser Situation nun ebenfalls entscheiden. Der Unterschied ist aber, dass die zu treffende Entscheidung schon in der Programmierung des Fahrtcomputers festgelegt wird. Wie diese Entscheidung getroffen werden kann oder sogar muss, ist Gegenstand dieses Abschnitts.

In der Beispielsituation wirkt sich die Festlegung des Gesetzgebers, dem Menschen immer noch die Hauptverantwortlichkeit zu geben, kaum aus. Denn wenn schon nicht mehr rechtzeitig gebremst werden kann, kann erst recht nicht abgewartet werden, bis/ob der Mensch das Steuer nach der unumgänglichen menschlichen Reaktionszeit noch übernimmt. Die Frage ist also heute schon von Relevanz, wird aber durch Weiterentwicklung von fahrfähigen Computern

---

307 BVerfGE 45, 187, 254 f; 77, 170, 214; *Starck*, in: Mangoldt/Klein/Starck (Hrsg.), Grundgesetz, ^{7}2018, Art. 2 II Rn. 229.

308 *Di Fabio*, in: Maunz/Dürig, Grundgesetz, 2019, Art. 2 II 1 Rn. 41.

(und allgemein solchen, die unsere Welt physisch beeinflussen können) noch wichtiger. Denn je mehr Variablen der Computer erfassen kann, desto differenzierter kann er die Situation sehen. Was, wenn ein Kleinkind an Bord ist, oder ein älterer Mensch? Verändert sich die Lage, wenn der Computer sehr genau weiß, wie viele Menschen mit welcher Wahrscheinlichkeit bei einer bestimmten Aktion verletzt werden oder womöglich sterben?

Der Gesetzgeber muss sich insgesamt fragen, ob er diese Fragen regulieren kann, oder es sogar, um seine verfassungsrechtlichen Schutzpflichten zu erfüllen, muss. Kritikern ist zuzugeben, dass die beschriebene Art von Dilemmasituationen im Gegensatz zu den Verletzten und Toten des Straßenverkehrs im Normalbetrieb überproportional viel Aufmerksamkeit genießt.[309] Das befreit aber nicht von der Notwendigkeit, sich mit den aufgeworfenen Problemen zu beschäftigen. Eine Lösung, die auf der völligen Vermeidung von Unfällen durch technischen Fortschritt abzielt,[310] ist zwar wünschenswert, aber unrealistisch.[311]

3.2.6.1 Zulässigkeit der potentiell tödlichen Programmierung

Bevor über staatliche Regulierung nachgedacht wird, muss geklärt werden, ob sich ein Mensch nach geltendem Recht strafbar macht, wenn er einen Fahrtcomputer derart einstellt, dass er in einer Situation wie der oben beschriebenen andere Menschen töten würde, um den Fahrer zu verschonen, oder jedenfalls ein Fahrzeug benutzt, welches, wie dem Fahrer bekannt ist, auf diese Weise programmiert wurde.[312] Diese Prüfung ist wichtig, um zu klären, wie viel Regelungsbedarf noch besteht. Eine vertiefte Auseinandersetzung würde aber den Rahmen dieser Arbeit sprengen, es soll nur auf die Grundzüge eingegangen werden.[313]

Die Tötung eines Menschen erfüllt den Tatbestand des § 212 I StGB. Die Einstellung des Computers und Nutzung des Fahrzeugs jeweils durch den Fahrer führt in einer Situation, wie wir sie uns vorstellen, kausal[314] und objektiv

---

309 So *Grunwald*, SVR 2019, 81, 85.

310 *Härtel*, LKV 2019, 49, 58.

311 Ebenso *Grunwald*, SVR 2019, 81, 85.

312 Hierzu ausführlich anhand einer Beispielsituation: *Weber*, NZV 2016, 249 ff.

313 Für eine tiefergehende Auseinandersetzung mit dem Thema strafrechtlicher Verantwortlichkeit im Zusammenhang mit automatisierten Fahrzeugen siehe *Sander/Hollering*, NStZ 2017, 193.

314 *Freund*, in: Joecks/Miebach (Hrsg.), Münchener Kommentar zum StGB, Band 1, ^{3}2017, Vorbemerkung zu § 13 Rn. 333.

zurechenbar[315] zum Tod eines Menschen. Dies entspricht auch der Vorstellung des Handelnden, er nimmt dieses Ergebnis jedenfalls in Kauf, um sein eigenes Leben zu retten. Das ist ausreichend, um Vorsatz anzunehmen.[316] Liegt kein rechtswidriger Angriff vor, scheidet auch eine Rechtfertigung nach § 32 I StGB aus. Entscheidend ist, ob ein entschuldigender Notstand nach § 35 I 1 StGB zur Straflosigkeit führt. In den in Frage kommenden Fällen wäre ein handelnder Mensch jedenfalls entschuldigt.[317] Er hat einen Fußgänger tödlich überfahren, um eine nicht anders abwendbare, gegenwärtige Gefahr für Leib und Leben abzuwenden. Wären diese Voraussetzungen nicht gegeben, könnte man nicht von einem Dilemma sprechen.

Lässt man nun in der gleichen Situation ein automatisiertes/autonomes Auto fahren, müssen zwei Punkte neu untersucht werden: Zum einen verlangt das Gesetz eine gegenwärtige Gefahr. Die Notstandshandlung ist, unabhängig ob der Hersteller,[318] Halter oder Fahrer das Auto programmiert, deutlich vorverlagert. Es reicht aber die Gegenwärtigkeit der Gefahr.[319] Zum anderen trifft der Mensch nun nicht mehr eine schnelle Entscheidung zu Gunsten des eigenen Lebens, sondern fällt den Entschluss im Vorfeld, was ein rationaleres Denken ermöglicht. Panik ist aber keine Voraussetzung des § 35 I 1 StGB, sodass auch daran eine Entschuldigung nicht scheitert.[320] Insgesamt wäre der hypothetische Fahrer damit entschuldigt. Überlässt man diesem die Programmierung oder gibt ihm eine entsprechende Einstellungsmöglichkeit, könnte er diese also straffrei nutzen.

Anders muss die Situation beurteilt werden, wenn man einen Programmierer des Herstellers betrachtet. Entschuldigender Notstand ist nur für die eigene Person und nahestehende Personen möglich. Wenn ein Hersteller ein eigenständig fahrendes Auto derart einstellt, dass es einen anderen Menschen rechtswidrig tötet, ist ein Totschlag nach § 212 I StGB zu prüfen, möglicherweise in Form der Beihilfe.[321] Der Fahrer ist ja nicht gerechtfertigt, sondern nur entschuldigt.

---

315 *Freund*, in: Joecks/Miebach (Hrsg.), Münchener Kommentar zum StGB, Band 1, ³2017, Vorbemerkung zu § 13 Rn. 348.

316 *Joecks*, in: Joecks/Miebach (Hrsg.), Münchener Kommentar zum StGB, Band 1, ³2017, § 16 Rn. 55.

317 *Weber*, NZV 2016, 249, 250 f.

318 Zu dessen Strafbarkeit beim automatisierten Fahren allgemein siehe *Schuster*, DAR 2019, 6.

319 *Weber*, NZV 2016, 249, 252.

320 *Weber*, NZV 2016, 249, 252 f.

321 *Joerden*, in: Hilgendorf (Hrsg.), Autonome Systeme und neue Mobilität, 2017, S. 73, Fn. 17.

Etwas Anderes könnte dann gelten, wenn andere Entschuldigungsgründe greifen. Hier kommt es nun auf die genaue Situation des Dilemmas an. Unter den richtigen Umständen ist ein übergesetzlicher entschuldigender Notstand denkbar. Ein solcher wird teilweise angenommen, wenn eine Tat zwar weder gerechtfertigt noch den Voraussetzungen des § 35 I 1 StGB genügt, aber dennoch eine Notlage vorliegt, die nicht anders behebbar ist, und ein schweres Dilemma einen Schuldvorwurf verfehlt erscheinen lässt.[322]

Lässt der Hersteller dem Benutzer des Fahrzeugs die Wahl, wie entschieden werden soll, steht eine Beihilfe zum Totschlag im Raum. Denn nur durch diese Wahlmöglichkeit kann später die rechtswidrige Tat begangen werden. Entschuldigungsgründe, die nur für den Benutzer erfüllt sind, helfen den entsprechenden Personen in den Diensten des Herstellers nicht. Auch dies wäre also eigentlich strafbar.

In der Praxis ist natürlich davon auszugehen, dass die Fahrzeuge von staatlicher Seite zugelassen wären. Angesichts dessen, dass behördlich genehmigtes Handeln kaum rechtswidrig sein kann, würde dies eine Strafbarkeit für die Verantwortlichen des Herstellers ausschließen. Auch für den Fahrer kann das Einsteigen in ein und das Inbetriebnehmen eines genehmigten Fahrzeugs keinen strafrechtlichen Schuldvorwurf auslösen.[323]

Es sind noch viele weitere Konstellationen möglich, in denen die Maschine eine Entscheidung für oder gegen das Leben eines Menschen treffen muss. Befinden sich alle Menschen, deren Leben in Gefahr ist, außerhalb des Fahrzeugs, spielt die Entschuldigungsproblematik keine Rolle mehr. Bei der Möglichkeit, zwischen dem Leben mehrerer Unbeteiligter zu wählen, ist umstritten, ob das einfache Weiterfahrenlassen des Autos eine rechtmäßige Handlung ist[324] oder ob eine Pflichtenkollision vorliegt, die die Handlungen rechtfertigen kann.[325]

3.2.6.2 Staatliche Vorgaben

Aus staatlicher Sicht stellt sich die Frage, ob der Maschine ein bestimmtes Verhalten gesetzlich vorgeschrieben werden kann/soll oder, wenn eine Schutzpflicht

---

322 z.B. *Kühl*, in: Lackner/Kühl (Hrsg.), Strafgesetzbuch, ^{29}2018, Vorbemerkung zu § 32 Rn. 31; *Krey/Esser*, Deutsches Strafrecht Allgemeiner Teil, S. 772 ff; OLG Hamm NJW 1976, 721.

323 *Schuster*, in: Hilgendorf (Hrsg.), Autonome Systeme und neue Mobilität, 2017, S. 99, 103.

324 *Joerden*, in: Hilgendorf (Hrsg.), Autonome Systeme und neue Mobilität, 2017, S. 73.

325 *Schuster*, in: Hilgendorf (Hrsg.), Autonome Systeme und neue Mobilität, 2017, S. 99.

im Raum steht, sogar muss. Verzichtet man darauf, kann davon ausgegangen werden, dass der Großteil aller automatisierten Fahrzeuge den Insassen im Zweifel immer den Vorzug geben würde. Ließe der Hersteller eine Auswahl zu, würden die meisten Menschen Selbstschutz anstreben. Wäre das Verhalten vorprogrammiert, hätten die Autos, die den Fahrer schlechter schützen als die Konkurrenz, einen massiven Wettbewerbsnachteil. Unabhängig von der tatsächlichen Wahrscheinlichkeit, in einem solchen Unfall umzukommen, wird die menschliche Natur diese Fahrzeugeigenschaft als extremen Makel ausmachen und den Verkaufszahlen stark schaden.[326]

Zunächst besteht Einigkeit darüber, dass Sachschäden hinzunehmen sind, wenn Personenschäden die Alternative darstellen.[327] Das wäre auch keine echte Dilemmasituation. Eine andere Programmierung würde wohl schon heute strafrechtliche Konsequenzen nach sich ziehen, sodass eine gesetzliche Regelung nicht zwingend erforderlich erscheint, aber schon aus Klarstellungsgründen naheliegt. Es erscheint auch sachgerecht, die Zulassung der Fahrzeuge daran zu knüpfen, dass sie menschliches Leben höher bewerten als Gegenstände.

Entschließt sich der Gesetzgeber, die Entscheidung bei mehreren gefährdeten Menschenleben zu regeln, sticht als erste Möglichkeit heraus, Fußgänger (oder allgemein diejenigen Menschen, die nicht selbst durch die Benutzung von Kraftfahrzeuge zur Erhöhung von Straßenverkehrsrisiken beitragen und daher als „Unschuldige" zu sehen sind, also z.B. Fußgänger, Rollstuhlfahrer oder in geringerem Maße auch Radfahrer) bevorzugt zu behandeln. Der Gedanke ist simpel: Keine Technik kann komplett fehlerfrei sein. Egal wie ausgereift der Fahrcomputer ist, Unfälle lassen sich nicht vermeiden. Wer in diesem Wissen ein automatisiertes/autonomes Fahrzeug besteigt und die Vorteile desselben genießt, soll nicht den gleichen Schutz bekommen wie ein unschuldiger Fußgänger, der mit seiner Anwesenheit keine besondere Gefahr, die über das allgemeine Lebensrisiko hinausgeht, schafft.[328] Gegen eine Entscheidungsmöglichkeit des Gesetzgebers in diese Richtung wird das Bundesverfassungsgerichtsurteil zum alten § 14 III Luftsicherheitsgesetz[329]

326 *Rauchhaupt*, Technik ist nicht alles (http://www.faz.net/aktuell/wissen/geist-soziales/selbstfahrende-autos-braucht-kein-mensch-14909061.html) (geprüft am 13.06.2019).

327 *Ethik-Kommission*, Automatisiertes und vernetztes Fahren – Bericht Juni 2017, S. 11; *Schuster*, in: Hilgendorf (Hrsg.), Autonome Systeme und neue Mobilität, 2017, S. 99, 110.

328 *Ethik-Kommission*, Automatisiertes und vernetztes Fahren – Bericht Juni 2017, S. 11, wobei auch betont wird, dass Leben nicht aufgerechnet werden.

329 BVerfG NJW 2006, 751.

angeführt.[330] Dort wurde entschieden, dass jemand, der in ein Flugzeug einsteigt, trotz der Risiken, die dabei bestehen, gerade nicht in seine eigene Tötung einwilligt. Würde von staatlicher Seite ein Flugzeug abgeschossen, wenn dieses zum Zwecke eines Terroranschlags entführt wurde, würden die Passagiere dann, ebenso wie Fahrzeuginsassen bei den hier untersuchten Problemen bei automatisierten/autonomen Fahrzeugen, als „Mittel" zur Rettung anderer eingesetzt. Die Situation beim autonomen Fahren sei vergleichbar.[331] Eine Regelung, die eine Programmierung des Zurücktretens des Lebens der Fahrzeuginsassen bestimmen würde, „benutze" damit den Menschen als reines Objekt zur Rettung anderer Menschenleben und sei damit verfassungswidrig. Auch eine staatliche Schutzpflicht für das Leben derjenigen, zu deren Gunsten die tödliche Maßnahme vorgenommen werden würde, ändere daran nichts. Der Staat könne seine Schutzpflichten nicht durch die Verletzung der Menschenwürde anderer erfüllen.

Diese Wertung kann aber nicht übertragen werden. Es bestehen nämlich entscheidende Unterschiede, deren Bedeutung eingeordnet werden muss. Zunächst muss man sich ins Gedächtnis rufen, dass in einer Dilemmasituation bei allen Entscheidungen Menschen sterben würden. Ein häufig vorausgesetzter, aber selten explizit genannter Grund, in der Luftsicherheitsgesetzentscheidung (und anderen ethisch schwierigen Situationen wie dem beschriebenen Weichenstellungsproblem) einen Abschuss nicht zu erlauben, ist, dass Unterlassen und aktives Tun im deutschen Rechtsverständnis unterschiedlich beurteilt werden.[332] Das ist der entscheidende Unterschied zwischen Abschuss und Nicht-Abschuss. Nur beim aktiven Tun macht der Staat die Menschen zum Objekt. Würde man die Unterlassung mit dem Tun gleichstellen, gäbe es keinen nennenswerten Unterschied mehr zwischen den beiden Optionen. Konsequenterweise müsste man dann auch, so ein bekanntes, eindrucksvolles Beispiel, einen gesunden Menschen töten, wenn dessen Organe mehrere andere Menschen vor dem Tod retten würden. Dieses Prinzip der unterschiedlichen Wertung von Tun und Unterlassen ist daher auch nicht nur eine strafrechtliche Idee. Wenn man das Urteil des Bundesverfassungsgerichts ernst nimmt,[333] muss man einen Vorrang der Achtungspflicht vor der Schutzpflicht

---

330 Im Folgenden: *Stender-Vorwachs/Steege*, in: Oppermann (Hrsg.), Autonomes Fahren, 2017, S. 253, 264; *Weber*, NZV 2016, 249, 253.

331 So auch *Härtel*, LKV 2019, 49, 58.

332 *Joerden*, in: Hilgendorf (Hrsg.), Autonome Systeme und neue Mobilität, 2017, S. 73, 79 f, zwar in strafrechtlichem Zusammenhang, der Gedanke ist aber universell.

333 Kritisch z.B. *Herdegen*, in: Maunz/Dürig, Grundgesetz, 2019, Art. 1 I Rn. 96.

annehmen.[334]

Ein Gesetz zum autonomen Fahren, das eine Bevorzugung von Fußgängern zum Gegenstand hätte, würde einem Programmierer ein aktives Tun vorschreiben. Handeln würde dieser in jedem Fall.[335] Die Frage ist nur, welches Verhalten er einem Computer vorschreibt, und/oder, ob er eine Auswahlmöglichkeit lässt. Das bedeutet, dass im Gegensatz zum Flugzeugabschuss, bei dem der Staat zwischen Handeln und Nicht-Handeln entscheiden muss, hier zwei Handlungen möglich sind, die beide den Tod von Menschen verursachen. Die Tatsache, dass er hier einen erst viel später möglicherweise auftretenden Lebenssachverhalt antizipiert, ändert daran nichts. Im Wesentlichen stellt sich die Situation wie eine Fernsteuerung des Autos in der Zukunft ohne zeitlichen Entscheidungsdruck dar. Das Fahren eines Autos muss als aktives Tun eingestuft werden, ebenso wie jede Ausweichaktion, die Menschenleben kostet. Die Softwaresteuerung ändert daran nichts. Sie zieht den Zeitpunkt der Handlung höchstens vor. Ohne Regelung würden mehrere Pflichten kollidieren, nämlich zum einen diejenige, das Leben derer im Fahrzeuginneren zu retten, zum anderen die, das Leben der weiteren an einem hypothetischen Unfall Beteiligten nicht zu gefährden, sodass die Erfüllung beider unmöglich ist.[336] Eine gesetzliche Regelung würde lediglich eine von zwei möglichen Entscheidungen für verbindlich erklären. Diese Entscheidung würde aber einen Menschen nicht mehr zum bloßen Objekt degradieren. Wenn beide Handlungsmöglichkeiten eigentlich auf Grund der Menschenwürdedimension des Lebensschutzes nicht erlaubt wären, man sich aber zwischen beiden Optionen entscheiden muss, ohne dass eine aufgrund eines verfassungsrechtlich gebotenen Vorrangs vorzuziehen ist, kann der Staat eine Entscheidung zugunsten derer treffen, die nicht an der Schaffung von Verkehrsrisiken beteiligt sind. Niemand wird zum „Mittel“ für die Rettung eines anderen, wenn beide Handlungen aus Menschenwürdegesichtspunkten als gleichwertig angesehen werden. Im Gegensatz zu anderen Methoden würden hier auch nicht Menschenleben gegeneinander „aufgerechnet“, sondern an die Schaffung eines Risikos angeknüpft werden. Dies hat nichts mit einer „Einwilligung in die eigene Tötung“ zu tun, die das Bundesverfassungsgericht bei der Beurteilung des Luftsicherheitsgesetzes zu Recht verneint hat, sondern ist Ausdruck dessen, dass die

---

334 a.A. wohl *Dreier*, in: Dreier (Hrsg.), Grundgesetz, ^{3}2013, Art. 1 Rn. 133.

335 Im strafrechtlichen Zusammenhang: *Schuster*, in: Hilgendorf (Hrsg.), Autonome Systeme und neue Mobilität, 2017, S. 99, 107.

336 *Schuster*, in: Hilgendorf (Hrsg.), Autonome Systeme und neue Mobilität, 2017, S. 99, 108.

Menschenwürde in „Verursachungs- und Verantwortungszusammenhänge“[337] eingebettet ist, ähnlich dem klassischen Beispiel des finalen Rettungsschusses, der unbestritten zulässig ist.

Die Maschine ist nicht der Fahrer selbst und muss keine Verlängerung von dessen Willen sein. Eine völlig fremde Person legt fest, wie sie handeln soll, und ist deshalb nicht an den (mutmaßlichen) Willen des Fahrers gebunden. Das Argument, dem Fahrer werde durch den Staat eine unzulässige Aufopferungspflicht auferlegt,[338] überzeugt auch deswegen nicht. Nicht der Insasse opfert sich selbst, der Computer „entscheidet“ sich für eine von zwei Möglichkeiten, vorgegeben durch einen Programmierer und noch davor durch den Staat. Dass dieser eine Möglichkeit hätte, eine Entscheidung zu treffen, die den Insassen rettet, ist aber, wie bereits ausgeführt, gerade nicht mit der Situation des abgeschossenen Flugzeugs vergleichbar und hat auch nichts mit einer „Einwilligung“ zu tun. Insgesamt ist der abstrakte Gedanke eines Vorrangs von Fußgängern daher nicht von vornherein ausgeschlossen.

Ein anderes mögliches Differenzierungskriterium ist die bloße Anzahl an getöteten Menschen. Auch hier steht die Rechtsprechung zum Luftsicherheitsgesetz aus den gleichen Gründen, die gerade angeführt wurden, nicht pauschal im Weg. Es ändert sich nichts an der Tatsache, dass mehrere Handlungsmöglichkeiten bestehen, die alle zum Tode von Menschen führen, keine davon aber aus Gründen eines Vorrangs der Achtungspflicht vor einer Schutzpflicht zurücktreten muss, um die Menschenwürde nicht zu verletzen. Es ist daher verführerisch, den Computer einfach die Handlungsoption wählen zu lassen, bei der weniger Menschen sterben. Ebenso denkbar ist, diesen Ansatz mit einem Vorrang der Fußgänger zu kombinieren, sodass z.B. bei einem „Gleichstand“ an Leben wiederum diejenigen Vorrang erhalten, die keine erhöhten Verkehrsrisiken schaffen.

Praktisch bereitet diese Idee Probleme. Rechnet der Computer einfach Menschenleben gegeneinander auf, so würde das bedeuten, dass ein Fahrer seine eigenen Überlebenschancen beim Autofahren erhöhen könnte, wenn er einfach seine zwei Kinder mitnimmt und damit schon gegenüber zwei Fußgängern vom System bevorzugt werden würde. Diese Tatsache hinzunehmen, wäre aber eine Entscheidung, die ein Gesetzgeber treffen könnte, wenn er dies wollte. Weiterhin besteht im Gegensatz zu einer Lösung, die Unbeteiligte bevorzugt schützt, noch das zusätzliche Problem, dass keine Anknüpfung an zulässige Merkmale zur Entscheidung stattfindet, sondern dass schlicht und einfach Menschenleben

---

337 *Herdegen*, in: Maunz/Dürig, Grundgesetz, 2019, Art. 1 I Rn. 96.

338 *Weber*, NZV 2016, 249, 253.

gegeneinander aufgerechnet werden. Trotz des Unterschieds zum Luftsicherheitsgesetzfall scheint vertretbar, schon dies als Reduzierung der Menschen zum bloßen Objekt zu sehen, da diese dann nur noch Teil einer Rechnung wären, deren rein numerischer Ausgang über Leben und Tod entscheidet. Diese Bedenken wiegen schwer, ändern aber nichts an der Tatsache, dass eine Entscheidung getroffen werden muss. Wenn dies ohnehin unumgänglich ist, ist die Rettung von mehr Menschenleben ein legitimes Ziel, das der Gesetzgeber so festschreiben dürfte. Würde er das nicht tun, wäre das eben nicht ein „Dem Schicksal seinen Lauf lassen", weil schon weit vor der Situation festgelegt wird, wie im Notfall gehandelt wird, aber ein „Nichtstun" eben nicht in Frage kommt, weil nur verschiedene Handlungen zur Auswahl stehen. Deshalb stellt sich eine Programmierung zur Rettung möglichst vieler Menschen auch nicht als „Opferung" anderer Menschen dar und erst recht nicht als Auferlegung einer „Solidarpflicht".[339]

Auf keinen Fall darf eine staatlich vorgeschriebene Auswahl aufgrund von persönlichen Merkmalen, wie Alter, Geschlecht, Herkunft, Gesundheit etc. getroffen werden.[340] Verfassungsrechtlich spräche hiergegen zum einen Art. 3 I (und teilweise III) GG. Vor allem wäre dies aber eine klare unzulässige Herabstufung des Menschen. Er würde einen bestimmten „Wert" aufgrund persönlicher Merkmale zugewiesen bekommen und damit zum Objekt degradiert, sodass ein Verstoß gegen Art. 1 I GG anzunehmen wäre.

Alternativ wurde vorgeschlagen, die Auswahl zwischen Menschenleben einem Zufallsgenerator zu überlassen.[341] Dieser Gedanke nimmt die Grundannahme, dass Menschenleben unabwägbar und nicht aufrechenbar sind, ernst.[342] Wenn alle Menschen gleich viel wert sind und jede Entscheidung für ein Menschenleben problematisch im Hinblick auf die Menschenwürde ist, bekommt eben jeder Mensch dieselbe Chance. An dieser Idee wird scharf kritisiert, Leben und Würde des Menschen seien nur noch „Variablen in einer Wahrscheinlichkeitsrechnung."[343] Der Vorschlag wird bei einem großen Teil der Menschen Unwohlsein hervorrufen, eben weil der Eindruck entsteht, Maschinen benutzten

---

339 *Ethik-Kommission*, Automatisiertes und vernetztes Fahren – Bericht Juni 2017, S. 18.

340 So auch aus ethischer Sicht: *Ethik-Kommission*, Automatisiertes und vernetztes Fahren – Bericht Juni 2017, S. 11.

341 *Keßler*, MMR 2017, 589, 593.

342 *Weber*, NZV 2016, 249, 253; *Stender-Vorwachs/Steege*, in: Oppermann (Hrsg.), Autonomes Fahren, 2017, S. 253, 266; *Schuster*, in: Hilgendorf (Hrsg.), Autonome Systeme und neue Mobilität, 2017, S. 99, 110.

343 *Stender-Vorwachs/Steege*, in: Oppermann (Hrsg.), Autonomes Fahren, 2017, S. 253, 266.

Menschenleben in kalten Berechnungen und es hänge rein vom Zufall ab, wer überlebt. Man muss sich aber vor Augen führen, dass es bereits Situationen gibt, in denen mangels anderer Optionen ähnliche Systeme greifen, etwa der Zugang zu einem Spenderorgan für Menschen, die auf diese zum Weiterleben angewiesen sind.[344] Die Dilemmasituation bei autonomen Fahrzeugen ist nicht gänzlich verschieden. Geht man von einer Gleichwertigkeit der Rechtsgüter und einer Gleichwertigkeit der Pflichten, sie nicht zu verletzen, aus, kann Zufall grundsätzlich angewandt werden.

Anderes könnte nur gelten, wenn eine der oben beschriebenen Wertungen, entweder die, dass Menschen, die nicht an der Schaffung von Mobilitätsrisiken beteiligt sind, bevorzugt zu behandeln sind, oder die, dass möglichst viele Leben zu retten sind, verfassungsrechtlich zwingend wäre. Eine solche Pflicht des Gesetzgebers lässt sich aber nicht aus der Verfassung lesen. Zwar ist es zulässig, eine Differenzierung vorzunehmen, die genauen Kriterien bleiben aber Entscheidung der Politik. Dementsprechend kann auch keine Schutzpflicht hergeleitet werden, die dem Gesetzgeber ein bestimmtes Tun vorschreibt.

Insgesamt bleibt daher festzuhalten, dass, entgegen einiger vorgebrachter Bedenken, der Staat durchaus auch aus Sicht der Verfassung in der Lage ist, Regeln zu erlassen, die bestimmen, wie Maschinen zu programmieren sind, um Leben zu schützen, auch wenn dies zum Tod anderer Menschen führt, solange die Optionen untereinander gleichwertig sind. In der typischen Dilemmasituation wird dies der Fall sein, weil Autofahren immer aktives Tun ist. Umgekehrt gibt es aber Differenzierungskriterien, z.B. die Bevorzugung von am Verkehr Unbeteiligten, die festgeschrieben werden können, ohne gegen das Grundgesetz zu verstoßen.

Unter keinen Umständen dürfen ethische Entscheidungen einem selbstlernenden System überlassen werden. Die Rechtsfragen, die gelöst werden müssen und starke Berührungspunkte zur Menschenwürde haben, können nicht vom Computersystem selbst beantwortet werden und dürfen deshalb nicht der Veränderung durch einen Lernalgorithmus unterliegen. Die maßgeblichen Wertungen müssen vom Gesetzgeber selbst in verfassungskonformer Weise getroffen werden und dann fest in das Auto einprogrammiert werden. Es muss klar bestimmt sein, wie das Auto in Dilemmasituationen reagiert, um Leben und Würde der Gefährdeten zu schützen.

---

344 *Schuster*, in: Hilgendorf (Hrsg.), Autonome Systeme und neue Mobilität, 2017, S. 99, 109; die Situation nicht als gegeben ansehend: *Joerden*, in: Hilgendorf (Hrsg.), Autonome Systeme und neue Mobilität, 2017, S. 73, 88.

3.2.7 Übertragbarkeit auf andere Gebiete

Die Möglichkeit, durch künstliche Intelligenz Fahrzeuge lenken zu lassen, hat bei allen Möglichkeiten, die sich ergeben haben, einige Probleme aufgezeigt. Vor allem der Gesetzgeber ist gefragt, auf die zweifellos schnell fortschreitende Entwicklung passend zu reagieren und verfassungskonforme Regeln zu erlassen. Wenn es dabei gelingt, einen passenden normativen Rahmen für selbstfahrende Automobile zu schaffen, kann dieser künftig als Modell für andere Bereiche dienen, in denen Computer aufgrund ihrer neu gefundenen Intelligenz Aufgaben erfüllen, für die man Menschen für notwendig gehalten hat.

Die vorsichtige Herangehensweise an die Zulassung der Fahrzeuge kann beispielsweise ein Modell für all die Gebiete sein, in denen Menschen Maschinen steuern, deren Inbetriebnahme nicht völlig ungefährlich ist. Der Computer übernimmt die Kontrolle, der Mensch kann aber jederzeit dessen Entscheidungen übersteuern. Tatsächlich ist diese Idee nicht neu und wurde schon früher bei Flugzeugen oder auch Zügen eingesetzt. Die Fortschritte der letzten Jahre lassen es aber auch möglich erscheinen, in Zukunft beispielsweise Kräne oder Ähnliches automatisch steuern zu lassen. Auch hier stellt sich der Ersatz des menschlichen Handelns durch ein menschliches Überwachen als sinnvoll dar. Mittelfristig realistisch sind auch Lufttaxen, die Fahrzeugen recht ähnlich sind und deren Einführung bereits geplant ist.[345] Auch bei anderen unbemannten Fluggeräten werden Gemeinsamkeiten bestehen.[346] Das Europäische Parlament stellt in seiner (ansonsten bezüglich autonomer Fahrzeuge recht inhaltsleeren) Empfehlung deshalb auch auf „autonomen Verkehr“ ab.[347]

Straßenverkehrsrecht hat den Vorteil, dass ohnehin eine Gefährdungshaftung in § 7 StVG existiert. Diese wird als mögliche Lösung für die Handhabung von Schäden durch die weitergehende Automatisierung mit Hilfe von künstlicher Intelligenz vorgeschlagen.[348] In Verbindung mit Pflichtversicherungen[349] kann sich auch in anderen Fällen als im Straßenverkehr ein interessengerechter Ausgleich ergeben, bei dem derjenige, der von der Gefahrenquelle profitiert,

---

345 *Koschmieder/Gerdes*, EuZW 2019, 368.

346 Siehe zum Rechtsrahmen für diese *Stellpflug/Hilpert*, NVwZ 2017, 1490.

347 Entschließung des Europäischen Parlaments vom 16. Februar 2017 mit Empfehlungen an die Kommission zu zivilrechtlichen Regelungen im Bereich Robotik (2015/2103(INL)).

348 *Spindler*, CR 2015, 766, 775; *Zech*, ZfPW 2019, 198, 218.

349 *Zech*, ZfPW 2019, 198, 219.

grundsätzlich den entstehenden Schaden zu verantworten hat, ohne dass eine zukunftsträchtige Technologie unnötig gebremst wird.[350]

Datenschutzfragen sind ebenfalls oft übertragbar. Wenige Maschinen werden zwar so viele persönliche Daten sammeln wie Autos, das Prinzip bleibt aber anwendbar. Ein Staubsaugerroboter wird das Layout einer Wohnung kennen, überhaupt wird die Digitalisierung von Wohnräumen („smart home“) viele ähnliche Fragen aufwerfen. Dies ist nicht ausschließlich ein Problem, das nur aufgrund künstlicher Intelligenz entsteht, wird durch diese aber verstärkt, da intelligente Maschinen mehr über ihre Umgebung wissen, vor allem aber eine Vernetzung[351] bei ihnen häufiger eine Notwendigkeit oder wenigstens nützlich ist. Auch hier wird es wieder wichtig, abseits von Einwilligungen die Datenübertragung auf das Notwendige zu beschränken. Die neue DSGVO wird ihre Wirksamkeit beweisen müssen. Trotz der Verstärkung der Probleme durch KI sind die Probleme aber nicht derart speziell, dass Sonderregeln notwendig erscheinen. Es ist stattdessen eine Lösung zu suchen, die zu einer Verbesserung des Datenschutzrechts insgesamt führt. Das ausufernde Einholen von Einwilligungen etwa, das schon seit Längerem durch ein Koppelungsverbot bekämpft wird, ist schwer zu verhindern, wird aber in automatisierten und autonomen Fahrzeugen lediglich ein Anwendungsbeispiel von vielen finden.

Dilemmasituationen sind relativ speziell. Diese werden für Maschinen außerhalb des Straßenverkehrs eher zu vernachlässigen sein. Denkbar wären etwa Polizeiroboter, die in einer wirklich intelligenten, selbsthandelnden Form noch reine Zukunftsmusik sind. Finden sich Dilemmasituationen auch in anderen Gebieten wieder, wird die Diskussion ebenso mit den Grundsätzen, die vor allem zur Menschenwürde entwickelt wurden, gelöst werden müssen.

Vor allem aber muss der Gesetzgeber sich überlegen, wie er mit Machine Learning umgehen will. Die Potentiale sowohl für Fortschritt als auch die Gefahren sind riesig. Sicherheitsrisiken auf der einen Seite und Vorteile, die die neue Technologie bringt, auf der anderen Seite sind dabei abzuwägen und von Fall zu Fall unterschiedlich zu bewerten. Es bleiben aber einige Punkte festzuhalten, die bei der notwendigen Abwägung auch in anderen in Frage kommenden Gebieten berücksichtigt werden müssen:

Ethisch schwierige Situationen dürfen nicht einem Machine Learning-Algorithmus unterworfen sein. Der Bezug zur Menschenwürde ist zu groß, als

---

350 *Spindler*, CR 2015, 766, 775 f.

351 Zur zunehmenden Vernetzung und dessen Nutzen für automatisierte Fahrzeuge siehe *Jourdan/Matschi*, NZV 2015, 26, 27.

dass die Maschine diese Entscheidungen selbst treffen kann. Sie zu treffen, ist stattdessen Aufgabe des demokratisch legitimierten Gesetzgebers. Folglich müssen die notwendigen Wertungen fest einprogrammiert sein und dürfen nicht von selbstlernenden Systemen verändert werden.

Machine learning und vor allem nicht von Menschen angeleitete Lernsysteme bringen auf der einen Seite Unsicherheit durch die Möglichkeit der Schaffung einer „Black Box",[352] ermöglichen aber auch Programme, deren Intelligenz weit über das hinausgeht, was ohne derartige Verbesserungsalgorithmen möglich ist. Gerade diese Intelligenz kann aber bei Gebieten, denen ein gewisses Risiko innewohnt, zu einer erhöhten Sicherheit für Leib und Leben der Menschen führen. Es wird dann, wie es oben bei automatisierten und autonomen Fahrzeugen gezeigt wurde, abzuwägen sein, ob der Sicherheitsgewinn die Hinnahme einer gewissen Unsicherheit rechtfertigen kann. Angesichts dessen, dass es auch in der analogen Welt absolute Sicherheit nicht gibt, wird der Sicherheitsgewinn häufig überwiegen.

Es ist dann allerdings auch notwendig, den Sicherheitsgewinn tatsächlich festzustellen. Angesichts dessen, dass der Algorithmus selbst oft nicht kontrolliert werden kann, muss das System dann von außen getestet werden. Der Straßenverkehr hat hierfür bereits eine Methode, die sich seit Langem im Einsatz befindet: Fahrzeuge werden vor ihrer Zulassung, aber auch wiederkehrend danach, auf ihre Verkehrstauglichkeit geprüft. Andere Gebiete, in denen sich die Problematik ebenfalls stellen wird, können von diesem Beispiel möglicherweise lernen. Es müssten dann aber auch entsprechende Strukturen geschaffen werden.

3.3 Gesellschaftliche Herausforderungen und der Sozialstaat

Ein altes Problem der Menschheit ist der Umgang mit großen gesellschaftlichen Umbrüchen. Häufig ist es für ein träges Gebilde wie eine Gesellschaft schwierig, ausreichend auf schnelle Veränderungen zu reagieren, sodass Konflikte erwachsen und viel Zeit für soziale Transformationen benötigt wird. Schon der Übergang zur Sesshaftigkeit in der Steinzeit war wohl ein schleichender, lange andauernder Prozess.[353]

---

352 *Delibašić/Vukićević/Jovanović u.a.*, IEEE Transactions on Education 2013, 287; *Wüst*, Deep-Learning-Modelle an der Börse: Finanzmarktanalysten aus der Tiefe des Netzes (https://www.finanzen100.de/finanznachrichten/wirtschaft/deep-learning-modelle-an-der-boerse_H694531631_410535/) (geprüft am 14.06.2019).

353 *Harari*, Eine kurze Geschichte der Menschheit, 2013, S. 101 f.

Nicht ganz so weit zurückblicken muss man für die industrielle Revolution. Durch eine sinkende Sterberate wuchs die Bevölkerung ruckartig,[354] Menschen begannen, in die Städte zu ziehen, und lebten plötzlich auf engstem Raum unter vorher ungekannten Bedingungen.[355] Gleichzeitig stieg die Wachstumsrate der Produktivität der Menschheit um ein Vielfaches.[356] Vom wachsenden Reichtum der Gesellschaft kam bei der Arbeiterschicht wenig an. Die Löhne reichten kaum zum Leben, die Arbeitsbedingungen waren schlecht und die Lebenserwartung niedrig. Die Anpassung an die neue Situation dauerte Jahrzehnte.

Ein bis heute andauernder Trend, der schon zu dieser Zeit seinen Anfang nahm, ist die Automatisierung: Die Übernahme von immer mehr Berufen durch Maschinen schreitet unaufhaltsam voran und auch menschliche Tätigkeiten, die nicht professionell ausgeübt werden, werden zunehmend weniger, da sie etwa von Haushaltsmaschinen übernommen werden. In der Vergangenheit führte diese Verschiebung zum Verschwinden ganzer Berufszweige, auf der anderen Seite aber auch zum Entstehen vieler neuer Tätigkeiten. Eine Reaktion war die Schaffung des Sozialstaats, der heute in Deutschland sogar als Staatsstrukturprinzip in Art. 20 I GG niedergeschrieben ist. Seine Entstehung war aber auch nur durch die gestiegene Produktivität möglich.

Die Verwirklichung des Sozialstaats steht allerdings unter dem „Vorbehalt des Möglichen“.[357] Obwohl sich die Gesellschaft seit Gründung der Bundesrepublik verändert hat und sich verschiedenen neuen Herausforderungen stellen musste und muss, etwa dem Demographiewandel oder der digitalen Revolution, hat es in der Zeit ihres Bestehens noch keinen so radikalen Umbruch gegeben wie den Übergang zur Sesshaftigkeit oder die industrielle Revolution. Glaubt man zahlreichen Experten, könnte die Weiterentwicklung und großflächige Nutzung von künstlicher Intelligenz einen solchen Wandel darstellen, der möglicherweise sogar noch drastischer ausfällt als die bisher geschehenen.[358] Wieder ist Potential da, komplette Berufsgruppen überflüssig zu machen, wieder kann der Fortschritt die Lebensbedingungen der Menschen grundlegend verändern, wieder kann in absehbarer das Ausbleiben einer schnellen, angemessenen Reaktion auf kommende Schwierigkeiten zu einer ungemeinen Belastung großer Teile der Bevölkerung führen. Umgekehrt glauben viele an Chancen für die Menschheit.

---

354 *Osterhammel*, Die Verwandlung der Welt, ^{5}2010, S. 190 f.

355 *Osterhammel*, Die Verwandlung der Welt, ^{5}2010, S. 366.

356 *Bostrom*, Superintelligence, 2016, S. 2.

357 BVerfGE 33, 303, 329; 90, 107, 116.

358 *Bostrom*, Superintelligence, 2016, 2 ff.

In China scheint man gerade zu erwarten, alle größeren Probleme der jüngeren Vergangenheit mit Hilfe von künstlicher Intelligenz lösen zu können.[359] Sie würde zu einem Verständnis von Marktkräften führen, was eine effektive Planwirtschaft ermögliche und die Verwirklichung einer marxistischen Utopie in greifbare Nähe rücke, so die Hoffnung.[360]

Ob man das hierzulande möchte, ist vor allem eine politische Frage. Wahrscheinlicher ist aber, dass eine Neubewertung der gesellschaftlichen Lage notwendig ist, weil sich auf der einen Seite die sozialen Bedürfnisse verändern, der Staat auf der anderen Seite aber auch ganz andere Möglichkeiten zur Regulierung hat. Es ist daher angebracht, die möglichen Konsequenzen des fortschreitenden Einsatzes künstlicher Intelligenz für unsere Gesellschaft und in der Folge auch die rechtlichen Rahmenbedingungen zu überprüfen, insbesondere mit Blick auf die Festigkeit unseres Sozialstaates.

3.3.1 Ausgangssituation

Die Bundesrepublik Deutschland ist ein Sozialstaat, Art. 20 I GG. Dies bedeutet unter anderem, dass der Staat eine Pflicht zur Fürsorge für Hilfsbedürftige hat, soziale Sicherungssysteme schaffen und für eine gerechte Sozialordnung sorgen muss.[361] In der heutigen Form führt dies in den hier relevanten Bereichen unter anderem zu

- einer Grundsicherung für Arbeitssuchende nach §§ 1 ff SGB II,
- Sozialhilfe für andere, die nicht selbst für ihren Lebensunterhalt sorgen können, nach §§ 1 ff SGB XII,
- einer gesetzlichen und grundsätzlich solidarischen Krankenversicherung, der man sich mittlerweile nur noch entziehen kann, wenn man anderweitig versorgt ist, § 5 I SGB V,
- einer gesetzlichen Rentenversicherung, die ebenso für einen großen Teil der Menschen verpflichtend ist, § 1 SGB VI,
- einer gesetzlichen Pflegeversicherung, die für eine Absicherung im Fall der Pflegebedürftigkeit sorgt, § 1 SGB XI und
- einem progressiven Steuersatz, der die Steuerlast in einem angemessenen Verhältnis zur Leistungsfähigkeit verteilt, § 13 ff EStG.

359 *Ankenbrand*, FAZ (Frankfurter Allgemeine Zeitung) 25.09.2017, 18.
360 *Ankenbrand*, FAZ (Frankfurter Allgemeine Zeitung) 25.09.2017, 18.
361 *Wittreck*, in: Dreier (Hrsg.), Grundgesetz, ^{3}2013, Art. 20 (Sozialstaat) Rn. 28 ff.

Trotz einiger struktureller Änderungen, etwa der Aufspaltung von Sozialhilfe und Arbeitslosengeld, existieren diese Absicherungen in irgendeiner Form seit Bestehen der Republik (und existierten teilweise auch schon davor). Eine Änderung wäre auch in Form einer Absenkung von Leistungen bis zu einem gewissen Grad möglich. Klar ist aber, dass der Sozialstaat die Gewährleistung von Mindeststandards verlangt. Die Mindestvoraussetzungen für ein menschenwürdiges Dasein dürfen nicht unterschritten werden.[362] Ebenso muss ein Mindestmaß an sozialer Gerechtigkeit eingehalten werden.[363] Anderenfalls könnte man kaum von einem Sozialstaat sprechen.

Wo die Grenzen im Detail liegen, ist die eigentliche Frage, was sich gerade dann zeigt, wenn der Gesetzgeber die aktuellen Standards absenkt und deswegen verfassungsrechtliche Bedenken aufkommen. Die Gewährleistung des menschenwürdigen Daseins ist zwar grundsätzlich von der Verfassung vorgegeben,[364] die Modalitäten unterliegen aber der Entscheidung des Gesetzgebers. Ein Anspruch auf einzelne Leistungen oder eine bestimmte Höhe existiert daher grundsätzlich nicht, solange das Existenzminimum gewährleistet wird.[365] Dazu gehört allerdings nach zustimmungswürdiger Rechtsprechung des Bundesverfassungsgerichts auch eine Teilhabe am gesellschaftlichen, kulturellen und politischen Leben, die über die physische Existenz hinausgeht.[366] Gleichzeitig wird aber auch hier der weite Spielraum der Legislative betont. Diese Zurückhaltung lässt erkennen, dass es schwierig ist, die untere Grenze des Notwendigen genau zu beziffern. Abschließend sei noch erwähnt, dass gegenwärtig, wenn der Empfänger grundsätzlich arbeitsfähig ist, die Zahlung von Arbeitslosengeld an die Arbeitsbereitschaft geknüpft wird. Gegebenenfalls müssen dann allerdings Sachleistungen erbracht werden, § 31a SGB II. Verfassungsrechtliche Kritik hieran wird lediglich vereinzelt geäußert.[367]

---

362 BVerfG NJW 1975, 1691, 1692; *Wittreck*, in: Dreier (Hrsg.), Grundgesetz, ^{3}2013, Art. 20 (Sozialstaat) Rn. 45; *Sachs*, in: Sachs (Hrsg.), Grundgesetz, ^{8}2018, Art. 20 Rn. 46.

363 BVerfGE 94, 241, 263; 97, 169, 185; *Sachs*, in: Sachs (Hrsg.), Grundgesetz, ^{8}2018, Art. 20 Rn. 46.

364 BVerfG NJW 1975, 1691, 1692; *Wittreck*, in: Dreier (Hrsg.), Grundgesetz, ^{3}2013, Art. 20 (Sozialstaat) Rn. 45; *Sachs*, in: Sachs (Hrsg.), Grundgesetz, ^{8}2018, Art. 20 Rn. 46.

365 *Wittreck*, in: Dreier (Hrsg.), Grundgesetz, ^{3}2013, Art. 20 (Sozialstaat) Rn. 45; *Sachs*, in: Sachs (Hrsg.), Grundgesetz, ^{8}2018, Art. 20 Rn. 47.

366 BVerfG NZS 2010, 270, 274.

367 BVerfG, Beschluss der 3. Kammer des Ersten Senats vom 06. Mai 2016 – 1 BvL 7/15.

Mindeststandards müssen nicht nur bei Zahlungen und Sachleistungen eingehalten werden. Auch wenn der Bürger anderweitig auf Hilfe angewiesen ist, muss eine Untergrenze beachtet werden, so auch, wenn ein menschenwürdiges Leben nur noch in einem Pflegeheim gewährleistet werden kann. Der Zustand dieser Einrichtungen in Deutschland wird seit einiger Zeit massiv kritisiert.[368] Eine Pflicht für den Sozialstaat, hier einzugreifen, ist aber erst sehr spät anzunehmen. Zudem besteht ein weiter Spielraum. Das Grundgesetz verlangt lediglich, dass jeder die Möglichkeit hat, bei Bedürftigkeit eine menschenwürdige Pflege zu erhalten. Alles Weitere obliegt dem Gesetzgeber.

Eine Verpflichtung zur Herstellung sozialer Gerechtigkeit ist noch schwerer greifbar. Die Frage, was sozial gerecht ist, wird subjektiv sehr unterschiedlich beantwortet. Momentan sieht die Rechtswissenschaft grundsätzlich aber keine festen Grenzen, die sich aus der Verfassung herleiten ließen,[369] was die Überprüfung, ob die Verpflichtung eingehalten wurde, allenfalls zu einer Evidenzprüfung macht (und möglicherweise nicht einmal das).

All diese Gebiete zeigen ein gemeinsames Muster auf: Der Sozialstaat des Grundgesetzes bietet bei der Umsetzung viele Spielräume, gibt gleichzeitig aber eine Grenze vor, die nicht unterschritten werden darf. Darauf aufbauend stellt sich die Frage ob die KI-Utopien (oder auch Dystopien), die von einigen für möglich gehalten werden, mit dem Sozialstaatsprinzip vereinbar sind und welche Regelungsansätze verfolgt werden können, ohne den Rahmen der Verfassung zu verlassen.

3.3.2 Entwicklung des Arbeitsmarktes und Vermögensverteilung

3.3.2.1 Automatisierung in der Vergangenheit, Gegenwart und Zukunft

Seit Aufkommen der ersten Maschinen werden wiederholt Befürchtungen geäußert, der Mensch werde auf lange Sicht komplett durch diese ersetzt, gerade (aber nicht nur) bezogen auf den Arbeitsmarkt. Die Digitalisierung hat diese Ideen beflügelt. Ökonomen sagen erneut das „Ende der Arbeit" voraus.[370] Der

---

368 *Dowideit/Drepper/Knödler u.a.*, Die erschreckende Wahrheit über unsere Pflegeheime (https://www.welt.de/wirtschaft/article156060163/Die-erschreckende-Wahrheit-ueber-unsere-Pflegeheime.html) (geprüft am 14.06.2019); *Szent-Ivanyi*, Neues Bewertungssystem (http://www.ksta.de/wirtschaft/neues-bewertungssystem-pflegeheime-schlechter-als-bislang-gedacht-24118592) (geprüft am 14.06.2019).

369 *Wittreck*, in: Dreier (Hrsg.), Grundgesetz, ^{3}2013, Art. 20 (Sozialstaat) Rn. 35.

370 *Rifkin*, The end of work, 1995.

Siegeszug künstlicher Intelligenz und die Fortschritte auf dem Gebiet der Robotik in jüngerer Vergangenheit lassen Computer und Roboter kognitiv immer anspruchsvollere Aufgaben wahrnehmen. Dies ermöglicht ihnen die Übernahme einer zunehmend größer werdenden Anzahl an Tätigkeiten, für die bisher der Einsatz von menschlicher Arbeitskraft notwendig war. Einer Studie zufolge ist fast die Hälfte der Arbeitsplätze in den USA (als Beispiel für eine moderne Industrienation) hochgefährdet.[371] Für Deutschland gibt es eine ähnliche Erhebung, die 18,3 Millionen Arbeitsplätze oder 59% derselben bedroht sieht.[372] Die Erfüllung dieser Voraussagen ist natürlich keinesfalls gewiss. Pessimistische Befürchtungen der Vergangenheit sind niemals eingetreten. In Deutschland gibt es mehr Arbeitsplätze als jemals zuvor.[373] Zukunftsprognosen in dieser Größenordnung unterschätzen häufig die Trägheit und die Anpassungsfähigkeit der Gesellschaft, berechnen die neu entstehenden Arbeitsplätze im Bereich der Herstellung, Benutzung und Wartung der Maschinen nicht ausreichend ein und unterschätzen die weitere Vergrößerung des Dienstleistungssektors, die man in modernen Gesellschaften in der Vergangenheit beobachten konnte. Letzteres bringt seine eigenen Herausforderungen mit sich. Es darf aber nicht übersehen werden, dass Arbeitskräfte zum Teil nicht ersetzt, sondern lediglich an anderer Stelle eingesetzt werden.[374] Die Erfahrung spricht insgesamt gegen einen zu pessimistischen Ausblick in die Zukunft.

Der Streit über die Wahrscheinlichkeit und vor allem das Ausmaß der weitgehenden Automatisierung sei aber den Ökonomen überlassen. In diesem Abschnitt soll zum Zwecke der Untersuchung unterstellt werden, die Entwicklung gehe in Richtung einer komplett automatisierten Gesellschaft, in der ein großer Teil der Bevölkerung keine Arbeit finden kann, während gleichzeitig die Produktivität steigt. Auch wenn dieses Szenario unwahrscheinlich ist, bleibt es wichtig, denkbare Optionen auf ihre rechtliche Zulässigkeit zu untersuchen. Die zentrale Frage ist, wie man die Lasten verteilen möchte. Es existieren mehrere Möglichkeiten.

---

371 *Frey/Osborne*, The future of employment: How susceptible are jobs to computerisation?, 2013, S. 38.

372 *INGDiBA*, Die Roboter kommen, 2015, S. 1.

373 *Zeit Online*, So viele Arbeitnehmer wie nie in Deutschland (http://www.zeit.de/wirtschaft/2016-02/erwerbstaetigkeit-deutschland-statistisches-bundesamt-arbeitslosigkeit-arbeitnehmer) (geprüft am 14.06.2019).

374 *Scheffler*, DStR 2017, 2565, 2571.

3.3.2.2 Beibehaltung des Status Quo

Steuern, Sozialabgaben und jede Form von staatlicher und sozialstaatlicher Finanzierung kommen zu einem großen Teil von Arbeitnehmern. Behielte man das bestehende System unverändert bei, würde dies dazu führen, dass zunehmend weniger Arbeitnehmer immer mehr nicht vermittelbare Arbeitssuchende, zusätzlich zu den nicht arbeitsfähigen Menschen, versorgen müssten. Rein finanziell ist dies bei einem entsprechenden Reichtum der Gesellschaft möglich, wenn jeder Arbeitnehmer prozentual entsprechend mehr abgibt. Es würde eine Gesellschaft immer stärkerer Umverteilung entstehen. Man muss sich vor Augen führen, dass dies in einer extrem veränderten Situation zu momentan undenkbaren Beträgen führen kann. Wenn ein kleiner Teil der Bevölkerung den größeren Teil unterhalten muss, muss möglicherweise jeder, der tatsächlich Wertschöpfung betreibt, einen Großteil seines Einkommens/Vermögens wieder abgeben, was ein Spannungsfeld mit dem Recht auf Eigentum aus Art. 14 I 1 GG erzeugen würde. Zwar ist das Vermögen an sich nicht von Art. 14 I 1 GG geschützt, sondern lediglich vermögenswerte Rechtspositionen.[375] Die Besteuerung, die notwendig ist, um einen großen Teil der Bevölkerung zu versorgen, würde aber dennoch Art. 14 I 1 GG berühren. Selbst das Bundesverfassungsgericht, das der Idee,[376] Steuern seien ein Eingriff in die Eigentumsgarantie, teilweise skeptisch gegenübersteht, nimmt dies bei übermäßiger Belastung an[377] und hält jedenfalls bei Einkommensbesteuerung den Schutzbereich für berührt.[378]

Der in der Vergangenheit durch den Zweiten Senat des Bundesverfassungsgerichts erfundene Halbteilungsgrundsatz, demzufolge insgesamt nur die Hälfte einer Vermögenssteuer an die öffentliche Hand gehen dürfe, weil nach der Formulierung des Art. 14 II GG das Eigentum *zugleich* dem Wohl der Allgemeinheit dienen müsse,[379] würde jedenfalls sehr wahrscheinlich mit der notwendigen Steuerpolitik kollidieren. Die Befürworter dieser Idee müssten sich dann damit auseinandersetzen, ob die Aussage in ihrer Absolutheit im Widerspruch zum Sozialstaatsprinzip steht, wenn anders die Sicherung des Existenzminimums der Bevölkerung nicht möglich wäre. Zu erwähnen ist allerdings, dass der Zweite Senat den Halbteilungsgrundsatz bereits wieder aufgegeben hat.[380]

---

375 *Papier/Shirvani*, in: Maunz/Dürig, Grundgesetz, 2019, Art. 14 Rn. 160.
376 *Papier/Shirvani*, in: Maunz/Dürig, Grundgesetz, 2019, Art. 14 Rn. 282 m.w.N.
377 BVerfG NJW 1971, 1603.
378 BVerfG DStR 2006, 555.
379 BVerfG NJW 1995, 2615.
380 BVerfG DStR 2006, 555.

Aber auch ohne diesen Grundsatz würde die Steuerbelastung für den arbeitenden Bevölkerungsteil relativ zur heutigen Situation so hoch werden, dass Bedenken bestehen. Ein Eingriff in Art. 14 I 1 GG erscheint plausibel. Nimmt man die Idee aber ernst, dass sich eine Sicherung des Existenzminimums aus dem Sozialstaatsprinzip und der unantastbaren Menschenwürde ergibt, wird man diesen Eingriff, auch mit Blick auf die Sozialbindung des Eigentums nach Art. 14 II GG, als gerechtfertigt ansehen müssen. Andere, noch zu diskutierende Möglichkeiten, die Gesellschaft zu strukturieren, würden die Belastungen zwar im Detail anders verteilen, es bleibt aber dabei, dass die Leistungen, die der Sicherung des Existenzminimums dienen, in irgendeiner Form erwirtschaftet werden müssten. Gäbe man das Existenzminimum als unterste Grenze auf, bliebe vom Sozialstaat nichts mehr übrig, während gleichzeitig ein (stets) unzulässiger[381] Eingriff in die Menschenwürde des Art. 1 I GG vorläge, sodass das Eigentumsgrundrecht hier zurücktreten müsste. Solange Steuern und Beiträge also entsprechend angepasst würden, wäre eine Beibehaltung des aktuellen Systems möglich.

3.3.2.3 Arbeitszeitverkürzung

Eine Alternative, die die Problematik einer sehr ungleichen Gesellschaft jedenfalls teilweise umgehen würde, wäre eine Verkürzung der Arbeitszeit. Wenn jeder arbeitende Mensch weniger arbeitet, können die noch vorhandenen Arbeitsplätze auf mehr Menschen aufgeteilt werden, was im Gegensatz zur Beibehaltung des aktuellen Systems eine gesteigerte Gleichheit zur Folge hätte. Seit der Industrialisierung wurde die Arbeitszeit in Deutschland mehrfach verkürzt, von praktisch permanenter Arbeit zur 35-Stunden-Woche (in der Druck-, Metall- und Elektroindustrie).[382] Auch nach deren Einführung wird immer wieder, vor allem aus dem linken politischen Spektrum, eine weitere Verkürzung der Arbeitszeit gefordert.[383] Ob eine stetige Absenkung der Arbeitszeit bis auf ein sehr niedriges Minimum zielführend ist, darf bezweifelt werden. Eines der Hauptgebiete der noch verfügbaren Arbeit in der hypothetischen Gesellschaft dieses Kapitels wäre die Wartung, Pflege, Bedienung und Überwachung der Maschinen, die den großen Teil der eigentlichen Aufgaben erledigen. Dies wird

381 *Herdegen*, in: Maunz/Dürig, Grundgesetz, 2019, Art. 1 I Rn. 73.

382 *Strawe*, Arbeitszeit, Sozialzeit, Freizeit Ein Beitrag zur Überwindung der Arbeitslosigkeit (https://www.dreigliederung.de/essays/1994-12-001) (geprüft am 01.09.2018).

383 *Specht*, Mehr Geld für weniger Arbeit (https://www.handelsblatt.com/politik/deutschland/ig-metall-will-arbeitszeitverkuerzung-mehr-geld-fuer-weniger-arbeit/20436102.html) (geprüft am 01.09.2018).

einen gewissen Bildungsstand und Talente voraussetzen, die nicht jeder Bürger mitbringen kann. Es stellt sich also die Frage, ob ein ausreichend großer Teil der Bevölkerung das Potential hat, die notwendigen Fähigkeiten zu erwerben, bzw. ob man dieses Potential schaffen kann. Es wäre jedenfalls eine komplette Umstellung der Ausbildungssysteme notwendig. Abhängig davon, wie schnell die Automatisierung weiter vorangetrieben wird, ist es möglich, dass selbst bei größtmöglicher Anstrengung viele Menschen übrigbleiben, die nicht die notwendigen Fähigkeiten für die vorhandenen Jobs haben. Es ist außerdem zu beachten, dass am unteren Ende eine Grenze existiert, die aus praktischen Gründen nicht unterschritten werden kann. Eine 2-Stunden-Woche dürfte nicht praktikabel sein. Zudem sind manche Aufgaben nur schwer teilbar.

Dabei ist noch gar nicht berücksichtigt, dass Arbeit für viele Menschen nicht nur Lebensunterhalt ist, sondern auch Beschäftigung und Erfüllung sein kann. Ein Recht auf Arbeit gibt es zwar im Grundgesetz nicht,[384] es ist aber möglich, dass auch aufgrund der Bedeutung von Arbeit für den Einzelnen eine praktische Grenze nach unten existiert.

Es kann jedenfalls keine staatliche Pflicht bestehen, eine Arbeitszeitverkürzung zu beschließen. Bei einer konsequenten Durchführung würde diese Idee zu sehr vielen, sehr wenig arbeitsintensiven Arbeitsplätzen führen. Die Schwierigkeit der Umsetzung und die auch daraus resultierende Intensität der Regulierung würden die Berufsfreiheit der Arbeitgeber, die von Art. 12 I GG geschützt ist, enorm beeinträchtigen. Ob der notwendige soziale Ausgleich auf diesem Weg stattfindet oder ein anderer gewählt wird, muss der Politik überlassen bleiben.

Eine Arbeitszeitverkürzung kann ein Mittel sein, die Effekte des Wegfalls von Arbeitsplätzen aufzufangen. Sollten die Auswirkungen der Digitalisierung aber so drastisch sein, wie es teils vorhergesagt wird, wird dieses Instrument alleine nicht ausreichen, um der entstehenden gesellschaftlichen Ungleichheit ausreichend entgegenzuwirken.

3.3.2.4 Arbeitsverteilung

Möchte man keine extreme Arbeitszeitverkürzung, muss man daher hinnehmen, dass eine große Masse an arbeitslosen Menschen existiert. Unabhängig von der Frage der Finanzierung ist dabei auch problematisch, dass einer der Grundpfeiler des aktuellen Systems die Tatsache ist, dass auch ein großer Teil der erwerbsfähigen Bevölkerung arbeitet. Selbst wenn man zu den offiziellen

384 BVerfG, Urteil vom 24. April 1991- 1 BvR 1341/90.

Arbeitslosenzahlen die Unterbeschäftigten und diejenigen, die zwar arbeitslos sind, sich aber nicht melden, addierte, kam man im Februar 2017 „nur" auf ca. 4 Millionen Menschen.[385] Diesen stehen insgesamt knapp 44 Millionen Erwerbstätige gegenüber.[386] Verschiebt sich das Verhältnis nun stark zugunsten der ersten Gruppe, hat dies nicht nur rein finanzielle Auswirkungen. Es führt auch zu Bedenken in Bezug auf den Gleichheitsgrundsatz des Art. 3 I GG. Dieser wird so ausgelegt, dass wesentlich Gleiches nicht ungleich behandelt werden darf (und umgekehrt).[387] Diejenigen, die sich heute weigern, eine Arbeit anzunehmen, gleichzeitig aber Arbeitslosengeld erhalten, müssen mit Sanktionen nach § 31a SGB II rechnen. Im Moment kann dies damit gerechtfertigt werden, dass man als Erwerbsfähiger, der ein Arbeitsangebot bekommt, für seinen Lebensunterhalt (zumindest teilweise) selbst aufkommen könnte. Man ist nicht mehr vom Sozialstaat abhängig, die Ablehnung ist selbstverschuldet. Wenn nun aber ein großer Teil der Bevölkerung gar nicht mehr arbeiten kann, weil die Arbeitsplätze schlicht nicht vorhanden sind, stellt sich irgendwann die Frage, warum gerade diejenigen, die arbeiten, dazu faktisch gezwungen werden, wenn viele Menschen grundsätzlich genauso dazu in der Lage wären, aufgrund der knappen Arbeitsplatzsituation aber nicht beschäftigt sind. Aktuell ist Beschäftigung der Normalfall, Arbeitslose sind eine Minderheit, deren Zustand nach Möglichkeit bekämpft und nur im kleinen Umfang hingenommen wird. Wenn die Arbeitslosigkeit aber zum Normalfall wird, ist es schwieriger zu begründen, warum gerade der Einzelne zur Arbeit verpflichtet wird.

Eine Rechtfertigung wird sich darin finden, dass die Erledigung der verbleibenden Arbeit immer noch eine Notwendigkeit ist. Die hier untersuchte, vermutete Zukunftsgesellschaft kommt zwar mit sehr viel weniger menschlichen Arbeitskräften aus, kann aber nicht ganz auf sie verzichten. Dieses Argument ist aber nur dann tragfähig, wenn sich ansonsten nicht ausreichend Arbeitskräfte finden lassen. Es drängt sich eine Parallele zur Wehrpflicht auf: Gerade in den letzten Jahren wurde ein beachtlicher Teil der Menschen im wehrfähigen Alter nicht mehr eingezogen.[388] Vom Rest meldete sich ungefähr die Hälfte zum

---

385 *Diekmann*, So wird die Arbeitslosigkeit schöngerechnet (http://www.spiegel.de/wirtschaft/soziales/arbeitslosenstatistik-so-hoch-ist-die-verdeckte-arbeitslosigkeit-a-1133354.html) (geprüft am 14.06.2019).

386 *Statistisches Bundesamt*, Februar 2017: 1,4% mehr Erwerbstätige im Vorjahresvergleich, 31. März 2017.

387 *Kischel*, in: Epping/Hillgruber (Hrsg.), BeckOK Grundgesetz, 2019, Art. 3 Rn. 14.

388 *Statista*, Anzahl der Grundwehrdienstleistenden und freiwillig länger Dienstleistenden in der Bundeswehr nach dem Jahr des Diensteintritts von 1990 bis 2009

Ersatzdienst. Obwohl dies am Schluss auch als politisches Argument gegen die Wehrpflicht benutzt wurde, taugt es als Beispiel für eine Situation, in der eine ähnliche Ungleichheit hingenommen wurde (wobei erwähnt werden soll, dass die Wehrpflicht aufgrund von Art. 12a GG selbst Verfassungsrang genießt). Das liegt wohl daran, dass die Aufgabe, das Land zu verteidigen, für unabdingbar gehalten wurde. Parallel würde es daher auch in dem hier vorgestellten Szenario darauf hinauslaufen müssen, den gesetzgeberischen Spielraum zu respektieren.

3.3.2.5 Bedingungsloses Grundeinkommen

Der Gesetzgeber könnte die angesprochene Arbeitszeitverkürzung, die Abschaffung des Grundsatzes des Forderns nach § 2 SGB II oder, noch weitergehend, die Einführung eines bedingungslosen Grundeinkommens[389] beschließen, das neuerdings wieder häufiger medial behandelt[390] wird. Die Idee ist dabei keinesfalls neu. Schon in den 1980er Jahren wurde diskutiert, ob es im Sinne einer besseren Krisenbewältigung wäre, die existierenden, an Arbeitsplätze gebundenen Sozialversicherungssysteme durch ein garantiertes Mindesteinkommen für alle zu ersetzen.[391] Auch damals ging es um die dauerhafte Bewältigung von Langzeitarbeitslosigkeit.[392] Diese Diskussion erlebte neuerdings eine kleine Renaissance, an der IT-Prominente und Zukunftsforscher, die ein bedingungsloses Grundeinkommen gerade im Zusammenhang mit den Auswirkungen einer von KI durchsetzten Gesellschaft langfristig für notwendig halten, einen großen Anteil haben.[393] Das Problem des vorherigen Abschnitts, dass eine

---

(https://de.statista.com/statistik/daten/studie/152202/umfrage/entwicklung-der-anzahl-der-wehrdienstleistenden-in-der-bundeswehr-seit-1990/) (geprüft am 01.09.2018).

389 Zu möglichen Umsetzungsmodellen *Fischer*, Das bedingungslose Grundeinkommen – Drei Modelle (https://www.bpb.de/dialog/netzdebatte/223286/das-bedingungslose-grundeinkommen-drei-modelle) (geprüft am 24.06.2019).

390 Z.B. *Hillje*, Warum Deutschland falsch über das Grundeinkommen redet (https://www.sueddeutsche.de/kultur/geld-ohne-gegenleistung-warum-deutschland-falsch-ueber-das-grundeinkommen-redet-1.3946149); Finne zieht Fazit: Ende meines Sklavendaseins (https://www.focus.de/finanzen/news/bedingungsloses-grundeinkommen-immer-noch-arm-aber-das-leben-in-der-eigenen-hand-wie-ein-finne-das-grundeinkommen-erlebt_id_9315295.html) (geprüft am 01.09.2018).

391 *Bäcker*, SozSich 1985, 33, 37.

392 *Bäcker*, SozSich 1985, 33, 37.

393 *Lobe*, Die Angst vor der Vierzig-Stunden-Pause (http://www.faz.net/aktuell/feuilleton/debatten/die-digital-debatte/silicon-valley-fuer-bedingungsloses-grundeinkommen-14291521.html) (geprüft am 14.06.2019); Bill Gates: Die Welt ist noch nicht bereit

faktische Pflicht zur Arbeit bestünde, obwohl ein großer Teil der Bevölkerung nicht arbeitet, wäre insoweit gelöst. Gerade die Tatsache, dass das Grundeinkommen bedingungslos wäre, würde es jedem ermöglichen, auch ohne Arbeit zu überleben. Ob dies dazu führt, dass die Arbeit, die noch notwendig wäre, nicht mehr erledigt wird, weil niemand mehr arbeiten will, ist eine politische und wirtschaftswissenschaftliche Frage.

Die bedingungslose Zahlung eines Betrags an alle Bürger (oder gar Bewohner) unseres Staates wäre an sich verfassungsrechtlich zulässig. Probleme ergäben sich möglicherweise indirekt im Zusammenhang mit den Maßnahmen, die notwendig sind, um das Grundeinkommen zu finanzieren. Betrachtet man die heutigen Vorschläge, gibt es sicherlich Punkte, die eine Prüfung auf Verfassungsmäßigkeit als sinnvoll erscheinen lassen. In einer Gesellschaft, in der traditionelle Arbeit ohnehin einer Minderheit vorbehalten ist, unterscheidet sich das Grundeinkommen aber auch aus Sicht der Finanzierbarkeit nicht mehr stark von einer Auszahlung eines klassischen Arbeitslosengeldes, mit all den angesprochenen Problemen. Dem großen, nicht arbeitenden Teil der Bevölkerung muss das Existenzminimum ohnehin zur Verfügung gestellt werden.

Vor ein ähnliches Problem würden die Sozialversicherungssysteme gestellt werden. Eine Rentenversicherung für nur einen kleinen Teil der Bevölkerung kann für diesen sinnvoll sein, es muss aber auch für den Rest in irgendeiner Form vorgesorgt werden, sei es durch ein Grundeinkommen oder die bedingte Sicherung des Existenzminimums wie bisher.

3.3.2.6 „Robotersteuer“

Ein Modell für die Finanzierung der notwendigen sozialen Sicherung wäre eine „Robotersteuer“, wie sie von Bill Gates vorgeschlagen wurde.[394] Die Idee ist, Steuern für Maschinen zu erheben, die menschliche Arbeitsplätze ersetzen. Die Modalitäten der praktischen Umsetzung lässt Gates offen. Es ist davon auszugehen, dass er einen Anstoß geben wollte, nicht, dass er ein durchdachtes ökonomisches Modell im Kopf hat.

---

für ein bedingungsloses Grundeinkommen (http://www.finanzen.net/nachricht/private-finanzen/innovationen-als-schluessel-bill-gates-die-welt-ist-noch-nicht-bereit-fuer-ein-bedingungsloses-grundeinkommen-5353880#comments) (geprüft am 14.06.2019).

394 Bill Gates fordert Roboter-Steuer (http://www.faz.net/aktuell/wirtschaft/netzwirtschaft/automatisierung-bill-gates-fordert-roboter-steuer-14885514.html) (geprüft am 14.06.2019).

Der Vorschlag klingt im ersten Moment nach einer Art „persönlicher Steuer“ für intelligente Maschinen. Die Möglichkeit ist nicht völlig abwegig. Auch juristische Personen können rechtsfähig sein, sodass der Staat eine Rechtspersönlichkeit schaffen könnte,[395] der dann eine Steuerpflicht auferlegt wird. Aus Sicht der gesellschaftlichen Vermögensverteilung spielt es allerdings keine Rolle, ob das von der Maschine Erwirtschaftete von dieser selbst versteuert wird oder durch ihren Eigentümer.

Das eigentlich Entscheidende ist, dass der Einsatz von Maschinen dort, wo menschliche Arbeitskräfte verlorengehen, Geld in die staatlichen Kassen spült und so die finanziellen Voraussetzungen schafft, die Verlierer der Automatisierung sozial aufzufangen. Die Steuer kann zur Erhaltung des Sozialstaats mit weiteren Maßnahmen kombiniert werden. Hier kommen die oben genannten Anpassungen des Sozialsystems in Betracht. Ebenso denkbar ist die schlichte Zahlung im Rahmen der existierenden Sozialsysteme, finanziert durch die Steuer.

Zwar ist der Name „Robotersteuer“ mittlerweile häufiger zu lesen, es sei hier aber darauf hingewiesen, dass die Idee keineswegs auf Roboter beschränkt ist, sondern auch mit intelligenten Maschinen funktionieren könnte, die keinen klassischen Körper haben. In der Vergangenheit wurde auch eine allgemeine „Maschinensteuer“ oder ein „Maschinenbeitrag“ diskutiert.[396] Aufgrund der technischen Gegebenheiten der 80er Jahre waren diese Ideen allerdings weniger an der Maschine selbst als an Bemessungsgrundlagen wie der Wertschöpfung des Unternehmens[397] orientiert.[398]

Die Frage, ob es zielführend ist, den notwendigen sozialen Ausgleich mit Hilfe einer Robotersteuer zu realisieren, ist politischer Natur.[399] Entschließt man sich aber zu diesem Schritt, muss in Deutschland noch eine rechtliche Hürde überwunden werden, die hier überprüft werden soll. Das Grundgesetz zählt bei der Regelung der Steuerkompetenzen in Art. 105 f GG diverse Steuerarten auf. Diese Aufzählung ist abschließend. Bund und Länder haben darüber hinaus

---

395 Dies wird auch im Zusammenhang mit anderen Themen diskutiert, siehe *Wendehorst*, NJW 2016, 2609; Entschließung des Europäischen Parlaments vom 16. Februar 2017 mit Empfehlungen an die Kommission zu zivilrechtlichen Regelungen im Bereich Robotik (2015/2103(INL)) E. 59 f. Kritisch dazu *Lohmann*, ZRP 2017, 168, 171. Siehe auch unten 5.5.

396 *Isensee*, DRV 1980, 145; *Kolb*, DRV 1980, 1; Unternehmer 1980, 31.

397 So etwa *Kolb*, DRV 1980, 1.

398 Über die Details herrschte keine Einigkeit, siehe *Isensee*, DRV 1980, 145.

399 Kritisch z.B. *Scheffler*, DStR 2017, 2565.

kein Steuererfindungsrecht.[400] Ihnen steht lediglich die Ausgestaltung der ihnen zugewiesenen Steuertypen zu. Fraglich ist also, ob eine Robotersteuer in irgendeiner Ausgestaltung unter die erlaubten Steuertypen subsumiert werden kann.

3.3.2.6.1 Verbrauchssteuer

Als erstes kommt in Betracht, in der Robotersteuer eine Verbrauchssteuer i.S.d. Art. 106 I Nr. 2 GG zu sehen. Verbrauchssteuern knüpfen an den Verbrauch konsumierbarer Güter an.[401] Schon daran scheitert die Robotersteuer. Maschinen sind gerade keine Konsumgüter.

3.3.2.6.2 Einkommenssteuer

Die Einkommenssteuer belastet den Zugewinn natürlicher Personen am Markt.[402] Ein Roboter kann aber, ebenso wie sonstige Maschinen, auch bei Verleihung einer Rechtspersönlichkeit niemals eine natürliche Person sein. Es handelt sich also auch nicht um eine Einkommenssteuer.

3.3.2.6.3 Körperschaftssteuer

Eine verbleibende Möglichkeit, eine Robotersteuer sinnvoll einzuordnen, ist die Körperschaftssteuer, die eine Einkommenssteuer für juristische Personen darstellt.[403] Hier wird die oben angedeutete Unterscheidung, ob der Roboter selbst oder das Unternehmen pro Roboter besteuert wird, nun doch wichtig. Würde man eine Rechtspersönlichkeit speziell für Roboter schaffen, könnte man sodann an deren wirtschaftliche Kraft eine Körperschaftssteuer knüpfen.

Das ist aber nicht ohne Weiteres möglich. Schafft man die Rechtspersönlichkeit nur, um einen Anknüpfungspunkt für eine Körperschaftssteuer zu haben, müsste man das als Umgehung des *numerus clausus* der Steuerarten werten. Denn wenn der Staat eine Steuer nicht erheben könnte, dann aber das Ziel der Steuern zur juristischen Person erklärt, nur um die Steuer doch zu erheben,

---

400 BVerfG NVwZ 2017, 1037, 1039; *Seiler*, in: Maunz/Dürig, Grundgesetz, 2019, Art. 105 Rn. 123; *Kube*, in: Epping/Hillgruber (Hrsg.), BeckOK Grundgesetz, 2019, Art. 105 Rn. 42; *Birk*, in: Wassermann (Hrsg.), Kommentar zum Grundgesetz für die Bundesrepublik Deutschland, ^{2}1989, Art. 105 Rn. 21.

401 *Seiler*, in: Maunz/Dürig, Grundgesetz, 2019, Art. 106 Rn. 90.

402 *Seiler*, in: Maunz/Dürig, Grundgesetz, 2019, Art. 106 Rn. 138; *Kube*, in: Epping/Hillgruber (Hrsg.), BeckOK Grundgesetz, 2019, Art. 106 Rn. 17.

403 *Siekmann*, in: Sachs (Hrsg.), Grundgesetz, ^{8}2018, Art. 106 Rn. 12.

kann das nicht zulässig sein, nimmt man die Beschränkung der Steuerarten auf die im Grundgesetz genannten ernst.

Etwas anderes würde dann gelten, wenn allgemein ein Personenstatus für bestimmte Maschinen gewünscht ist. Es kann auch aus anderen Gründen das Bedürfnis entstehen, entwickelten Robotern oder ähnlichen Maschinen, deren Intelligenz ihnen weitreichende reale Handlungsmöglichkeiten verleiht, eine eigene Persönlichkeit zu verleihen, z.B. aus Haftungsgründen.[404] Dann wäre es auch gestattet, diese zu besteuern.

3.3.2.6.4 Gewerbesteuer

Die letzte denkbare Steuerart ist die Gewerbesteuer. Es erscheint plausibel, eine Robotersteuer so auszugestalten, dass sie als Gewerbesteuer gesehen werden muss. In der Tat wird überwiegend angenommen, dies sei die einzig adäquate Form einer Maschinensteuer im Allgemeinen[405] (und nichts anderes ist die Robotersteuer). Damit müsste das Aufkommen aber nach Art. 106 VI GG den Gemeinden zufließen. Rechtlich wäre das zulässig. Den gesamten sozialen Ausgleich einer stark automatisierten Gesellschaft über eine Steuer zu lösen, die den Gemeinden zusteht, scheint allerdings unrealistisch.

3.3.2.6.5 Fazit

Es gibt also zwei Möglichkeiten, eine Robotersteuer verfassungsgemäß auszugestalten. Entweder man führt eine Rechtspersönlichkeit für Maschinen ein, was nur zulässig sein dürfte, wenn man dies nicht nur aus Gründen der Umgehung des Finanzsystems der Art. 105 ff GG beschließt, oder es wird eine Gewerbesteuer erhoben, was Schwierigkeiten bereitet, wenn man bedenkt, dass man eine enorme soziale Umverteilung mit Hilfe einer Steuer stemmen will, die den Gemeinden zusteht. Möchte man keine allgemeine Maschinenrechtspersönlichkeit, wäre eine Grundgesetzänderung die beste Alternative. Findet sich die notwendige doppelte Zweidrittelmehrheit nach Art. 79 II GG, wäre eine Grundgesetzänderung unproblematisch, da ein Verstoß gegen Art. 79 III GG nicht in Betracht kommt.

Abschließend muss nochmal darauf hingewiesen werden, dass auch weiterhin das, was der Verwender durch die Maschine erwirtschaftet, auf den üblichen

---

404 Zu dieser Frage siehe unten 5.5.

405 *Birk*, in: Wassermann (Hrsg.), Kommentar zum Grundgesetz für die Bundesrepublik Deutschland, ^{2}1989, Art. 105 Rn. 21; *Siekmann*, in: Sachs (Hrsg.), Grundgesetz, ^{8}2018, Art. 105 Rn. 52.

Wegen besteuert wird. Eine Gesellschaft, in der einige Unternehmen extreme Gewinne durch Maschinen erzielen, kann über Körperschafts- oder Verbrauchssteuern von erzeugten Gütern ebenfalls Geld einnehmen, ohne dass es einer direkten Maschinensteuer bedarf.

3.3.3 Soziale Gerechtigkeit

In den vergangenen Jahrzehnten hat die Konzentration von Einkommen und Vermögen an der Spitze der Gesellschaft zugenommen.[406] Diese Tatsache wird von verschiedenen politischen Lagern unterschiedlich bewertet. Klar war aber immer, dass es sich bei sozialer Gerechtigkeit um eine größtenteils politische Frage handelt und nicht um eine rechtliche, da die Verfassung keine Grundlage für eine genaue Verteilung bietet, auch wenn ein allgemeiner Auftrag zu sozialer Gerechtigkeit angenommen wird.[407]

In einer komplett automatisierten Gesellschaft besteht das Potential, diese Ungleichverteilung auf ein Vielfaches anwachsen zu lassen. Wieder ist dieses Szenario keineswegs zwingend. Die Möglichkeit gibt aber Anlass, darüber nachzudenken, ob die Annahme, man könne aus der Verfassung keine verbindlichen Regeln für die Herstellung sozialer Gerechtigkeit ableiten, auch in extremen Situationen Bestand hat. Denn wenn man sich eine Situation vorstellt, in der sich der Reichtum in Deutschland an der Spitze schnell vervielfacht, während ein großer Teil der Bevölkerung auf einer Ebene bleibt, weil sie mangels Einkommen nicht in der Lage sind, mehr als eine Grundsicherung zu erhalten, gibt es nur zwei Möglichkeiten. Entweder man erreicht einen Punkt, an dem die ungleiche Verteilung derart überhandgenommen hat, dass man eben doch eine rechtliche Grenze ziehen muss oder man muss sich fragen, welche Bedeutung der behauptete Verfassungsauftrag überhaupt hat. Denn wenn nicht einmal eine Evidenzkontrolle nach dem genannten Grundsatz erlaubt ist, hat dieser gar keine rechtliche Relevanz als Verpflichtung für den Staat und kann lediglich als Rechtfertigungsgrund im Falle einer Kollision mit anderen Verfassungsgütern dienen.

Die bisherige Auslegung, die für ein subjektives Recht aus dem Sozialstaatsprinzip auch weitere „normative Bindung“[408] fordert, spricht dabei eher für das

---

406 *Bach*, Einkommens- und Vermögensverteilung in Deutschland (https://www.bpb.de/apuz/155705/einkommens-und-vermoegensverteilung-in-deutschland?p=all) (geprüft am 14.06.2019).

407 *Wittreck*, in: Dreier (Hrsg.), Grundgesetz, ^{3}2013, Art. 20 (Sozialstaat) Rn. 53.

408 *Grzeszick*, in: Maunz/Dürig, Grundgesetz, 2019, Art. 20, VIII. Rn. 19.

Letztgenannte. Demnach ist das Existenzminimum, das aufgrund der Verknüpfung mit der Menschenwürde zu gewährleisten ist, die einzige Grenze, die aus Sicht des Grundgesetzes beachtet werden muss.[409] Alles darüber Hinausgehende ist selbst in Extremsituationen eine politische Entscheidung. Dafür spricht auch folgende Überlegung: Zeigte man einem Deutschen der 60er Jahre die aktuelle Vermögensverteilung, würde er sie vermutlich schon als Extremfall empfinden. Diese Entwicklung würde lediglich weiter fortgesetzt werden. Eine zu weite Ausdehnung des Sozialstaatsprinzips an dieser Stelle würde den Gesetzgeber übermäßig binden und ist auch im Hinblick auf die Tatsache, dass der Einzelne unabhängig von der Verteilung des Vermögens abgesichert ist, nicht notwendig, um den Sozialstaat zu schützen.

Die Einkommens- und Vermögensentwicklung kann sich allerdings indirekt auswirken. Die Frage, was ein menschenwürdiges Existenzminimum ist, beurteilt sich nach den Umständen in der Gesellschaft.[410] Wenn diese sich aufgrund einer stärkeren Vermögenskonzentration verändern, wird es zu der Entwicklung kommen, dass der Begriff „menschenwürdiges Existenzminimum" eine andere Bedeutung bekommt, als wir sie ihm heute zuschreiben. Wieder hilft ein Blick in die Vergangenheit. Vergleicht man den Zustand eines Sozialhilfeempfängers der 60er Jahre mit dem, was aus verfassungsrechtlicher Sicht heute für notwendig gehalten wird, sind massive Unterschiede erkennbar. Abgesehen von medizinischen Fortschritten, die bezahlt werden müssen, sind Kühlschrank, Fernseher und Waschmaschine heute selbstverständliche Haushaltsgegenstände, die sich Anfang der 1960er Jahre nur 13% der Haushalte leisten konnten.[411] Auch ein Internetzugang ist zum Standard geworden und stellt auch nach der Rechtsprechung des Bundesgerichtshofs einen zentralen Teil der Lebensgestaltung dar.[412] Eine Gesellschaft, die noch deutlich reicher ist als die heutige, wird andere Vorstellungen von einem menschenwürdigen Leben haben. Der absolute Charakter der Menschenwürde scheint zwar dagegen zu sprechen. Letztlich kann aber auch diese nicht in einem Vakuum betrachtet werden. Die Frage, was ein menschenwürdiges Leben ist, kann nur im Kontext einer Gesellschaft beantwortet werden und verändert sich deswegen automatisch mit der Weiterentwicklung derselben.

---

409 *Grzeszick*, in: Maunz/Dürig, Grundgesetz, 2019, Art. 20, VIII. Rn. 24.

410 *Grzeszick*, in: Maunz/Dürig, Grundgesetz, 2019, Art. 20, VIII. Rn. 25.

411 Vom Luxus zum Standard: Der Aufstieg der Spülmaschine (https://www.faz.net/aktuell/finanzen/meine-finanzen/sparen-und-geld-anlegen/nachrichten/vom-luxus-zum-standard-der-aufstieg-der-spuelmaschine-12638712.html) (geprüft am 14.06.2019).

412 BGH MMR 2013, 611, 612 f.

Ähnlich wird es eine indirekte Veränderung über die verpflichtende Krankenversicherung in Deutschland geben. Neue medizinische Möglichkeiten werden auf lange Sicht zu höheren medizinischen Standards führen. Höhere medizinische Standards werden zusätzliche Kosten zur Folge haben. Diese müssen dann auf irgendeine Weise gedeckt werden, während trotzdem der Teil der Bevölkerung, der diese Kosten möglicherweise nicht selbst tragen kann, nicht aus der Krankenversicherung ausgeschlossen werden darf, ohne die Menschenwürde und das Sozialstaatsprinzip zu verletzen.

3.3.4 Pflege

3.3.4.1 Die Automatisierung der Pflege

Die vorherigen Abschnitte beschäftigten sich alle mit Szenarien, deren Eintritt nicht unmöglich, aber hochspekulativ ist. Weitaus wahrscheinlicher und zeitlich näher ist aber die Automatisierung der Kranken- und Altenpflege.[413] Die Pflege in Deutschland leidet unter zwei, sich gegenseitig verstärkenden Problemen. Zunächst gibt es einen akuten Mangel an Personal in den Pflegeberufen.[414] Relativ wenige Leute wollen den Beruf ausüben und das Verhältnis von Pflegekräften zu Patienten ist gerade im internationalen Vergleich schlecht.[415] Der Bereich gilt als schlecht bezahlt, anstrengend und damit wenig attraktiv. Die Tatsache, dass dies in anderen Ländern nicht so drastisch ist wie in Deutschland, lässt vermuten, dass eine Besserung möglich ist. Hier kommt aber der zweite, weniger kontrollierbare, Faktor ins Spiel: Die demographische Entwicklung führt, wenn die nahe Zukunft keine drastischen Änderungen bringt, zu einer immer älter werdenden Gesellschaft.[416] Obwohl medizinische Fortschritte auch die Lebensqualität und Eigenständigkeit alter Menschen verbessern, werden sie das Wachstum der Bevölkerungsgruppe der Pflegebedürftigen in Relation zu arbeitsfähigen Menschen nicht auffangen können. Der Bedarf an Pflegekräften

---

413 Für einen steuerrechtlichen Vergleich zwischen einem menschlichen Pfleger und einem Pflegeroboter siehe *Scheffler*, DStR 2017, 2565.

414 *Woratschka*, Eine Krankenschwester für 13 Patienten (http://www.tagesspiegel.de/politik/zu-wenig-pflegepersonal-eine-krankenschwester-fuer-13-patienten/19370914.html) (geprüft am 14.06.2019); *Straßmann*, Schluss mit Schwester! (http://www.zeit.de/2014/12/kopfgeld-pflegepersonal-klinik) (geprüft am 14.06.2019).

415 *Straßmann*, Schluss mit Schwester! (http://www.zeit.de/2014/12/kopfgeld-pflegepersonal-klinik) (geprüft am 14.06.2019).

416 *Öztürk*, Alternde Gesellschaft – Editoral (https://www.bpb.de/apuz/153116/editorial) (geprüft am 14.06.2019).

wird also steigen. Es ist wahrscheinlich, dass dieser auf Dauer nicht auf herkömmlichem Wege gedeckt werden kann, ohne eine weitere Verschlechterung der Pflegequalität in Kauf zu nehmen.

Hier kommt künstliche Intelligenz ins Spiel: Sie erlaubt es, Pflegeroboter zu konstruieren, die ihre Aufgaben immer besser erfüllen und möglicherweise in Zukunft menschliche Arbeitskräfte ganz oder teilweise ersetzen können.[417] Automatische Pflegekräfte werden langfristig weniger kosten als menschliche Pfleger, brauchen weder Rast noch Freizeit und erfüllen ihre Aufgaben nachts genauso wie tagsüber. Auch das Europäische Parlament hat in seinen Empfehlungen bezüglich einer möglichen, zukünftigen Regulierung der Robotik das Potential von Pflegerobotern erkannt.[418]

Einen Ausblick in die Zukunft und einen weiteren Indikator dafür, dass die Automatisierung des Gebiets wahrscheinlich ist, gibt eine vergleichende Betrachtung von Japan.[419] Dort ist die Gesellschaft bereits weiter überaltert als hierzulande und die Notwendigkeit, aber auch Akzeptanz für Pflegeroboter deutlich größer.[420] Sie werden dort in deutlich größerem Umfang eingesetzt als in Deutschland und auch die Forschung geht, mit Unterstützung aus Tokio, gezielt in diese Richtung.[421]

Während man reine „Heberoboter", Waschautomaten für alte und kranke Menschen und ähnliche Maschinen, deren einzige Aufgabe die Ausführung einfacher mechanische Funktionen ist, noch nicht als KI bezeichnen würde, wird bereits an Robotern geforscht, die Intelligenz in einem Umfang besitzen, die den Namen verdient und die Verrichtung anspruchsvollerer Arbeiten ermöglicht. Beispielsweise seien Roboter genannt, die mit Patienten sprechen und somit z.B. Demenzkranke unterhalten können.[422] Aber auch klassische, rein für körperliche Arbeit ausgelegte Maschinen können, ausgestattet mit einem intelligenten

---

417 *Scheffler*, DStR 2017, 2565.

418 Entschließung des Europäischen Parlaments vom 16. Februar 2017 mit Empfehlungen an die Kommission zu zivilrechtlichen Regelungen im Bereich Robotik (2015/2103(INL)) E. 31 f.

419 *Lill*, Hallo, wie geht es Ihnen? (http://www.zeit.de/2017/01/pflegeroboter-japan-krankenpflege-terapio/seite-2) (geprüft am 14.06.2019).

420 *Nicolaysen*, Vergreistes Japan setzt in der Pflege auf Roboter (https://www.welt.de/gesundheit/article129502877/Vergreistes-Japan-setzt-in-der-Pflege-auf-Roboter.html) (geprüft am 14.06.2019).

421 *Lill*, Hallo, wie geht es Ihnen? (http://www.zeit.de/2017/01/pflegeroboter-japan-krankenpflege-terapio/seite-2) (geprüft am 14.06.2019).

422 http://www.uni-passau.de/forschung/forschungsprojekte/mario/

Computer, Aufgaben selbstständig erfüllen, für die bis jetzt menschliche Anleitung nötig war. So könnte der genannte Heberoboter erfühlen, wo der Mensch ist, sich auf den Einzelnen einstellen und ihn beispielsweise völlig autonom von seinem Rollstuhl in ein Bett heben. Herkömmliche Maschinen dieser Art können lediglich eine einfache Bewegung ausführen, sodass Menschen den Patienten in die Arme des Roboters legen müssen und ihn, oben angekommen, von den Armen ins Bett befördern. KI ermöglicht die Automatisierung auch in diesem Bereich in einem nicht gekannten Ausmaß. Langfristig ist der komplette Ersatz des Pflegepersonals denkbar.

Während die Japaner aus der Not eine Tugend machen und ihre Pflegeroboter in Form von populären Science-Fiction-Robotern, wie dem aus den „Star Wars"-Filmen bekannten R2D2, bauen,[423] ist die Bevölkerung hierzulande skeptisch und empfindet maschinendominierte Pflegeeinrichtungen eher als Dystopie. Es drängt sich wieder die Frage auf, wie weit der Einsatz von intelligenten Maschinen gehen darf und wieviel Spielraum der Gesetzgeber hat. Die Thematik beinhaltet dabei zwar teilweise klassische Automatisierungsprobleme, ist aber in vielerlei Hinsicht nochmal grundrechtssensibler, da hier nicht nur auf die Arbeitnehmer Rücksicht genommen werden muss, sondern auch auf diejenigen, die auf Pflege angewiesen sind. Diese Menschen sind typischerweise stärker und dauerhafter auf die Pflegekräfte (und in Zukunft die Maschinen) angewiesen, als dies bei Empfängern anderer Dienstleistungen der Fall ist.

3.3.4.2 Rechtliche Rahmenbedingungen und Herausforderungen

Die Pflegeversicherung ist in Deutschland größtenteils im SGB XI geregelt. Dessen § 11 setzt die grundlegenden Rechte und Pflichten der Pflegeeinrichtungen fest: Die Pflege hat nach medizinisch-pflegerischen Erkenntnissen zu erfolgen, § 11 S. 1 SGB XI. Dabei ist eine humane und aktivierende Pflege unter Achtung der Menschenwürde gefordert, § 11 S. 2 SGB XI. Medizinisch-pflegerische Erkenntnisse sind ein dynamischer Ausdruck, der auf den aktuellen Forschungsstand abstellt.[424] Eine Automatisierung ist damit grundsätzlich nicht verboten. Es ist im Gegenteil selbstverständlich, dass technische Hilfsmittel auch in den Pflegeheimen ankommen. In der Vergangenheit ist das auch immer wieder vorgekommen, wie die angesprochenen, bereits heute im Einsatz befindlichen,

---

423 R2-D2 als Roboter-Vorbild für die Altenpflege (http://schluermann.com/aktuell/2016/star-wars-als-vorbild-fuer-pflege-roboter/) (geprüft am 14.06.2019).

424 *Behrend*, in: Udsching (Hrsg.), SGB XI, ^{5}2017, § 11 Rn. 3.

nicht-intelligenten Roboter zeigen. Mit künstlicher Intelligenz ausgestattete Roboter werden diesem Beispiel sehr wahrscheinlich folgen.

Immer dann, wenn sich Vorteile für die Patienten ergeben, wird bei fortschreitender Technisierung sogar eine Pflicht zu einem Mindestmaß an weiterer Automatisierung entstehen. Wenn ausreichend viele Pflegeheime eine Technologie übernehmen, verändert sich der notwendige Standard. Ein Verzicht auf diese Vorteile hätte zur Folge, dass die verzichtende Einrichtung nicht mehr entsprechend dem aktuellen Stand medizinisch-pflegerischer Erkenntnisse arbeitet.

Die bedeutendste Vorschrift, die im Zusammenhang mit dem Einsatz künstlicher Intelligenz in Pflegeheimen beachtet werden muss, ist § 11 S. 2 SGB XI. Der Bezug auf die Menschenwürde gibt der Vorschrift eine verfassungsrechtliche Dimension. Art. 1 I GG als zentrales Prinzip der Verfassung gilt ohnehin unmittelbar.[425] Eine Gesetzesänderung könnte nur in einer Form geschehen, die eine Achtung der Menschenwürde bei der Pflege sicherstellt.

Es muss also geprüft werden, was für eine menschenwürdige Pflege notwendig ist. Häufig wird für die Frage, ob die Menschenwürde verletzt ist, auf die Objektformel zurückgegriffen.[426] Der Mensch darf demnach auch bei der Pflege nicht zum reinen Objekt degradiert werden. Hier kann der übermäßige Einsatz von Robotern und Computern problematisch werden. Man stelle sich im Extremfall ein komplett automatisiertes Heim vor, in dem gar keine Menschen mehr arbeiten, sondern einfach jeden Tag Maschinen den vorprogrammierten Tagesablauf abspulen. Möglicherweise könnte man die Bewohner der Einrichtungen lange am Leben halten. Es wirkt aber wie eine reine „Pflegefabrik". Ein Mindestmaß menschlicher Interaktion ist wichtig für das seelische Wohlbefinden und kann, jedenfalls für den Großteil der Menschen, nicht durch maschinelle Imitation ersetzt werden. Schon die psychologischen Auswirkungen wären nicht hinnehmbar, aber auch unabhängig davon ist Kontakt mit anderen Menschen ein tief verwurzeltes Bedürfnis unserer Spezies, das zwar nicht zum Überleben notwendig ist, aber Teil des Bereichs der tiefen menschlichen Bedürfnisse ist, die die bloße Existenz von einer menschenwürdigen Existenz unterscheiden. Dem Europäischen Parlament ist zuzustimmen, wenn es darauf hinweist, „dass zwischenmenschlicher Kontakt einer der grundlegenden Aspekte der Pflege des

---

425 *Herdegen*, in: Maunz/Dürig, Grundgesetz, 2019, Art. 1 I Rn. 74.

426 BVerfGE 9, 89; *Hillgruber*, in: Epping/Hillgruber (Hrsg.), BeckOK Grundgesetz, 2019, Art. 1 Rn. 13; *Herdegen*, in: Maunz/Dürig, Grundgesetz, 2019, Art. 1 I Rn. 36; siehe auch schon oben, 3.2.6.

Menschen ist."[427] Allerhöchstens dort, wo die Pflegebedürftigen noch weitgehend selbstständig sind, wie in betreuten Wohneinrichtungen, kann eine Vollautomatisierung möglich sein, wenn man davon ausgeht, dass die Bewohner selbst ausreichend für soziale Kontakte sorgen können. Alle Einrichtungen, deren Bewohner stärker von ihr abhängig sind, müssen bei den Pflegenden für ein Minimum an menschlicher Zuwendung sorgen. Veranlassen sie das nicht, nehmen sie das Risiko in Kauf, dass Menschen außer ihrer physischen Existenz wenig bleibt. Dies würde eine Degradierung zum Objekt darstellen, was mit einer menschenwürdigen Pflege nicht vereinbar wäre.

Das bedeutet aber nicht, dass die Automatisierung nicht weitergehen kann, sondern lediglich, dass es eine Grenze gibt, die nicht überschritten werden darf. In vielerlei Hinsicht werden Aufgaben mit weniger Personal erfüllt werden können und häufig können Roboter auch ergänzend, nicht nur ersetzend eingesetzt werden. Der oben beschriebene redende Roboter für Alzheimerpatienten kann diese ständig, oder jedenfalls sehr lange, unterhalten, während sich Menschen immer nur zu bestimmten Zeitpunkten kümmern. Klug umgesetzt kann die Entwicklung also auch eine Chance sein, die die Qualität verbessert und den Anforderungen der Menschenwürde sogar besser gerecht wird.

Ein weiteres Beispiel könnte sein, dass Möglichkeiten geschaffen werden, die momentan unvermeidbare physische Intimität zwischen Pflegern und Gepflegten zu vermindern. Hilfsbedürftige Menschen zu waschen, zu baden, ihnen zu helfen, die Toilette zu benutzen, oder auch sie zu füttern, um ein paar Beispiele zu nennen, ist zwangsweise mit körperlicher Nähe verbunden. Diese wird nicht zwingend von allen Beteiligten als negativ empfunden und es lässt sich sicherlich argumentieren, dass ein kompletter Wegfall zum Aufbau einer Distanz zwischen den Beteiligten führen wird. Vielen Menschen ist diese Intimität aber unangenehm, die Intensität variiert nach individuellem Empfinden. Diejenigen Pflegebedürftigen, die die beschriebene Nähe als unangenehm empfinden, haben heute aber keine andere Wahl, als sich daran zu gewöhnen. Pflegeroboter könnten körperliche Aufgaben auf Dauer komplett übernehmen und die Option einer besser geschützten Privatsphäre schaffen, wo vorher keine war. Die Möglichkeit, bisher alternativlose körperliche Nähe zu vermeiden, ist daher mit Blick auf eine menschenwürdige Pflege insgesamt als positiv zu werten.

---

427 Entschließung des Europäischen Parlaments vom 16. Februar 2017 mit Empfehlungen an die Kommission zu zivilrechtlichen Regelungen im Bereich Robotik (2015/2103(INL)).

Es sei schließlich noch darauf hingewiesen, dass die hier beschriebenen Probleme von Robotern ausgehen, die klar von Menschen zu unterscheiden sind. Nur solche Maschinen sind mittelfristig realistisch. Könnte man einen vom Menschen nicht zu unterscheidenden Roboter konstruieren, stellt sich die Situation möglicherweise anders dar. Diese Möglichkeit ist aber schon in der Theorie fraglich[428] und in absehbarer Zeit praktisch ausgeschlossen. Die Implikationen wären zudem so vielfältig und komplex, dass sie den Rahmen dieses Kapitels sprengen würden.

3.3.4.3 Der Beruf des Pflegers

Zwar müssen die Pflegeeinrichtungen nach der hier vertretenen Ansicht einen Grundstock an menschlichen Pflegern behalten, um nach wie vor allen anfallenden Aufgaben gewachsen zu sein. Der fortschreitende Automatisierungsprozess wird aber aller Voraussicht nach das Berufsbild des Pflegers verändern. Je mehr körperliche Routineaufgaben automatisch erledigt werden können, desto stärker werden sich die Anforderungen an zukünftige Pfleger verschieben. Die einzig denkbare Richtung, in die diese Verschiebung stattfinden kann, ist die hin zu sozialer Kompetenz, Empathie und generell mehr die Fähigkeit zur seelischen Pflege.

Bislang gab es kein zentrales Gesetz zu den Pflegeberufen: Die Krankenpflege war im Krankenpflegegesetz geregelt, die Altenpflege im Altenpflegegesetz und für die Heilerziehungspflege, die Menschen mit Behinderung zu Gute kommt,[429] gab es gar keine bundeseinheitliche Regelung. Zum 01.01.2020 ist aber das neue Pflegeberufsgesetz in Kraft getreten. Dort finden sich einheitliche Regelungen zu allen Unterarten. Nach § 5 II PflBG umfasst Pflege „präventive, kurative, rehabilitative, palliative und sozialpflegerische Maßnahmen zur Erhaltung, Förderung, Wiedererlangung oder Verbesserung der physischen und psychischen Situation der zu pflegenden Menschen, ihre Beratung sowie ihre Begleitung in allen Lebensphasen und die Begleitung Sterbender." Diese generell gehaltene Regelung ist flexibel genug, um die konkreten Voraussetzungen des Pflegeberufs an die vermuteten Veränderungen anzupassen. Wenn es der psychischen und physischen Situation der zu pflegenden Menschen dient, kann man in Zukunft auch Unterhaltung und menschliche Nähe als Hauptaufgabe sehen.

---

428 Siehe dazu 2.2.4.

429 *Bundesagentur für Arbeit*, Heilerziehungspfleger/in Kurzbeschreibung (https://berufenet.arbeitsagentur.de/berufenet/faces/index?path=null/suchergebnisse/kurzbeschreibung&dkz=9127) (geprüft am 14.06.2019).

Hilfreich kann dabei das neu eingeführte Hochschulstudium nach § 37 ff PflBG sein. Dieses soll vor allem vertieftes Wissen und wissenschaftliche Methoden vermitteln. Wird in Zukunft der menschliche Umgang wichtiger, kann ein Hochschulstudium noch besser zur Aneignung der notwendigen Fähigkeiten dienen. Es ist auch denkbar, dass die Zusammenarbeit mit den neuen Maschinen technische Fähigkeiten notwendig macht, die ebenfalls durch dieses Studium erworben werden können.

Das PflBG bietet also die rechtlichen Möglichkeiten für einen Wandel des Pflegeberufs. Man muss sich lediglich fragen, ob in einem vollautomatisierten Pflegeheim überhaupt noch dedizierte Pfleger gebraucht werden, oder ob nicht stattdessen Menschen anderer Berufsgruppen beschäftigt werden können, die die verbleibenden Aufgaben ebenso erfüllen können.

3.4 Die Automatisierung von Rechtsgeschäften

Automaten für den Kauf verschiedenster Waren sind in unserer Gesellschaft Normalität geworden. Zigaretten, Fahrkarten für Verkehrsmittel, Kaugummis und vieles mehr lassen sich problemlos ohne Kommunikation mit Menschen erwerben und auch Supermärkte wählen in zunehmender Anzahl die Möglichkeit der Selbstbedienungskassen. Jedes Mal, wenn ein derartiger Automat benutzt wird, finden Rechtsgeschäfte statt. Diese Automatisierung von Rechtsgeschäften ist, abgesehen von einer Reduzierung von Arbeitsplätzen, relativ unproblematisch, da die Abwicklung ein simpler Algorithmus ist: Wenn die passende Menge Geld eingeworfen wird, wird die Ware ausgegeben. Im Fall von Selbstbedienungskassen muss die Maschine sogar lediglich die Bezahlung bestätigen. Wenn es auf den Vertragspartner nicht ankommt und ohnehin ein Massengeschäft angestrebt ist, sind lediglich Betrugsfälle und die Frage der rechtsdogmatischen Einordnung problematisch. Ein Mensch in dieser Situation würde ähnlich handeln, weil die Situation ohnehin wenig Entscheidungsmöglichkeiten bietet. Die gewünschte Summe würde genannt, der Kunde würde zahlen und die Ware übergeben. Handeln nach eindimensionalen Wenn-dann-Schemata ist seit jeher eine Stärke von Computern.

Künstliche Intelligenz verstärkt hier nicht etwa vorhandene Probleme, sondern eröffnet völlig neue, verschiedene Problemfelder. Computer können nun auch dort eingreifen, wo es eben doch auf den Vertragspartner ankommt. Dabei müssen sie gar nicht den Vertrag abschließen. Bei Einstellungsverfahren muss etwa häufig aus einem großen Pool von Bewerbern der für den Arbeitgeber interessante Teil herausgefiltert werden. Überlässt man dies einer KI, was in letzter

Zeit möglich ist[430] und immer üblicher wird,[431] hat sie enormen Einfluss auf das Verfahren, auch wenn am Ende ein Mensch über die endgültige Einstellung entscheidet.[432] Aus staatlicher Sicht ist dann sicherzustellen, dass auch die Maschine gesetzliche Vorgaben einhält, wenn der letztentscheidende Mensch ihre Auswahl lediglich unreflektiert übernimmt. Es ist aber auch wichtig, sich mit Grundrechten zu befassen und die Frage zu stellen, ob bei einem KI-gestützten Verfahren weiter als bisher über ihre Wirkung im Privatrecht nachgedacht werden muss.

Ein ganz anderes Problem kann die schiere Menge an Geschäften und die Geschwindigkeit derselben sein, die Computer abschließen können. Das zeigt sich bereits heute an der Börse. Ein einfacher „Wenn der Wert einer gewünschten Aktie unter/über dem festgesetzten Wert ist, kaufe/verkaufe"-Algorithmus ist zu simpel, um ihn unter KI einzuordnen, kann aber bei großen Mengen von Geschäften schon Probleme verursachen. Ein intelligentes System, das einen sehr komplexen Algorithmus zur Frage, was es wann kauft, benutzt, dabei möglicherweise auch noch selbstlernend ist, ebenso schnell wirksame Geschäfte abschließen kann und (gewollt oder ungewollt) mit vielen anderen solchen Systemen interagiert, die ebenfalls an der Börse eingesetzt werden, ist in seiner Komplexität nicht überschaubar und führt bereits heute zu kleinen Börsencrashs, die für die beteiligten Personen nicht erklärbar sind.[433] Auch hier müssen Regelungsansätze diskutiert werden.

3.4.1 Einstellung von Arbeitskräften

Sollen neue Arbeitskräfte eingestellt werden, geschieht es häufig, dass auf eine freie Stelle sehr viele Bewerber kommen. Eine engere Auswahl zu treffen, ist eine der wichtigsten Aufgaben in der frühen Phase der Suche nach Arbeitskräften. Als sich abzeichnete, dass KI bald in der Lage sein würde, diese Vorauswahl zu übernehmen, schien sie wie ein Heilsbringer für die Unternehmen, die damit

430 *Efron*, How A.I. is about to disrupt corporate recruiting (https://www.forbes.com/sites/louisefron/2016/07/12/how-a-i-is-about-to-disrupt-corporate-recruiting/#14bee3c93ba2) (geprüft am 14.06.2019).

431 *Dzida/Groh*, NJW 2018, 1917.

432 Dogmatisch ist Urheber jeder Willenserklärung, jedenfalls aktuell, immer noch ein Mensch, auch wenn rechtspolitisch Änderungen gefordert werden, *Borges*, NJW 2018, 977, 979.

433 *Salmon/Stokes*, Algorithms take control of Wall Street (https://www.wired.com/2010/12/ff_ai_flashtrading/all/) (geprüft am 10.06.2019).

viel Aufwand sparen könnten. Wie so oft in der Geschichte sollte ein Computer in kürzester Zeit das erreichen, wofür Menschen Tage und Wochen brauchten.

KI schien auch noch eine weitere Chance zu bieten. Arbeitsrecht ist aufgrund der Tatsache, dass die meisten Menschen davon abhängig sind, ihren Lebensunterhalt mit ihrer Arbeitsstelle zu verdienen, ein sehr grundrechtssensibler Bereich. Grundrechte gelten nach ganz herrschender Meinung zwischen Privaten zwar nicht unmittelbar,[434] das Arbeitsrecht hat aber viele Einfallstore gefunden, um Arbeitnehmern über mittelbare Drittwirkung[435] zu helfen. In jüngerer Vergangenheit wurde im Allgemeinen Gleichbehandlungsgesetz festgeschrieben, dass Benachteiligungen wegen der Rasse oder ethnischen Herkunft, des Geschlechts, der Religion oder Weltanschauung, einer Behinderung, des Alters oder der sexuellen Identität (§ 1 AGG) schon im Bewerbungsverfahren nicht zu Benachteiligungen führen dürfen, §§ 7 I, 6 I 2 AGG. Menschliche Vorurteile lassen sich aber nur schwer abstellen und so durfte man hoffen, dass ein Computer, dem man die Auswahl überlässt, lediglich aufgrund objektiver Kriterien auswählt und sich damit die Voreingenommenheit der Menschen eliminieren lässt.

Diese Hoffnung hat sich nicht bewahrheitet. Im Gegenteil existiert die Gefahr, dass KI häufig menschliche Vorurteile übernimmt und das Ziel von Gleichstellungsbemühungen damit unterminiert.[436] Das liegt auch daran, dass moderne KI ohne großzügigen Einsatz von maschinellem Lernen nicht denkbar ist. Die lernende KI nimmt aber die Vorurteile, die unter Menschen grassieren, auf und ignoriert dann die Informationen, die nicht in das so erschaffene Muster passen, weil sie sie für Ausreißer hält. Das führt dazu, dass Auswahl-KIs Vorurteile und traditionelle Geschlechterrollen aufnehmen und dann möglicherweise sogar verstärken.[437] Der aus diesem Prozess gewonnene Auswahlalgorithmus diskriminiert entsprechend häufig nach Ethnie und Geschlecht,[438] ist aber gleichzeitig aufgrund der Komplexität von Machine Learning-Mechanismen nicht für

434 *Herdegen*, in: Maunz/Dürig, Grundgesetz, 2019, Art. 1 III Rn. 99; *Höfling*, in: Sachs (Hrsg.), Grundgesetz, [8]2018, Art. 1 Rn. 116.

435 BVerfGE 7, 198, 205; 25, 256, 263; 42, 143, 148; 81, 242 ff; *Herdegen*, in: Maunz/Dürig, Grundgesetz, 2019, Art. 1 III Rn. 59.

436 Siehe dazu auch *Martini*, Blackbox Algorithmus, 2019, S. 47 ff.

437 *Simonite*, Machines taught by photos learn a sexist view of women (https://www.wired.com/story/machines-taught-by-photos-learn-a-sexist-view-of-women/) (geprüft am 14.06.2019).

438 *Martini/Nink*, NVwZ 2017, 681, 682; *Dzida/Groh*, NJW 2018, 1917.

Menschen verständlich.[439] Intelligente Programme sind mittlerweile gut in der Lage, sich ohne menschliche Anleitung selbst zu verbessern und müssen dementsprechend bei der Erschaffung des schließlich verwendeten Algorithmus nicht mehr auf diesen Rücksicht nehmen. Die Intransparenz wird dadurch verstärkt, dass die Betroffenen regelmäßig noch weniger Einsicht in die Entscheidungsfindung haben, als der Verwender.[440]

3.4.1.1 Die aktuelle Rechtslage

Die Gefahren sind enorm.[441] Es dürfte materiell-rechtlich sicherlich möglich sein, sich auf die §§ 7 I, 6 I 2 AGG zu berufen. Deren Voraussetzungen zu beweisen, wird aber ohne Kenntnis entweder des Algorithmus oder jedenfalls der Ergebnisse des Auswahlverfahrens kaum möglich sein. Aus Sicht des Grundgesetzes ist das in Art. 3 II GG festgelegte Ziel der Gleichberechtigung von Männern und Frauen berührt. Weiterhin zeigt Art. 3 III GG, dass eine Diskriminierung nach bestimmten Merkmalen wie Geschlecht, Abstammung, Rasse usw. dem Menschenbild des Grundgesetzes widerspricht.

Schutz könnte eine Vorschrift bieten, die eigentlich dem Datenschutzrecht zuzuordnen ist, deren Reichweite aber, wie auch an diesem Beispiel zu sehen ist, deutlich darüber hinausgeht:[442] Art. 22 I DSGVO, der automatisierte Entscheidungen im Einzelfall reguliert und auch „profiling" umfasst. „Profiling" i.S.d. DSGVO ist gem. Art. 4 Nr. 4 DSGVO „jede Art der automatisierten Verarbeitung personenbezogener Daten, die darin besteht, dass diese personenbezogenen Daten verwendet werden, um bestimmte persönliche Aspekte, die sich auf eine natürliche Person beziehen, zu bewerten, insbesondere um Aspekte bezüglich Arbeitsleistung, wirtschaftliche Lage, Gesundheit, persönliche Vorlieben, Interessen, Zuverlässigkeit, Verhalten, Aufenthaltsort oder Ortswechsel dieser natürlichen Person zu analysieren oder vorherzusagen."

Die Auswahl von potentiellen Bewerbern durch eine Software ist eine Form des Profiling. Es sollen ja gerade solche Aspekte bewertet werden, die den Bewerber zu einem passenden Arbeitnehmer machen. „Arbeitsleistung" ist

---

439 *Bodkin*, AI robots are sexist and racist, experts warn (http://www.telegraph.co.uk/news/2017/08/24/ai-robots-sexist-racist-experts-warn/) (geprüft am 14.06.2019).

440 *Martini*, Blackbox Algorithmus, 2019, S. 28 f.

441 Sogar diskriminierende Sprachanalysesoftware ist denkbar, siehe dazu *Dzida/Groh*, NJW 2018, 1917, 1919.

442 *Lewinski*, in: Wolff/Brink (Hrsg.), BeckOK Datenschutzrecht, 2019, DSGVO Art. 22 Rn. 2.

ausdrücklich aufgeführt. Der Bewerber ist einer automatisierten Einzelfallentscheidung unterworfen. Somit liegt bei E-Recruiting-Systemen ein Anwendungsfall des Art. 22 I DSGVO vor.[443]

Es müsste daher für eine Zulässigkeit des Einsatzes solcher Systeme eine Variante von Art. 22 II DSGVO einschlägig sein. Eine Rechtsvorschrift i.S.d. Art. 22 II b) DSGVO ist nicht ersichtlich. Ebenso wird die Nutzung der Software häufig nicht für den Abschluss des Vertrages nach Art. 22 II a) DSGVO erforderlich sein. Sie mag den Auswahlprozess leiten, der Vertragsabschluss durch eine natürliche Person wird aber in der Regel schon deshalb nicht unmöglich sein, da Bewerbungsverfahren heute auch ohne Recruiting-KI möglich sind. Ausnahmen könnten nur bei sehr großen Massenbewerbungen und/oder großem Zeitdruck gemacht werden.[444] Eine bedeutende Option dürfte dagegen wieder die Einwilligung nach Art. 22 II c) DSGVO sein. Dabei gilt dasselbe wie für andere Einwilligungen der DSGVO auch, Art. 4 Nr. 11, 6 I a), 7 DSGVO.[445] Sie muss bewusst, informiert, bestimmt und freiwillig sein.[446] Gerade in einem Verfahren wie dem Bewerbungsverfahren, das häufig durch ein Machtgefälle geprägt ist, ist die Freiwilligkeit zu bezweifeln, wenn der Einsatz des Programms zur Bedingung gemacht wird.

Unabhängig davon ist auch ein Widerspruch denkbar, Art. 21 I DSGVO, der allerdings bei zwingenden schutzwürdigen Gründen, die Rechte, Interessen und Freiheiten der betroffenen Person überwiegen, nicht beachtlich ist und deshalb nicht immer ein unüberwindbares Hindernis darstellt.[447] Welche Interessen das im Fall des Bewerbungsverfahrens sein sollen, ist aber nicht ersichtlich. Entscheidend ist schließlich, dass bei allen Alternativen von Art. 22 II DSGVO nach Art. 22 III DSGVO angemessene Maßnahmen zum Schutz der betroffenen Person getroffen werden müssen. Ein unfair auswählender Algorithmus erfüllt diese Voraussetzung nicht und scheitert spätestens hier.

Trotz der Regulierung durch die DSGVO bleibt das Problem, dass der Bewerber quasi keine Kontrollmöglichkeiten hat. Es ist für ihn nicht auszuschließen, dass Arbeitgeber in ihrem Auswahlprozess eine klar diskriminierende KI

---

443 *Lewinski*, in: Wolff/Brink (Hrsg.), BeckOK Datenschutzrecht, 2019, DSGVO Art. 22 Rn. 16.1.

444 *Lewinski*, in: Wolff/Brink (Hrsg.), BeckOK Datenschutzrecht, 2019, DSGVO Art. 22 Rn. 43.

445 *Buchner*, in: Kühling/Buchner (Hrsg.), DSGVO/BDSG, ^{2}2018, Art. 22 Rn. 41.

446 *Buchner*, in: Kühling/Buchner (Hrsg.), DSGVO/BDSG, ^{2}2018, Art. 22 Rn. 42.

447 *Lewinski*, in: Wolff/Brink (Hrsg.), BeckOK Datenschutzrecht, 2019, DSGVO Art. 22 Rn. 45a.

benutzen. Untersucht werden soll nun, welche (Schutz)pflichten sich für den Staat aus dem Grundgesetz ergeben und welche Handlungsmöglichkeiten für ihn bestehen.

3.4.1.2 Staatliche Verpflichtungen

Eine staatliche Schutzpflicht lässt sich nach allgemeiner Auffassung nicht aus Art. 3 III 1 GG herleiten.[448] Auch die Willkür der Privatautonomie ist vom Grundgesetz geschützt. Ein Verfassungsauftrag ist der Norm ebenfalls nicht zu entnehmen. Der verfassungsgebende Gesetzgeber hat dies in Fällen, in denen er einen solchen gewollt hat, ausdrücklich festgeschrieben, wie z.B. in Art. 3 II GG.[449] Dies schließt jedenfalls eine aus der Verfassung herleitbare Pflicht zum Handeln in Bezug auf diejenigen Merkmale aus, die nur in Art. 3 III GG genannt werden.

Ob Art. 3 II GG eine echte Schutzpflicht enthält, ist umstritten. Das Bundesverfassungsgericht scheint dies so zu sehen, impliziert es jedenfalls in seinen Urteilen immer wieder, und erhält auch Unterstützung aus der Literatur.[450] Dort gibt es aber auch Stimmen, die das nicht für überzeugend halten, da keine Gefahr für das „Schutzgut" gesehen wird.[451] Einigkeit besteht aber darüber, dass zumindest nach dem klaren Wortlaut ein Verfassungsauftrag besteht.

Die Benutzung von KI, die sexistisch auswählt, ist eine Bedrohung für die Gleichstellung im Arbeitsrecht, da sie potentiell zu einer massiven Bevorteilung desjenigen Geschlechts führen kann, das im entsprechenden Sektor überrepräsentiert ist. Dies ist unabhängig davon, ob man eine exakte 50/50 -Aufteilung in allen Berufen aus Gleichstellungsgesichtspunkten für notwendig hält oder nicht. Denn hier geht es ja gerade nicht (nur) darum, statistische Ungleichheiten auszugleichen, sondern darum, dass in einem Einstellungsverfahren massenweise konkret jeder einzelnen Person aufgrund ihres Geschlechtes, unabhängig von der individuellen Eignung, ein geringerer „Wert" für die Stelle zugewiesen wird. Dies ist in jedem Fall nicht mit den Wertungen des Grundgesetzes vereinbar.

Der Verfassungsauftrag kann den Staat auch zu aktivem Handeln verpflichten, wenn eine solche Handlung notwendig ist, um gleiche Verhältnisse herzustellen.[452] Die zunehmende Digitalisierung und vor allem die immer größer

448 Für viele: *Langenfeld*, in: Maunz/Dürig, Grundgesetz, 2019, Art. 3 III Rn. 83.
449 *Langenfeld*, in: Maunz/Dürig, Grundgesetz, 2019, Art. 3 III Rn. 91.
450 BVerfG AP BGB § 611a Nr. 9; BVerfG NJW 1998, 2128.
451 *Langenfeld*, in: Maunz/Dürig, Grundgesetz, 2019, Art. 3 II Rn. 124.
452 *Langenfeld*, in: Maunz/Dürig, Grundgesetz, 2019, Art. 3 II Rn. 129.

werdende Beliebtheit des KI-Einsatzes bei Einstellungsverfahren in Verbindung mit dem aktuell nicht gelösten Problem der Voreingenommenheit lernender KI kann, wenn sie nicht kontrolliert wird, zu starken Ungleichheiten führen, die aus Verfassungssicht nicht hinnehmbar sind.

Da der Gesetzgeber mit dem AGG ein Gesetz geschaffen hat, das unter anderem die Gleichstellung im Arbeitsmarkt zum Ziel hatte und sehr intensive und teilweise als zu weit gehend empfundene[453] Eingriffe zur Erreichung dieses Ziels einführte, wäre es widersprüchlich, die Möglichkeit der Umgehung wegen der fehlenden Transparenz von KI einfach zu ignorieren. Das System des AGG würde wertlos.

Der aktuelle Schutz durch Art. 22 I DSGVO mag dabei lückenhaft sein, dem Gesetzgeber kann aber jedenfalls nicht vorgeworfen werden, untätig geblieben zu sein. Für den Moment ist auch nicht erkennbar, dass das Mindestschutzniveau nicht erreicht wird. Wird die Nutzung von Recruiting-KI üblicher und stellt sich dabei heraus, dass die aktuelle Rechtslage keinen ausreichenden Schutz bietet, kann ein Punkt kommen, an dem zusätzliches gesetzgeberisches Handeln angezeigt ist.

3.4.1.3 Handlungsoptionen

Entschließt sich der Staat zu einer (Neu-)Regulierung, bieten sich drei Optionen an.

3.4.1.3.1 Komplettverbot

Die einfachste Option zur Lösung des Problems wäre dann ein völliges Verbot von Rekrutierungsalgorithmen. Diese sehr einfache Lösung würde, die Durchsetzbarkeit angenommen, alle angesprochenen Probleme lösen, ohne Umgehungsmöglichkeiten zu bieten.

Um eben die Durchsetzbarkeit zu garantieren, müsste wohl ein komplettes Verbot von Herstellung und Handel entsprechender Software beschlossen werden. Könnte man sie einfach kaufen, dürfte sie aber nicht einsetzen, gäbe es keinerlei Möglichkeiten, zu kontrollieren, ob sie benutzt wurde oder nicht, wodurch die Vorschrift wenig Wirkung zeigen würde. Bei einem Komplettverbot müsste sich zeigen, wie stark Firmen bereit sind, illegale, aber aufgrund des Internets

---

453 *Podolski*, Schaumwaffel mit Migrationshintergrund (https://www.lto.de/recht/hintergruende/h/zehn-jahre-agg-kritik) (geprüft am 01.07.2019).

voraussichtlich leicht zugängliche, Wege zu gehen, um dennoch Zugang zu der Software zu erhalten und diese einzusetzen.

Das Verbot würde sowohl für den Hersteller als auch für das benutzende Unternehmen einen Eingriff in die Berufsfreiheit des Art. 12 I GG darstellen. Im Rahmen der Dreistufentheorie des Bundesverfassungsgerichts[454] müsste man eine Berufsausübungsregelung und damit einen Eingriff auf der niedrigsten Stufe annehmen. Dennoch ist die Intensität gerade für das Softwareunternehmen erheblich. Auf der anderen Seite wird ein entsprechendes Gesetz den Schutz vor Diskriminierung und damit Art. 3 II, III GG als Rechtfertigungsgrund anführen können, wobei, wie gezeigt, Art. 3 II GG sogar einen Schutzauftrag formuliert. Die Verhältnismäßigkeit eines solchen Gesetzes könnte man dann mit Blick auf den legislativen Gestaltungsspielraum[455] bejahen.

Etwas anderes könnte dann gelten, wenn sich die Problematik leicht beheben ließe und nachweislich größere Mengen gut funktionierender und nichtdiskriminierender Programme auf dem Markt zur Verfügung stünden. Diese dann aus Vorsicht mit zu verbieten, wäre ein unzulässiger, weil unverhältnismäßiger Eingriff in Art. 12 I GG.

An der Sinnhaftigkeit kann jedenfalls gezweifelt werden. Fraglich ist schon, wie weit sich Fortschritt überhaupt aufhalten lässt. Damit ist nicht gemeint, dass nicht bestimmte Regeln notwendig sind. Gefährlichen Entwicklungen kann und muss legislativ begegnet werden können. Ein einfaches Komplettverbot einer lukrativen und potentiell auch sinnvollen Technologie nimmt aber unnötig viele Möglichkeiten.

3.4.1.3.2 Staatliche Überwachung der Einstellung

Sinnvoller erscheint, ein staatliches System zur Überwachung des Einsatzes zu etablieren. Es gibt mehrere Umsetzungsmöglichkeiten.

Zum einen kann man die benutzenden Firmen in die Pflicht nehmen. Die Regelungen wären die gleichen wie jetzt und die Arbeitnehmer würden durch das AGG geschützt. Man würde aber dafür sorgen, dass herauszufinden ist, ob eine Software verwendet wurde, die diskriminierend vorgeht. Umsetzbar wäre diese Variante nur, wenn man umfassende Auskunftsrechte normiert. Man müsste dann etwa bei Benutzung einer KI bei Einstellungsverfahren offenlegen, zu welchem Ergebnis diese gekommen ist und auf welchen Gründen diese

---

454 BVerfGE 7, 377, 401 ff; *Mann*, in: Sachs (Hrsg.), Grundgesetz, [8]2018, Art. 12 Rn. 125.

455 BVerfGE 71, 66, 77; 73, 301, 315; 77, 84, 104; *Walter*, in: Maunz/Dürig, Grundgesetz, 2019, Art. 93 Rn. 104 ff.

Entscheidung basiert. Dann könnte man sich bei einer klaren Diskriminierung genauso wehren, wie das heute möglich ist, unter Umständen sogar leichter.

Derartige Überwachungsmaßnahmen wären zweifellos ein Eingriff in die Berufsfreiheit der betroffenen Arbeitgeber. Auch in die informationelle Selbstbestimmung[456] wird eingegriffen. An der Verfassungswidrigkeit kann trotzdem gezweifelt werden. Wieder helfen die Art. 3 II, III GG bei der Rechtfertigung.

3.4.1.3.3 Staatliche Überwachung der Software

Ein weiterer Ansatzpunkt kann die Software selbst sein. Man kann Anforderungen daran stellen, wie der Algorithmus zu arbeiten hat. Die schon häufiger relevant gewordene Tatsache, dass bei Algorithmen, die durch Machine Learning gewonnen werden, häufig nur noch die Maschine selbst weiß, wie sie arbeitet,[457] lässt es dabei sinnvoller erscheinen, am Ergebnis anzusetzen. Konkret hieße das: Wer ein Programm verkaufen oder selbst programmieren und einsetzen will, müsste dieses bei einer einzurichtenden staatlichen Stelle (oder alternativ einem Beliehenen) testen lassen. Ähnlich wie bei anderen Prüfstellen müsste dort überprüft werden, ob die KI vorurteilsbelastet vorgeht oder nicht, etwa anhand einiger Testlisten mit Musterbewerbern.[458] Missbrauchspotential besteht zwar in der Hinsicht, dass man sich bei schlechter Ausführung der Tests auf diese einstellen und sie umgehen kann, dies lässt sich aber durch sorgfältige Arbeit minimieren.

Zudem haben Benutzer häufig gar kein Interesse an Programmen, die nicht objektiv aussuchen. Es wäre also nicht nur eine Regelung zum Schutz der Bewerber, sondern auch zum Schutz der Käufer der Programme.

Nimmt man in Kauf, dass selbstlernende Algorithmen praktisch nicht einsetzbar sind, kann man auch die Offenlegung des Algorithmus selbst verlangen und auf diese Weise dessen nichtdiskriminierende Natur sicherstellen.

Dieser Ansatz stellt einen Eingriff in die Berufsfreiheit der Hersteller dar. Er ist aber weniger einschneidend als ein komplettes Verbot und wäre daher

456 Ob auch Unternehmen, um die es häufig gehen wird, ein allgemeines Persönlichkeitsrecht haben (und daraus folgend ein Recht auf informationelle Selbstbestimmung), ist allerdings umstritten. Siehe dazu *Di Fabio*, in: Maunz/Dürig, Grundgesetz, 2019, Art. 2 I Rn. 224. Speziell für die informationelle Selbstbestimmung: *Hofmann*, Big Data in der Industrie 4.0 (http://www.jurpc.de/jurpc/show?id=20150158), 18 ff.

457 Siehe oben 3.2.3.3.

458 Zur Idee von ergebnisorientierten Tests von Machine Learning-Systemen: *Martini/Nink*, NVwZ 2017, 681, 682.

verfassungsrechtlich weniger problematisch. Der Grundrechtseingriff wäre aufgrund der antidiskriminierenden Wirkung gerechtfertigt. Der Ansatz würde auch die notwendige Menge an Informationen, die herausgegeben werden müssen, auf ein Minimum beschränken.

Insgesamt ist diese Lösung grundrechtsschonend und führt zu weniger Problemen als die anderen Ansätze, während gleichzeitig die Nachteile marginal sind. Es ist akzeptiert, dass Risikotechnologien staatlich überwacht werden können. Kraftfahrzeuge, Waffen, Medikamente und vieles mehr dürfen nicht einfach verkauft werden, sondern müssen bestimmte Voraussetzungen erfüllen.[459] Hier besteht zwar keine Gefahr für Leib und Leben, aber dennoch eine Bedrohung eines zentralen Verfassungsprinzips. Auch Unterhaltungsmedien müssen sich etwa aus Jugendschutzgründen Überprüfungen unterziehen und unterliegen dann gewissen Beschränkungen.[460] Eine Übertragung des Prinzips erscheint daher naheliegend.

Es existiert zudem schon ein Bereich, in dem der Schutz vor den potentiellen Schäden von KI durch umfangreiche Informationspflichten über die Software gegenüber dem Staat gesichert wird: Programme, die Wertpapierhandel betreiben, müssen nach § 3 IV 4 Nr. 5 BörsenG die algorithmischen Handlungsstrategien offenlegen (Dazu im nächsten Abschnitt mehr). Ebenso könnte man Unternehmen verpflichten, dem Staat die algorithmischen Einstellungsstrategien offenzulegen.

3.4.2 Wertpapierhandel

3.4.2.1 KI an der Börse

Am 06. Mai 2010 sank der Dow Jones-Index plötzlich und unerklärlich um 573 Punkte.[461] Es ist nicht der einzige Minibörsencrash der letzten Jahre, den niemand genau erklären kann.[462] Experten gehen aber davon aus, dass an der Börse agierende Computer verantwortlich sind.[463] Seitdem die Funktion, Börsengeschäfte

459 Siehe z.B. 3.2.3.

460 Siehe die Vorschriften über die Bundesprüfstelle für jugendgefährdende Medien, §§ 17 ff JuschG.

461 *Salmon/Stokes*, Algorithms take control of Wall Street (https://www.wired.com/2010/12/ff_ai_flashtrading/all/) (geprüft am 10.06.2019).

462 Siehe dazu auch *Söbbing*, Fundamentale Rechtsfragen Künstlicher Intelligenz (AI Law), 2019, S. 114 ff.

463 *Salmon/Stokes*, Algorithms take control of Wall Street (https://www.wired.com/2010/12/ff_ai_flashtrading/all/) (geprüft am 10.06.2019).

online abzuwickeln, bereitgestellt wurde, gab es die Möglichkeit, Programme zu benutzen, die nach einfachen Bedingungen Geschäfte abwickeln. Man kann zum Beispiel die Bedingung setzen, eine Aktie zu verkaufen, wenn ihr Wert über eine festgesetzte Marke steigt. Schon hier bestehen Gefahren, alleine schon durch die Geschwindigkeit der Transaktion. Ein Computer braucht Bruchteile von Sekunden, um zu erkennen, dass die Bedingung eingetreten ist und übermittelt z.B. das Verkaufsangebot mit Lichtgeschwindigkeit. Diese Schnelligkeit führt dazu, dass viele potentiell gefährliche Geschäfte in kürzester Zeit geschlossen werden können, ohne dass der Mensch Einfluss nehmen kann, weil er zu langsam ist.

Die letzten Jahre haben immer intelligentere Maschinen hervorgebracht. Die Kombination der zunehmend höheren Intelligenz mit der Handlungsschnelligkeit von Computern kann zu enormen Schwierigkeiten führen. Zunächst können Programme nun Informationen, die sie erreichen, selbstständig lesen, erfassen und verarbeiten („Information Retrieval").[464] Weiter kann die Maschine eigene Schlüsse aus den gewonnenen Informationen ziehen und dann mit Hilfe eines Algorithmus, der viel zu komplex für das menschliche Verständnis ist, Entscheidungen über zu tätigende Geschäfte treffen. Dieser wird dann eventuell noch mit Hilfe von nicht menschengelenkten Lernmethoden verbessert und agiert in einem Markt nicht alleine, sondern zeitgleich mit einer unvorstellbaren Zahl anderer Programme, die nicht zwingend wissen, wie die anderen funktionieren. Das Gefahrenpotential ist groß und schwer überschaubar.

Wie die Ereignisse z.B. im Mai 2010 zeigen, ist das keine Theorie, sondern passiert bereits heute. Bis jetzt haben sich die „Crashs" allerdings noch im kleinen Rahmen gehalten. Das Potential für deutlich größere Börsenabstürze ist aber vorhanden. Werden in Zukunft mehr intelligente Börsenprogramme genutzt, können dieselben Wechselwirkungen, die heute schon zu kleineren Abstürzen führen, in Zukunft einen Einfluss haben, der bis in die Realwirtschaft zu spüren ist.

Gleichzeitig gibt es ein großes Bedürfnis für den Einsatz von KI im Wertpapierhandel. Die schnellen Reaktionszeiten haben für Anwender Vorteile. Vor allem aber sind berechnende Computer vor möglicherweise schädlicher Emotionalität geschützt, was Wirtschaftswissenschaftlern zufolge, zusammen mit den massiven rechnerischen Analysefähigkeiten, zu großen Gewinnen führen kann.[465]

---

464 *Van Rijsbergen*, Information Retrieval, ^{2}1979.

465 Deep Learning im Aktienhandel (https://www.fau.de/2017/02/news/wissenschaft/deep-learning-im-aktienhandel/) (geprüft am 14.06.2019).

Weniger gefährlich, aber ebenso bedeutsam, sind Programme, die nicht selbst an der Börse tätig werden, aber die Analysefähigkeit von KI nutzen, um Anleger zu beraten.[466]

3.4.2.2 Gesetzgebung

Eine Besonderheit in diesem Bereich ist, dass die Börsenregulierung weit schwieriger ist als ein einfacher legislativer Akt. Möchte der Bundesgesetzgeber automatisierte Fahrzeuge komplett wieder abschaffen, kann er das bereits morgen mit einem Gesetz in die Wege leiten. Börsenregulierung ist hingegen eine Angelegenheit, die seit der Finanzkrise immer wieder auch von Regierungen gewünscht wird, aber häufig nicht in dem Umfang vorgenommen wird, wie geplant war. Das hat vor allem damit zu tun, dass kaum eine Branche existiert, die stärker internationalisiert ist als der Finanzinstrumentenhandel.

Auf EU-Ebene konnte man sich dennoch einigen und zusammenschließen, weshalb 2014 in der sogenannten MiFiD II-Richtlinie erstmals auch eine Regulierung von Hochfrequenz- und algorithmischem Handel aufgenommen wurde.[467] National hatte schon das Hochfrequenzhandelsgesetz von 2013 derartige Regulierungen eingeführt, die bis heute ausgebaut wurden.[468] So müssen nun nach § 33 Ia WpHG Risikokontrollen verpflichtend benutzt werden, wenn algorithmischer Handel betrieben wird. Weiterhin müssen wirksame Notfallkontrollsysteme existieren. § 3 IV 4 Nr. 5 BörsenG sichert die Überwachung dieser Vorgaben, indem die Börsenaufsicht ermächtigt wird, Informationen über die eingesetzten Systeme und die Parameter, die sie verwendet, zu verlangen. Sie ist weiterhin befugt, Anordnungen zu erlassen, die den algorithmischen Handel komplett untersagen, § 3 V 3 Nr. 5 BörsenG, sollte es erforderlich sein. § 3 IX BörsenG stellt durch den Wegfall der aufschiebenden Wirkung von Widerspruch und Anfechtungsklage die Effektivität der Regelungen sicher. Dies ist keine Besonderheit von algorithmischem Handel, ist für diesen aber wegen der Möglichkeit extrem schneller Geschäfte und der daraus resultierenden Gefahr eines sehr schnell eintretenden, großen Schadens in besonderer Weise

466 *Wüst*, Deep-Learning-Modelle an der Börse: Finanzmarktanalysten aus der Tiefe des Netzes (https://www.finanzen100.de/finanznachrichten/wirtschaft/deep-learning-modelle-an-der-boerse_H694531631_410535/) (geprüft am 14.06.2019).

467 *Assmann*, in: Assmann/Schütze (Hrsg.), Handbuch des Kapitalanlagerechts, ^{4}2015, § 1 Rn. 76.

468 BGBl. I 2013, 1162.

bedeutend. Schließlich wird auch die Börse verpflichtet, Gefahren durch algorithmischen Handel zu verhindern, § 26d I BörsG.

Das Handeln des Gesetzgebers zeigt, dass er sich der Problematik bewusst ist und zeichnet gleichzeitig bereits einen eingeschlagenen Weg vor. Zunächst wird von einem Verbot algorithmischen Handelns abgesehen. Dass diese Möglichkeit existiert, muss man sich dennoch bewusst machen. Es würde das Risiko für eventuelle Schäden durch die genannten Gefahren minimieren. Die aktuelle Lösung geht in eine andere Richtung und setzt auf Kontrolle, Sicherungen und ein Eingreifen im Notfall. Das lässt ein gewisses Restrisiko. Wenn die Notfallsysteme versagen, kann es für ein Intervenieren der Aufsicht bereits zu spät sein. Dieses Risiko einzuschätzen, ist aber Aufgabe des Gesetzgebers und wurde hier für hinnehmbar gehalten.

Bedeutender als auf den ersten Blick angenommen ist auch die Auskunftspflicht aus § 3 IV 4 Nr. 5 BörsenG. Wenn nämlich Informationen über die „algorithmischen Handelsstrategien" herausgegeben werden müssen, bedeutet dies, dass derjenige, der das Programm einsetzt, diese kennen muss. Das bringt aber wiederum mit sich, dass der Einsatz einer selbstlernenden KI, die eine „Black Box"[469] darstellt, unzulässig ist. Denn wenn der Handelsalgorithmus nicht verstanden wird, kann man auch dessen Handelsstrategien nicht kennen. Die Informationspflicht läuft also tatsächlich auf ein Verbot des Einsatzes vieler selbstlernender Systeme hinaus, jedenfalls solange die Black Box-Problematik ungelöst ist („White-Box").[470]

Unabhängig von der Black Box wird durch die Notwendigkeit des vorherigen Offenlegens auch jedes System verhindert, das den Erfolg seiner Strategie auswertet und dann kurzfristig autonom verändert. Um den gesetzlichen Voraussetzungen gerecht zu werden, muss es seinem „Benutzer" erst die neue Strategie mitteilen, der sie dann wiederum herausgeben muss. Auch dieser Mechanismus verlangsamt den Handel und wirkt gegen die Gefahren der fehlenden Überschaubarkeit für den Menschen.

Insgesamt herrscht ein Regelungssystem, das sich in den nächsten Jahren beweisen muss, jedenfalls aber durchdachte Sicherungen enthält, sodass man nicht sehenden Auges in eine bekannte Problematik läuft. Besser wäre eine noch stärker international ausgerichtete Regulierung. Insbesondere mit Blick auf die USA scheint das aber kurzfristig unwahrscheinlich.

---

469 *Delibašić/Vukićević/Jovanović u.a.*, IEEE Transactions on Education 2013, 287. Siehe dazu auch 3.2.3 und 3.2.7.

470 *Pei/Cao/Yang u.a.*, in: Chen/Zhou (Hrsg.), SOSP'17, 2017, S. 1.

3.4.3 Ähnlichkeiten, Unterschiede und Schlüsse

Die beiden aktuell wichtigsten Anwendungsgebiete für jene künstliche Intelligenz, die Rechtsgeschäfte selbst abschließt oder entscheidend dabei unterstützt, sind in sehr unterschiedlichen Stadien. Während die Gefahr in Bezug auf den Wertpapierhandel erkannt wurde und der Gesetzgeber tätig geworden ist, steckt KI, die bei der Einstellung von Arbeitskräften assistieren soll, noch in den Kinderschuhen und ist nicht umfassend reguliert.

Das Börsengesetz zeigt hier eine Möglichkeit auf, mit der Problematik umzugehen: Man verlangt die Offenlegung des Algorithmus, um ihn auf diese Weise zu überwachen und im Falle einer Gefahr einschreiten zu können. Die grundsätzliche Überlegung, durch Überwachung der Software für Sicherheit zu sorgen, ist ein Ansatz, der als Vorbild für zahlreiche andere Gebiete dienen kann.

Während die schnelllebige Natur des Handels an der Börse und die potentiellen Schäden bei zu langsamen Handeln der Behörden die Kontrolle des Algorithmus selbst notwendig machen, könnte man im Arbeitsrecht, in dem auch das spätere Bemerken von Fehlern keine derart gravierenden Auswirkungen haben wird, auch an andere Kontrollmechanismen wie die vorgeschlagene ergebnisorientierte Überprüfung denken. Davon würden auch andere automatisierte Rechtsgeschäfte und automatisierte Handlungen im Allgemeinen profitieren, etwa im Rahmen der später zu besprechenden automatisierten Verwaltung.

3.5 Rechtsberatung

Der Rechtsanwalt ist ein unabhängiges Organ der Rechtspflege, § 1 BRAO. Er nimmt im „freiheitlichen Rechtsstaat als berufener Berater und Vertreter der Rechtsuchenden (§ 3 I BRAO) neben Richtern und Staatsanwälten eine eigenständige Funktion im ‚Kampf um das Recht' wahr."[471] Die Stellung des Anwalts im deutschen Rechtssystem (und in den meisten anderen auch) macht ihn zu mehr als nur einer Rechtsinformationsmaschine. Vertretung, Beratung und Beistand wird von ihm erwartet. Die Rechtsberatung bleibt dabei aber eine Kernaufgabe.

471 *Brüggemann*, in: Feuerich/Weyland (Hrsg.), Bundesrechtsanwaltsordnung, [9]2016, § 1 Rn. 3.

Neben Anwälten, die den Großteil der juristisch tätigen Personen ausmachen,[472] gibt es auch noch eine Anzahl anderer Rechtsberater in Deutschland, etwa in Unternehmen angestellte Juristen.

Die Notwendigkeit von sozialer und emotionaler Intelligenz für rechtsberatende Berufe – Eigenschaften, mit deren Imitation Computer immer noch starke Probleme haben – lässt die Vorhersagen für ihre Automatisierung aus Perspektive der Betroffenen deutlich weniger düster erscheinen, als es bei anderen Berufen der Fall ist. Eine Studie platziert Anwälte in den USA im „low risk"-Bereich[473] und berechnet nach einer Formel eine Wahrscheinlichkeit von 3,5%.[474] Trotz der massiven Unterschiede der Rechtssysteme wird man für Deutschland wohl ebenso niedrige Werte ansetzen dürfen, weil auch hierzulande soziale und emotionale Intelligenz unabdingbare Voraussetzungen für die Ausübung des Anwaltsberufs sind. Für andere juristische Berufe gilt dies in der Regel auch.

Auf der anderen Seite wird sich die Realität von Rechtsanwendern weiter verändern. Computer spielen ohnehin eine immer größere Rolle, „Legal Tech"[475] verbreitet sich rasant und je weiter künstliche Intelligenz entwickelt wird, desto umfassender wird sie juristische Tätigkeiten übernehmen können. Man muss sich bewusst machen, dass immer intelligenter werdende Suchmaschinen für Urteile, Aufsätze, Kommentare etc. die Arbeit für den Rechtsanwender schon heute erheblich erleichtern.[476]

In diesem Abschnitt soll es nicht um das Schicksal von beratenden Juristen aus deren beruflicher Perspektive gehen. Es unterscheidet sich selbst bei einer Vollautomatisierung nicht wesentlich von dem, was für andere Berufe gilt, abgesehen von der oben genannten Tatsache, dass sie weniger Angst vor der Automatisierung haben müssen als der durchschnittliche Erwerbstätige.[477] Vielmehr soll die Frage untersucht werden, wie sich KI auf den Alltag der Rechtsberatung auswirken wird und was die rechtlichen Implikationen sind. Die Justiz wird dabei

---

472 *Wolff*, Es muss nicht immer nur Anwalt sein (https://www.sueddeutsche.de/karriere/arbeitsmarkt-fuer-juristen-es-muss-nicht-immer-nur-anwalt-sein-1.3684070) (geprüft am 02.09.2018).

473 *Frey/Osborne*, The future of employment: How susceptible are jobs to computerisation? 2013, S. 41.

474 *Frey/Osborne*, The future of employment: How susceptible are jobs to computerisation? 2013, S. 59.

475 „Möglichkeiten des Einsatzes der Informationstechnologie in rechtlichen Zusammenhängen", *Hähnchen/Bommel*, JZ 2018, 334.

476 *Hähnchen/Bommel*, JZ 2018, 334, 335 f.

477 Siehe 3.3.2.

noch bewusst ausgeklammert. Auf sie wird später in einem eigenen Abschnitt einzugehen sein.

3.5.1 Die Zukunft von Legal Tech

Es ist kaum denkbar, heute noch Rechtsanwender zu finden, die ohne die Unterstützung von Computern arbeiten. So gut wie jeder rechtlich relevante Text ist über eine Onlinedatenbank auffindbar und ein nicht unerheblicher Teil kann auch online gelesen werden. Um in diesen Datenbanken die gewünschten Texte zu finden, kommen häufig Suchmaschinen zum Einsatz, die damit bereits einen wichtigen Teil der Arbeit übernehmen, auch wenn heute der Anwender noch eine große Rolle spielt. Weniger prominent, aber heute bereits im Einsatz sind weiter entwickelte Programme, die seit kurzer Zeit Aufgaben erfüllen können, für die man bis jetzt Menschen benötigte. So gibt es z.B. Generatoren für Vertragstexte,[478] die mehr Flexibilität bieten als einfache Musterverträge. Sie können die Wünsche des Anwenders beachten und unter Berücksichtigung seiner Eingaben einen individuell angepassten Vertrag erstellen. Noch stärker entwickelt sind Programme, die einfache Fälle eigenständig lösen können.[479] Sie sind die ersten ihrer Art, die über das Baukastenprinzip hinausgehen und auf rudimentäre Weise tatsächlich Recht anwenden. Natürlich verfahren Programme, die etwa Entschädigungsansprüche bei Flugverspätungen berechnen[480] oder innerhalb Berlins anhand mehrerer Fragen die ortsübliche Vergleichsmiete ermitteln,[481] nach Algorithmen, die noch verhältnismäßig einfach nachvollziehbar sind, wenn man mit der Materie vertraut ist. Hinsichtlich des zweiten Beispiels werden aber von Seiten des BMV bereits Zweifel geäußert, ob diese Aufgabe von einer Maschine bewältigt werden kann.[482]

Wie weit die Entwicklung in Zukunft gehen wird, ist kaum absehbar. Es spricht aber wenig dafür, dass das Ende der Innovationen in Kürze erreicht ist. Im Gegenteil ist zu vermuten, dass wir erst am Anfang der Entwicklung stehen.[483] Einen Ausblick gibt uns ein Vorreiterprogramm, das in der Lage ist,

---

478 *Degen/Krahmer*, GRUR-Prax 2016, 363.

479 *Buchholtz*, JuS 2017, 955, 956.

480 https://ratis.de/flugverspaetung/ (zuletzt geprüft am 03.06.2019).

481 https://www.wenigermiete.de/ (zuletzt geprüft am 03.06.2019).

482 *Jürgens*, Anwälte gründen Online-Portal gegen Mietwucher (https://www.morgenpost.de/berlin/article209850139/Anwaelte-gruenden-Online-Portal-gegen-Mietwucher.html) (geprüft am 03.06.2019).

483 *Wagner*, BB 2017, 898 teilt die möglichen Programme in 4 Kategorien.

EGMR-Entscheidungen mit 79% Wahrscheinlichkeit vorherzusagen.[484] Die untersuchten Entscheidungen ergingen dabei ausschließlich von den Kammern und der großen Kammer, sodass die große Masse an Fällen, die von Einzelrichtern und Ausschüssen entschieden wurde (die eine gute Vorhersage-Quote sehr einfach gemacht hätte, weil sie die überwältigende Mehrheit der ablehnenden EGMR-Entscheidungen darstellt), nicht Teil der Prognose war.

Der grundsätzlich nicht neue Einsatz von IT in der Rechtsberatung ist in jüngerer Vergangenheit unter dem Schlagwort „Legal Tech“ erstarkt. Die Unterscheidung zwischen herkömmlicher Automatisierung und dem Einsatz von künstlicher Intelligenz ist häufig gradueller als in anderen Gebieten. Eine Suchmaschine wird möglicherweise KI nutzen, die Ergebnisse werden aber kaum auf einen Schlag genauer, sie verbessern sich stattdessen im Laufe der Zeit.

Ob intelligente Computer Rechtsberater komplett ersetzen können, wird häufig bezweifelt.[485] Die Frage ist eng mit der übergreifenden philosophischen Diskussion verbunden, ob es Bereiche menschlichen Denkens gibt, die niemals ähnlich gut von Maschinen nachgeahmt werden können.[486] Ebenfalls relevant wird hier die damit verwandte Diskussion, inwieweit Juristen im Endeffekt nur „Subsumtionsautomaten“ sind und wie groß der Teil des Rechts ist, der sich nicht durch eine mechanische Gesetzesanwendung praktizieren lässt. Je größer dieser Teil tatsächlich ist, desto menschenähnlicher müsste eine Rechtsberatungsmaschine sein, die den Menschen von sämtlichen Aufgaben befreit, desto mehr müsste die Maschine „echte“ Intelligenz im Sinne einer menschlichen Intelligenz besitzen.

Unabhängig von der Rechtsfindung darf weiterhin nicht vergessen werden, dass gerade im anwaltlichen Bereich ein nicht unerhebliches Maß an Beratung und Unterstützung geboten wird, das außerhalb der eigentlichen Rechtsfindung liegt. Auch emotionale, technische oder wirtschaftliche Aspekte können eine Rolle spielen. Selbst wenn man also einen „Subsumtionsautomat“ bauen könnte, bräuchte man zunächst immer noch Rechtskundige, die die Denkschritte nach Erkennen der Rechtslage bewältigen. Glaubt man KI-Enthusiasten, wird auch dieser Bereich eines Tages automatisiert werden. Die Tatsache, dass Sozialkompetenz aber gerade die Schwachstelle auch der modernen, gefeierten, intelligenten Programme ist, die wir heute programmieren können, lässt vermuten, dass dieser Teil der Rechtsberatung noch länger eine Domäne des Menschen bleibt.

---

484 *Aletras/Tsarapatsanis/Preotiuc-Pietro u.a.*, Peer J Computer Science 2016.

485 *Weberstaedt*, AnwBL 2016, 535.

486 Siehe 2.2.4.2.

Sicher ist, dass auch die traditionell eher konservativen Juristen auf Dauer zunehmend weiter technische Hilfsmittel benutzen werden, wenn man solche erschaffen kann.[487] Es sei zudem noch erwähnt, dass Rechtssuchende schon jetzt in bestimmten Fällen ihre Probleme ohne Zuhilfenahme von Anwälten lösen. So werden etwa automatisch generierte Vertragstexte auch von Nichtjuristen angeboten.[488] Auch Legal-Tech-Chatbots,[489] die über ein Textfenstergespräch versuchen, Rechtsberatung über das Internet anzubieten, sind bereits im Einsatz.[490]

3.5.2 Das Rechtsdienstleistungsgesetz

Gerade auch im Zusammenhang mit dem Ersatz von Juristen durch Computer stellt sich die Frage, inwieweit das heutige Rechtsdienstleistungsgesetz Vorgaben für intelligente Rechtsberatungscomputer bestimmt. Für einfache computergestützte Automatisierung, wie die erwähnten Vertragsgeneratoren, wird diese Frage schon seit Längerem in der Literatur diskutiert,[491] auch zum alten Rechtsberatungsgesetz.[492] Die Erkenntnisse dieser Auseinandersetzung sind teilweise übertragbar und, wie sich zeigen wird, wirkt sich die Entwicklung, die zu immer intelligenteren Programmen führt, bereits jetzt auf die Debatte aus. Die Beurteilung kann sich ändern, wenn ein wirklich intelligenter Computer versucht, rechtsberatend tätig zu werden.

Es ist zunächst festzustellen, dass eine KI kein Anwalt sein kann, da die Zulassung gem. § 4 Nr. 1 BRAO die Befähigung zum Richteramt nach dem DRiG voraussetzt. Diese können Programme nicht erlangen.[493]

Gem. § 3 RDG ist die Erbringung selbstständiger, außergerichtlicher Rechtsdienstleistungen nur zulässig, wenn dies gesetzlich erlaubt ist. Eine solche Erlaubnis kann sich aus den §§ 5 ff RDG ergeben oder aus anderen Gesetzen. Ist sie gegeben, stellt das RDG keine weiteren Hürden auf. Probleme, die hieraus erwachsen können, sollen später besprochen werden.

---

487 Für einen tiefergehenden Überblick siehe *Wagner*, BB 2017, 898.

488 *Degen/Krahmer*, GRUR-Prax 2016, 363.

489 Siehe zu diesen auch *Prior*, ZAP 2017, 575, 577.

490 *Remmertz/Kuhlmann*, Was geht? Was nicht? Und was sollte gehen? (https://www.lto.de/recht/legal-tech/l/legal-tech-rechtsdienstleistungsgesetz-legal-chatbots-vertragsgeneratoren/2/) (geprüft am 14.06.2019).

491 *Degen/Krahmer*, GRUR-Prax 2016, 363.

492 *Stern*, CR 2004, 561.

493 *Enders*, JA 2018, 721, 724. Zur Frage, ob intelligente Programme Richter sein können, siehe unten 4.2.1.

Auch Personen, die keine Rechtsdienstleistungen erbringen können, können aber ein Interesse daran haben, ein entsprechendes Programm anzubieten. Dies wird in der Regel selbstständiger, außergerichtlicher Natur sein. Die eigentliche Frage ist also, ob das reine Zur-Verfügung-Stellen eines automatischen Rechtsberaters eine Rechtsdienstleistung nach dem Rechtsdienstleistungsgesetz darstellt. Rechtsdienstleistung ist nach der Legaldefinition des § 2 I RDG jede Tätigkeit in konkreten fremden Angelegenheiten, sobald sie eine rechtliche Prüfung des Einzelfalls erfordert.

3.5.2.1 Tätigkeit

Am Anfang der Diskussion, ob Rechtsgeneratoren im Internet eine Rechtsdienstleistung erbringen, wurde noch vertreten, es liege schon gar keine Tätigkeit vor, weil lediglich Informationen zur Verfügung gestellt würden, die aber erst vom Nutzer der Software selbst auf den konkreten Lebenssachverhalt angewendet würden.[494] Dem wurde schon im Rahmen dieser Diskussion entgegengetreten.[495] Im Fall eines intelligenten Rechtsberatungsprogramms dürfte dann kein Zweifel mehr bestehen, dass jedenfalls eine Tätigkeit vorliegt. Zumindest das Zur-Verfügung-Stellen des Programms ist aktives Tun.[496]

3.5.2.2 In konkreten fremden Angelegenheiten

Das Tätigwerden in konkreten fremden Angelegenheiten wird dabei der Regelfall sein. Ausnahme ist die lediglich interne Nutzung in Unternehmen und Kanzleien.[497]

3.5.2.3 Rechtliche Prüfung im Einzelfall

Die entscheidende Frage ist, ob die Maschine eine rechtliche Prüfung im Einzelfall durchführen kann. Hier liegt auch im Zusammenhang mit den einfacheren Rechtsgeneratoren in jüngerer Vergangenheit der Schwerpunkt der Diskussion.

Das Erfordernis einer Subsumtion, so wird auf der einen Seite argumentiert,[498] könne die Maschine nicht erfüllen. Juristen seien keine Subsumtionsautomaten, die anhand mathematischer Logik auf ein determiniertes Ergebnis kämen. Der

---

494 *Henssler/Kilian*, CR 2001, 682, 687.
495 *Degen/Krahmer*, GRUR-Prax 2016, 363.
496 *Degen/Krahmer*, GRUR-Prax 2016, 363.
497 *Wettlaufer*, MMR 2018, 55, 56.
498 Im Folgenden: *Weberstaedt*, AnwBL 2016, 535, 536.

Computer berücksichtige nicht selbst die notwendigen Wertungen, sondern greife lediglich die Subsumtion von Menschen auf und gebe diese wieder.

Der grundsätzlichen Aussage, dass eine Subsumtion ein weitgehendes Verständnis von diversen Wertungen, Zusammenhängen und Hintergründen benötigt und ein klassischer Rechtsgenerator dies selbst nicht bieten kann, ist zuzustimmen. Die Gegenauffassung[499] bestreitet das auch nicht, sondern hält für ausreichend, dass eine Subsumtion überhaupt stattgefunden hat, auch wenn diese nicht das Programm selbst vorgenommen hat, sondern ein menschlicher Rechtsanwender und das Ergebnis dieser Subsumtion lediglich bei der Programmierung verwendet wird. Im Endeffekt wird nach der Komplexität des Sachverhalts differenziert.

Ebenso sei die Frage, ob eine rechtliche Prüfung *im Einzelfall* vorliegt, davon abhängig, wie stark der Generator tatsächlich auf individuelle Nutzereingaben reagiere bzw. ob die Werbung des Anbieters einen entsprechenden Eindruck mache.[500] Bei ausreichender Individualisierung läge eben keine abstrakte, an die Allgemeinheit gerichtete Veröffentlichung vor, sondern eine Einzelfallprüfung.

Das überzeugt. Ein Programm, das jedem Nutzer nach seinen individuellen Eingaben ein anderes Ergebnis präsentiert, ist nicht mit einer juristischen Publikation oder einem Formularbuch vergleichbar.[501] Zwar muss zugegeben werden, dass sich die direkte Subsumtion eines Rechtsanwenders von der vorgelagerten Subsumtion, die dann von einer Maschine auf den Einzelfall angepasst wird, unterscheidet. Bei Überschreiten einer gewissen Komplexitätsschwelle erscheint diese Differenzierung aber mit Blick auf den Gesetzeszweck, den „Schutz der Rechtssuchenden“[502], nicht mehr als entscheidend. Für den Rechtssuchenden spielt es nämlich keine Rolle, ob eine echte Subsumtion für seinen Fall durchgeführt wurde oder ob die Anpassung einer allgemeineren Subsumtion auf seinen Fall derart genau ist, dass das Ergebnis dasselbe ist. Der Wortlaut „sobald sie eine rechtliche Prüfung im Einzelfall erfordert“ spricht auch nicht dagegen.[503]

Richtet man den Blick nun wieder auf künftige Rechtsberatungsprogramme, die dank künstlicher Intelligenz möglich werden, ist es zunehmend schwerer, davon auszugehen, es werde keine Rechtsdienstleistung erbracht. Legal-Tech-Chatbots, die bei einfachen rechtlichen Fragen in einem klassischen Chat

499 *Degen/Krahmer*, GRUR-Prax 2016, 363, 364.
500 *Degen/Krahmer*, GRUR-Prax 2016, 363, 364 f.
501 So aber *Weberstaedt*, AnwBL 2016, 535, 537.
502 BT-Drs. 16/3655, S. 1.
503 Noch mehr auf die bloße Erforderlichkeit abstellend *Wettlaufer*, MMR 2018, 55, 57.

Unterstützung bieten, existieren bereits.[504] Die Fähigkeiten der aktuellen Programme sind noch nicht beeindruckend, aber der nächste Schritt gegenüber des Zur-Verfügung-Stellen eines Formulars, sowohl im Hinblick auf die rechtliche Prüfung als auch auf die Individualisierung, ist getan.

Je weiter die Entwicklung voranschreitet, desto weiter wird auch der grundsätzliche Punkt, eine Maschine könne niemals subsumieren, in Frage gestellt. Die Begründung basiert, wie oben geschrieben, darauf, dass komplexe Zusammenhänge verstanden und Hintergründe miteinbezogen werden müssen.[505] Dass eine Maschine das niemals können wird, ist keineswegs sicher. Die Frage, ob der Mensch nicht selbst anhand von Algorithmen denkt und diese nur so komplex sind, dass man sie nicht auseinanderziehen kann, wird in der Philosophie seit langer Zeit diskutiert und ist gerade seit dem Aufkommen von KI auch im Zusammenhang mit der neuen Technologie umstritten.[506] Aber auch wenn man glaubt, dass der Mensch nicht algorithmisch denkt, ist nicht ausgeschlossen, dass ein künftiges, selbstlernendes Programm, das gut geschrieben ist und ausreichend Rechenleistung zur Verfügung hat, die notwendigen Zusammenhänge und Hintergründe in seine Berechnungen einbeziehen kann. Dann würde es schwer werden, einer Maschine die Fähigkeit zur Subsumtion abzusprechen.[507] Anders gesagt wird nicht der Mensch zum Subsumtionsautomaten, die Maschine wächst über den Subsumtionsautomaten hinaus.

Im Ergebnis kann man darüber streiten, wann die Grenze zur Rechtsdienstleistung nach dem RDG überschritten wird. Wo man diese Schwelle aber auch ansetzt: Hält man es nicht für komplett ausgeschlossen, dass ein Rechtsdienstleistungsprogramm eine rechtliche Prüfung im Einzelfall erbringen kann, so werden die Programme, die die Schwelle überschreiten, immer weiter zunehmen.

3.5.2.4 Dienstleistender

Schließlich wird noch argumentiert, das RDG verlange ausweislich der Gesetzesbegründung[508] und mit Blick auf §§ 5, 6, 7 RDG eine Person als Dienstleister.

---

504 *Remmertz/Kuhlmann*, Was geht? Was nicht? Und was sollte gehen? (https://www.lto.de/recht/legal-tech/l/legal-tech-rechtsdienstleistungsgesetz-legal-chatbots-vertragsgeneratoren/2/) (geprüft am 14.06.2019).

505 Das „rechtswissenschaftliche Metawissen", *Hähnchen/Bommel*, JZ 2018, 334, 337.

506 Siehe dazu 2.2.4.2.

507 So auch, wenngleich skeptisch für die absehbare Zukunft, *Weberstaedt*, AnwBL 2016, 535, 537.

508 BT-Drs. 16/3655, S. 46.

Eine Maschine sei aber keine Person.[509] Dem wird entgegengehalten, nach der Gesetzesbegründung sei es egal, welche technischen Hilfsmittel benutzt werden.[510]

So eindeutig, wie die Gegenauffassung es beschreibt, ist diese Stelle des Entwurfs nicht. Die Beispiele einer Telefon-Hotline und eines Internetforums unterscheiden sich vom Fall des Rechtsberatungsprogramms dadurch, dass der Mensch unmittelbar die Beratung vornimmt. Auch wenn man, wie hier, grundsätzlich davon ausgeht, dass eine Einzelfallprüfung durch ein Programm erfolgen kann, so ändert dies nichts daran, dass die Individualisierung nicht durch den menschlichen Rechtsanwender durchgeführt werden kann. Die Anpassung auf den Einzelfall muss durch das Programm vorgenommen werden.

Geht man von einer hypothetischen, hoch entwickelten KI aus, die tatsächliche eigenständig subsumieren kann, bereitet die genannte Gesetzesauslegung auch unter Berücksichtigung der Möglichkeit technischer Hilfsmittel weitere Probleme. Mit einem solchen Computer, der eine eigene Subsumtion vornimmt, wird eben keine rechtliche Prüfung durch einen Menschen durchgeführt, die mit Hilfe von Technik zum Kunden gelangt, die Technik selbst subsumiert. Dann liegt aber keine Subsumtion durch einen menschlichen Dienstleister selbst vor.

Die Sichtweise, der Mensch selbst müsste die rechtliche Prüfung durchführen, ist aber abzulehnen. Die §§ 5, 6, 7 RDG gehen von einem Menschen als Dienstleistenden aus. Sie verlangen aber nicht, dass der Mensch auch eine rechtliche Prüfung höchstpersönlich ausführt. Im Gegenteil muss davon ausgegangen werden, dass das Gesetz bei Bejahung einer Rechtsdienstleistung diese auch unter sich fassen wollte und nicht aufgrund der technischen Zwischenschaltung nicht anwendbar sein sollte. Auch die Gesetzesbegründung spricht von einer Subsumtion „auf Seiten" des Dienstleisters. Das verlangt nicht begriffsnotwendig eine Subsumtion *durch* den Dienstleister selbst.[511] Wahrscheinlicher ist, dass mit dieser Passage von einer Subsumtion durch den *Nutzer* abgegrenzt werden sollte. Es bestehen keine Anhaltspunkte, dass das Gesetz bei Nutzung von rechtsberatenden Programmen nicht gelten soll.

---

509 *Weberstaedt*, AnwBL 2016, 535, 537.

510 *Degen/Krahmer*, GRUR-Prax 2016, 363 mit Hinweis auf BT-Drs. 16/3655, S. 47.

511 Teilweise wird gar keine tatsächliche rechtliche Prüfung verlangt, sondern dem Wortlaut entsprechend nur die Erforderlichkeit derselben, *Wettlaufer*, MMR 2018, 55, 57.

3.5.2.5 Ergebnis

Es bleibt festzuhalten, dass nach aktueller Rechtslage Rechtsberatungsprogramme dann unter die Legaldefinition des § 2 I RDG fallen, wenn sie eine ausreichende Komplexität erreicht haben.

3.5.3 Staatliche Handlungsmöglichkeiten

Nachdem die aktuelle Rechtslage dargelegt wurde, stellt sich die Frage, was die Implikationen für die Zukunft sind und inwieweit Regelungsbedarf besteht. Regulierung speziell für rechtsberatende Software existiert bislang nicht.

Zunächst wird, gerade wenn man mit der hier vertretenen Meinung das Rechtsdienstleistungsgesetz für einschlägig hält, das System der Anwaltshaftung auf die Probe gestellt. Zu Recht wird angemerkt, dass die anwaltliche Haftpflicht nicht auf Rechtsberatungssoftware ausgelegt ist.[512] § 51 I 1, IV 2 BRAO verlangt für Rechtsanwälte eine Pflichtversicherung, die mindestens Schäden in Höhe von einer Million Euro pro Jahr abdeckt. Dies ist für die meisten aktuellen anwaltlichen Streitigkeiten ausreichend. Die Rechenkraft und Multitasking-Fähigkeit eines Computers ermöglichen aber in der Theorie die gleichzeitige, oder jedenfalls schnell aufeinanderfolgende, Bearbeitung unzähliger Fälle. Allein aufgrund der denkbaren Menge an Nutzern können große Schadenssummen zusammenkommen. Ebenso zu Recht wird dabei von den aktuell möglichen hohen Schadenssummen bei Wirtschaftskanzleien unterschieden, die in einem professionellen wirtschaftlichen Umfeld arbeiten[513] als der potentielle Kleinanwalt, der aber ein Onlineberatungsprogramm zur Verfügung stellt. Der Gesetzgeber muss hier darüber nachdenken, ob er diese Situation hinnehmen will. Der Vergleich mit neuen Gesetzen zu automatisierten Fahrzeugen, wie unter 3.2 besprochen, zeigt, dass auch eine speziell angepasste Regelung in Betracht kommt. Die Haftungshöchstgrenzen des § 12 StVG wurden für automatisierte Fahrzeuge verdoppelt, um der Unvorhersehbarkeit der neuen Gefahren Rechnung zu tragen. Ebenso ist es hier denkbar, den Anwälten eine Versicherung vorzuschreiben, die im Falle von Schäden, die durch das Anbieten von Rechtsberatungssoftware entstehen, eine höhere Summe deckt.

Es könnte auch die Erlaubnis der Nutzung entsprechender Programme an eine höhere Versicherungssumme geknüpft werden, was zum nächsten Punkt führt: Der Gesetzgeber muss darüber nachdenken, ob der Einsatz weiterhin

---

512 *Weberstaedt*, AnwBL 2016, 535, 537.

513 *Weberstaedt*, AnwBL 2016, 535, 537.

jedem, der Rechtsdienstleistungen erbringen darf, ohne weitere Voraussetzungen und begrenzt nur durch allgemeine Haftungsvorschriften offenstehen soll. Lehnt man die Anwendbarkeit des RDG ab, existieren noch weniger Voraussetzungen, was ebenso für eine Regulierung sprechen würde.

Online verfügbare Programme sind, sobald sie flächendeckend eingesetzt werden können, für den Bürger schnell verfügbar und werden für diese vermutlich günstig zu benutzen sein. Den Anwaltsberuf komplett zu ersetzen, ist aber auf absehbare Zeit sehr unwahrscheinlich. Gerade für ärmere Menschen oder in einfacheren Fällen ist aber eine Verschiebung weg vom Beratungsgespräch hin zur vermehrten Nutzung der Programme denkbar.

Angesichts des Status, den der Anwalt in unserer Rechtsordnung genießt („Unabhängiges Organ der Rechtspflege", § 1 BRAO), und der strengen Regulierung von Rechtsdienstleistungen nach dem RDG, das sicherstellen will, dass Rechtsberatung in fähigen Händen ist, wäre es inkonsequent, einer möglichen Automatisierung ohne Qualitätssicherung zuzuschauen. Eine Zertifizierung ist ein möglicher Schritt, festgelegte Qualitätsstandards sind ebenso eine plausible Lösung. Ähnlich den unter 3.4.3 vorgeschlagenen „Testparkours"[514] könnte man auch in der Rechtsberatung Anforderungen an Programme stellen, die diese erfüllen müssen. Als Unterschied ist dabei aber zu beachten, dass die Sicherstellung vertretbarer rechtlicher Prüfungen insgesamt ein viel komplexeres Feld ist als die Diskriminierungsprävention bei Einstellungen. Während es bei letzterem statistisch gut möglich sein sollte, Fehler zu minimieren, wird die Gefahr einer Fehlprüfung durch eine Maschine selbst durch noch so gründliche Tests kaum auszuschließen sein.

Auch deswegen könnte der Gesetzgeber feste Zulässigkeitsgrenzen einführen. Bei der Bearbeitung von Falschparkertickets ist ein potentieller Fehler weniger einschneidend als bei einem Wirtschaftsprozess mit Schäden in Millionen- oder Milliardenhöhe. Man kann die Beschränkungen auf gewisse Rechtsgebiete erstrecken oder einfach einen maximalen Streitwert festlegen (den der Anwender dann natürlich erstmal herausfinden muss), ebenso denkbar ist eine Kombination der beiden Ansätze.

Gerade wenn der Staat selbst die Einhaltung von Qualitätsstandards sichert und/oder Grenzen einführt, um zu große Schäden zu vermeiden, bietet sich als weitere Option die Freigabe rechtsberatender, intelligenter Programme für Personen und Unternehmen an, die nicht dem RDG unterfallen. Zwingend ist das nicht. Sollte der Gesetzgeber sich entschließen, die Handhabung der potentiell

514 Siehe zur Kontrolle von Algorithmen durch Tests auch *Martini/Nink*, NVwZ 2017, 681.

gefährlichen Software in den Händen von fachkundigen Personen zu belassen, kann angesichts dessen, dass die Materie umstritten bleibt, in die andere Richtung auch ein klarstellendes Gesetz erlassen werden.

Auch generell ergibt sich keine verfassungsrechtliche Pflicht zur weiteren Regulierung des Gebiets. Es ist keine Vorschrift des Grundgesetzes ersichtlich, die den Staat dazu zwingen würde. Die Gesetzgebung ist daher in ihrer Entscheidung frei und kann nicht nur zwischen möglichen Lösungen wählen, sondern könnte sich auch dazu entscheiden, den Bereich (abgesehen von dem Teil des aktuellen Rechts, unter den er dank der abstrakten Natur von Gesetzen ohnehin fällt) in seiner aktuellen Form zu belassen, allen Gründen dagegen zum Trotz.

Schließlich wäre für den Einsatz von echten KI-Anwälten eine Gesetzesänderung nötig. Aktuell können sie die gem. § 4 Nr. 1 BRAO notwendige Befähigung zum Richteramt nicht erwerben und damit keine Anwälte sein.[515] Eine solche Änderung ist aber weder geplant noch für die mittlere Zukunft veranlasst.

3.6 General Intelligence und Superintelligenz

Historisch war das eigentliche Ziel von KI-Forschung die Nachahmung des Menschen durch Maschinen. Die bis hierhin besprochenen Anwendungsfälle bringen zwar bereits heute erstaunliche Maschinen hervor, sie bleiben aber Spezialistensysteme, die zwar auf ihren jeweiligen Gebieten brillieren, abseits davon aber häufig schlecht bis unbrauchbar funktionieren.[516] Das ist Absicht. Ein Staubsaugerroboter muss keine Altenpflege betreiben können.

In jüngerer Vergangenheit glauben immer mehr Wissenschaftler aber, dass künstliche Intelligenz, die nach menschlichem Vorbild funktioniert und deswegen gebietsunabhängig verschiedenste Probleme mit allgemeinen Denkansätzen lösen kann („General Intelligence"),[517] in greifbare Nähe gerückt ist und nehmen die Forschung wieder auf.[518] Glaubt man Experten, so ist es nicht ausgeschlossen, dass langfristig künstliche Intelligenz auf dem Niveau von Menschen geschaffen werden kann (HLAI, Human Level Artificial Intelligence).[519] Der nächste logische Schritt wäre dann eine Maschine, deren kognitive Fähigkeiten denen des Menschen überlegen sind. Man spricht von einer „Superintelligenz".[520] Gerade

515 *Enders*, JA 2018, 721, 724.
516 *Frankish/Ramsey*, The Cambridge handbook of artificial intelligence, 2014, S. 22.
517 *Goertzel*, Artificial general intelligence, 2007, S. 1.
518 *Russell/Norvig*, Artificial intelligence, ^{3}2010, S. 27.
519 *Russell/Norvig*, Artificial intelligence, ^{3}2010, S. 27.
520 *Bostrom*, Superintelligence, 2016.

die Fortschritte im Bereich Machine Learning lassen überraschend viele Wissenschaftler daran glauben, dass in wenigen Generationen eine KI erschaffen werden kann, die intelligent genug ist, sich selbst derart weiterzuentwickeln, dass dadurch weitere Verbesserungen möglich werden und auf diese Weise ein Kreislauf entsteht, der die Intelligenz ins Unermessliche steigen lässt.[521] Derart soll die sogenannte „technische Singularität“[522] entstehen, deren Resultat eine unvorstellbar intelligente KI ist.[523]

Die Gefahren sind vielfältig, sodass der Gesetzgeber gefragt ist. Es muss zwischen zwei Bereichen differenziert werden: Zum einen die Problematik, wie die künstliche Nachahmung eines Menschen überhaupt nach dem Menschenbild des Grundgesetzes zu bewerten ist. Zum anderen stellt sich die Frage, wie vor Gefahren, die durch Aktionen einer hypothetischen HLAI oder Superintelligenz entstehen, geschützt werden kann/muss.

Dabei darf aber nicht übersehen werden, dass von möglichen Gefahren durch KI Superintelligenzen noch am weitesten entfernt sind. Abgesehen von der Frage des „Ob“ ist nicht seriös einschätzbar, wann derart komplexe Programme und die notwendige Rechenleistung Realität werden könnten, allen Versuchen[524] zum Trotz.

3.6.1 Die Imitation des Menschen

Die Weiterentwicklung von General Intelligence wird, so die Vermutung, zu immer menschenähnlicheren intelligenten Programmen führen. Man kann sich fragen, ob menschliche Intelligenz nicht auch im Ergebnis ein Spezialistensystem ist und eine echte generelle Intelligenz nicht automatisch deutlich mehr leisten kann, als es dem menschlichen Gehirn möglich ist.[525] Dessen Fähigkeiten sind das Ergebnis evolutionärer Prozesse und daher dann stärker ausgeprägt, wenn es dem Überleben des Menschen zur jeweiligen Zeit nützlich war. Klar ist aber auch, dass diese Prozesse dazu geführt haben, dass jeder Mensch mit

---

521 *Vinge*, The Coming Technological Singularity: How to Survive in the Post-Human Era, 1993; *Kurzweil*, The singularity is near, 2006.

522 *Vinge*, The Coming Technological Singularity: How to Survive in the Post-Human Era, 1993; *Kurzweil*, The singularity is near, 2006.

523 *Bostrom*, Superintelligence, 2016, S. 4.

524 Z.B. *Vinge*, The Coming Technological Singularity: How to Survive in the Post-Human Era, 1993: „I'll be surprised if this event occurs before 2005 or after 2030.“

525 Verwandt damit ist die Frage, ob Menschen der Maßstab für Intelligenz sind/sein sollten, *Russell/Norvig*, Artificial intelligence, ^{3}2010, S. 1. Siehe dazu auch 2.1.

einem funktionierenden Gehirn diverse allgemeine Lösungsansätze beherrscht. Gäbe man einem Menschen der Antike eine Flasche mit Schraubverschluss, ist es wahrscheinlich, dass er diese öffnen könnte, gäbe man ihm etwas Zeit, obwohl er noch nie etwas Derartiges gesehen hat. Notfalls könnte er versuchen, die Flasche zu zerstören, um an ihren Inhalt zu kommen. Auch das ist ein allgemeiner Lösungsansatz. Überlässt man aber einer Fahrzeugsteuerungssoftware, die mit Hilfe künstlicher Intelligenz fährt, einen Körper und die notwendigen Schnittstellen, diesen zu benutzen, könnte sie dennoch nichts damit anfangen. Ihr ist es nur möglich, kognitive Leistungen auf dem Gebiet zu erbringen, für das sie programmiert wurde.

Eine generelle künstliche Intelligenz wird also aller Wahrscheinlichkeit nach deutlich menschenähnlicher werden als alles, was bis jetzt existiert. Auf dem Gebiet der HLAI ist dies gerade das Ziel der Forschung. Die Neugierde des Menschen in diesem Bereich ist natürlich, es ist aber keineswegs eindeutig, ob diese Forschung auf Dauer rechtlich unbedenklich ist. Es muss untersucht werden, ob es zulässig wäre, einen Roboter zu bauen, der von einem Menschen kaum zu unterscheiden wäre, bzw. daran zu forschen.

Hilfreich ist ein Blick auf ein anderes Gebiet: Die Biologie hat in den vergangenen Jahrzehnten ebenfalls Fortschritte gemacht, die die künstliche Schaffung von Menschen oder menschenähnlichen Lebewesen jedenfalls in greifbare Nähe rücken.[526] Das Klonen von Menschen und die Schaffung von Hybridwesen aus Mensch und Tier sowie die „Produktion" eines Menschen aus vorhandenem Erbgut sind keine Zukunftsmusik, sondern Realität in der modernen Wissenschaft. Der Gesetzgeber hat sich hier für eine strenge Regulierung entschieden: § 6 ESchG verbietet das Klonen von Menschen und § 7 ESchG die Chimären- und Hybridbildung, was zusammengefasst die Schaffung eines neuen Menschen oder Mensch/Tierhybriden unter Vereinigung verschiedener Erbinformationen verhindert. Hier relevant ist der Grund für dieses Verbot: Nach der Gesetzesbegründung würde sowohl das Klonen, also auch die Chimären- und Hybridbildung, „in besonders krasser Weise" gegen die Menschenwürde verstoßen.[527] Die entscheidende Frage ist dabei, wessen Menschenwürde Schutzgut der §§ 6, 7 ESchG ist. In Betracht kommt nämlich zum einen, die Würde des genetischen Spenders als geschützt zu sehen,[528] zum anderen eine abstrakte „Menschheitswürde" als Würde der Spezies Mensch.[529] Für die Frage,

526 *French/Adams/Anderson u.a.*, Stem Cells 2008, 485 ff.
527 BT-Drs. 11/5460, S. 11 f.
528 *Herdegen*, in: Maunz/Dürig, Grundgesetz, 2019, Art. 1 I 105, 107.
529 *Schächinger*, Menschenwürde und Menschheitswürde, 2014, S. 208.

inwieweit der mechanische Bau menschenähnlicher Roboter erlaubt sein kann/darf, ist diese Unterscheidung relevant. Denn hier existiert kein „Spender", dessen Würde verletzt sein könnte. Geht man aber von einer Menschheitswürde aus, so ist es denkbar, diese durch den künstlichen Nachbau von Menschen auch mit Hilfe künstlicher Intelligenz bedroht zu sehen. Ohne eine solche Bedrohung ist ein Eingriff in die schrankenlose[530] Wissenschaftsfreiheit des Art. 5 III GG kaum zu rechtfertigen.

Hat die Menschenwürde also einen objektiv-rechtlichen Gehalt, der der Menschheit als Gattung einen kollektiven Würdeschutz verleiht?[531] Der Wortlaut des Art. 1 I GG, „Würde des Menschen", scheint auf das Individuum bezogen zu sein und daher dagegen zu sprechen.[532] Auch die Entstehungsgeschichte gibt als Reaktion auf die Zeit des Nationalsozialismus keine Begründung für eine Loslösung der Menschenwürde vom Individuum her. Im Gegenteil sollte gerade jeder einzelne Mensch geschützt werden.[533]

Wollte man trotzdem eine Menschheitswürde herleiten,[534] müsste man sich die Frage stellen, ob diese durch die reine maschinelle Imitation des Menschen beeinträchtigt ist. Ein weiterer, bislang noch nicht genannter Unterschied zu Klonen und Chimärenerzeugung ist der, dass bei biologischen Menschenerzeugungsmethoden immer ein Arbeiten mit menschlicher DNA notwendig ist. Ein sehr menschenähnlicher Roboter hätte dieses Problem nicht. Er würde lediglich mit Hilfe verschiedenster Hardware deren Funktion nachahmen.

Es verbliebe nur noch die Argumentation, ein zu menschenähnlicher Roboter würde die Einzigartigkeit des Menschen als „Krone der Schöpfung" bedrohen und wäre als solcher nicht mit der Würde des Menschen vereinbar. Das ließe sich auch auf eine Superintelligenz übertragen, die *per definitionem* dem Menschen seine einzigartige Rolle als intelligentestes Wesen streitig machen würde. Ein Verbot hiervon ließe sich aber auch aus einer abstrakten, übergreifenden Menschenwürde der Spezies nicht herleiten. Eine solche Lesart würde das ohnehin wackelige Konstrukt überdehnen. Ängste der Menschen dürfen nicht pauschal zum Teil der Menschenwürde gemacht werden.

---

530 BVerfGE 90, 1, 12 f.

531 Ausführlich dazu: *Schächinger*, Menschenwürde und Menschheitswürde, 2014, S. 229 ff.

532 *Herdegen*, in: Maunz/Dürig, Grundgesetz, 2019, Art. 1 I Rn. 32.

533 *Schächinger*, Menschenwürde und Menschheitswürde, 2014, S. 230.

534 Zu den zahlreichen Begründungsmodellen ausführlich: *Schächinger*, Menschenwürde und Menschheitswürde, 2014, S. 230 ff.

Auch deswegen ist ein Verbot von Forschung an HLAI nicht aufgrund von Art. 1 I GG geboten. Wollte der Gesetzgeber es einführen, läge ein Eingriff in die Wissenschaftsfreiheit des Art. 5 III GG vor. Da es sich dabei nach zustimmungswürdiger herrschender Meinung um ein schrankenloses Grundrecht handelt,[535] wäre zur Rechtfertigung kollidierendes Verfassungsrecht notwendig, das mangels Verletzung der Menschenwürde jedenfalls nicht in Form des Art. 1 I GG zur Verfügung steht. In Betracht kommen nur andere Rechtsgüter, die möglicherweise durch sehr weit entwickelte KI gefährdet sind.

3.6.2 Gefahren durch sehr weit entwickelte KI

Wie es bei neuen, weitreichenden Technologien üblich ist, stellt sich auch im Fall von General Intelligence und Superintelligenz die Frage, welche potentiellen Schäden unvorhergesehene Ereignisse im Zusammenhang mit den Neuerungen anrichten könnten. Nachdem man dieses Gefahrenpotential eingeschätzt hat, ist zu prüfen, welchen Rahmen das Grundgesetz absteckt, bevor schließlich entschieden werden kann, welche Regulierungsoptionen aus staatlicher Sicht bestehen.

3.6.2.1 Mögliche Gefahren

Schon häufiger wurde angedeutet, dass eine sehr fortschrittliche KI noch weiterreichende Schäden anrichten kann, als ohnehin zu befürchten sind. Ebenso ist natürlich denkbar, dass die geschilderten Probleme, die schon bei weniger intelligenten Programmen auftauchen, sich einfach verstärken. So hätte ein Social Bot, der neben seiner enormen computerbedingten „Denk"-Geschwindigkeit auch sämtliche kognitiven Fähigkeiten eines normalen Menschen besäße, viel mehr Möglichkeiten, seiner Bestimmung nachzukommen, als die bereits heute existierenden Programme. Er könnte sich überzeugender als Mensch ausgeben und besser ausgearbeitete Propaganda verbreiten. Diese Probleme sind bekannt, aber in der Intensität verstärkt. Im Einzelfall können sich dadurch Bewertungen verändern, größtenteils wird aber der Rückgriff auf ähnliche Lösungsansätze möglich sein. Es können aber auch völlig neue Gefahren entstehen.

Vor allem die globale Vernetzung gibt einem intelligenten Computer, der Zugriff auf das Internet hat, eine Vielzahl an Möglichkeiten, bewusst oder unbewusst Schäden zu verursachen. Das Ausschalten von Strom, die Manipulation

---

535 BVerfGE 90, 1, 12 f; *Bethge*, in: Sachs (Hrsg.), Grundgesetz, [8]2018, Art. 5 Rn. 222; *Scholz*, in: Maunz/Dürig, Grundgesetz, 2019, Art.5 III Rn. 184.

von Computern der Regierungen, Krankenhäusern, Banken oder Verwaltung, die großflächige Manipulation von Wirtschaft und Finanzen – der Fantasie sind wenig Grenzen gesetzt. Vor allem eine Superintelligenz hätte ein enormes Zerstörungspotential.

Optimistische Zeitgenossen halten die Angst für übertrieben.[536] Teilweise wird die Bedrohung für zu entfernt gehalten, teilweise wird in Frage gestellt, warum eine menschengemachte Super-KI ihren Erschaffern schaden sollte. Es gibt aber durchaus mehrere denkbare Szenarien, wenn auch der Zeitpunkt der Eintrittsmöglichkeit in der Tat weit in der Zukunft liegen dürfte. Erstens könnte der Erschaffer schlicht Böses im Sinn haben. Terroristen könnten etwa das Potential der Technologie für ihre Zwecke missbrauchen.

Zweitens könnte der Erschaffer ein Ziel haben, das nicht per se schädlich ist, sich aber für die zur Erreichung dieses Ziels notwendigen Folgen nicht interessieren bzw. diese falsch einschätzen. Gibt er der Maschine dann die Verfolgung des Ziels ohne Rücksicht auf die Interessen anderer auf, ist mit Kollateralschäden zu rechnen.

Schließlich ist nicht sicher, dass der Mensch die Maschine gut kontrollieren kann. Gerade das schon häufiger angesprochene Machine Learning eröffnet die Möglichkeit eines Programms, das sich in eine ganz andere Richtung entwickelt als gewollt. Moderne selbstlernende Maschinen werden nicht mehr direkt von Menschen „unterrichtet", sondern überprüfen ihre eigenen Ergebnisse anhand der Erreichung einprogrammierter Ziele. Setzt man aber dem Programm ungewollt falsche Ziele, kann das katastrophale Folgen haben. Ein einfaches Beispiel:[537] Gibt man einer superintelligenten KI lediglich das Ziel, die Todesfälle durch Krebs zu minimieren, könnte sie auf die Idee kommen, die effizienteste Möglichkeit zur Erreichung dessen sei die Tötung aller Menschen auf andere Weise. Die sorgfältige Auswahl der Ziele ist daher von größter Bedeutung. Ist die Komplexität eines Programms und dessen Einsatzgebiet groß genug, ist es für einen Menschen gar nicht mehr überschaubar, was das Programm aufgrund der eingegebenen Ziele zur Selbstverbesserung unternimmt. Beobachter sehen den Menschen vor der Superintelligenz wie Kinder vor einer Bombe.[538]

---

536 *Wischmeyer*, AöR 2018, 1, 3.

537 Ein komplexeres, weiterführendes Beispiel: *Bostrom*, Superintelligence, 2016, S. 146 ff: „Bring uns zum Lachen" animiert die KI, die Gesichtsmuskeln zu paralysieren. „Bring uns zum Lachen, ohne unsere Gesichtsmuskeln zu manipulieren" führt zu einer Manipulation des zuständigen Gehirnbereichs usw.

538 *Bostrom*, Superintelligence, 2016, S. 319.

Berühmt geworden ist in jüngerer Vergangenheit das Experiment mit den Chatbots Alice und Bob. Die beiden künstlichen Intelligenzen sollten laut ihrer Programmierer möglichst menschliche Sprache entwickeln.[539] Das ihnen gegebene Ziel war aber, in einer Diskussion den jeweils anderen zu überzeugen. Die Forscher glaubten, dieses Ziel würde automatisch zu einer Verbesserung der Sprache führen. Nach einer Weile merkten Alice und Bob aber, dass die menschliche Sprache ineffizient war und erfanden einfach eine neue Sprache, die nur sie selbst verstanden. Sie wurden daher abgeschaltet. Die Gefahren, die aufgrund dieses Effekts in einer nicht-kontrollierten Umgebung auftreten können, liegen auf der Hand.

Dazu kommt noch das Risiko einfacher Programmierfehler. Auch unabhängig von Machine Learning ist Programmierarbeit an großen und komplexen Programmen eine schwierige Angelegenheit. Es gilt unter Softwareentwicklern als Binsenweisheit, dass sich sogenannte „Bugs" niemals komplett ausschließen lassen.

Die potentiell betroffenen Rechtsgüter sind vielfältig. Das allgemeine Persönlichkeitsrecht, Art. 2 I GG i.V.m. Art. 1 I GG, vor allem in seiner Ausprägung als Recht auf Vertraulichkeit und Integrität informationstechnischer Systeme,[540] ist am stärksten gefährdet. Dieses Rechtsgut kann ein intelligentes Programm sogar in seiner „natürlichen" Umgebung, dem Inneren eines Rechners, direkt beeinträchtigen. Gelingt es der KI, die Außenwelt zu beeinflussen, ist das Privateigentum der Bürger, Art. 14 I GG, in Gefahr und bei Stromausfällen und Manipulationen von Einrichtungen wie Krankenhäusern oder Atomkraftwerken können auch die Rechte auf Leben und körperliche Unversehrtheit, Art. 2 II 1 GG, nicht mehr garantiert werden, ganz zu schweigen von der Möglichkeit, dass ein sehr intelligentes Programm Zugriff auf militärische Einrichtungen erlangt.

Bereits heute beschäftigen sich Forscher und Interessierte mit Ideen, wie eine Super-KI die Welt übernehmen könnte.[541] Der Fantasie sind insoweit wenig Grenzen gesetzt, weil eine Superintelligenz (und im kleineren Rahmen auch bereits weit entwickelte General Intelligence) schon nach ihrer Definition viel mehr Möglichkeiten als ein Mensch hat. Überlegene Hacking-Fähigkeiten sind

---

539 Im Folgenden: *Franziska Knupper*, Facebook-Experiment – Computer entwickeln eigene Sprache (https://www.berliner-zeitung.de/digital/facebook-experiment-computer-entwickeln-eigene-sprache-28101812) (geprüft am 14.06.2019).

540 BVerfG, Urteil vom 27.02.2008 – Rs. 1 BvR 370/07; BVerfGE 120, 274.

541 *Bostrom*, Superintelligence, 2016, S. 115 ff.

ein Vorteil, solange sich die KI im Cyberspace bewegt. Sie wird aber vermutlich auch erhabene soziale Fähigkeiten zur Manipulation von Menschen, Möglichkeiten, neue Technologien zu erforschen, sowie weitere, den Menschen übertreffende Komponenten, besitzen.[542]

Ein (verkürztes) Beispiel für eine vorgeschlagene Weltübernahmestrategie:[543] Die Superintelligenz erforscht zunächst, wie DNA funktioniert, manipuliert Hilfspersonen um ein „einfaches" DNA-basiertes Nanosystem zu erschaffen, das auf externe Stimulation reagiert. Dieses System wird dann benutzt, um immer komplexere Nanotechnologien zu bauen, die das superintelligente Programm kontrollieren kann.

Man kann derart ausgefallene Szenarien für Science-Fiction halten. Ebenso kann man einwenden, dass im Falle der Existenz einer tatsächlichen Superintelligenz diese vermutlich einen Plan entwerfen wird, der deutlich besser ist als die, die von Menschen stammen. Die grundlegende Tatsache, dass weit entwickelte KI, deren Ziele von denen der Menschheit abweichen, unkontrolliert großen Schaden anrichten kann, ist aber nicht zu bestreiten. Aus diesem Grund ist es nicht fernliegend, sich bereits heute mit den Grundzügen der späteren Regulierung der Materie zu beschäftigen.

3.6.2.2 Regulierung

Hat man die Gefahren erkannt und fragt sich, was aus staatlicher Perspektive zu tun ist, wird man feststellen, dass weit entwickelte KI zunächst eine Risikotechnologie ist. Insoweit lohnt sich ein Blick auf die in den letzten Jahrzehnten entwickelten Grundsätze zu anderen gefährlichen technologischen Fortschritten.

Allen voran ist an die Nutzung der Kernenergie zu denken. Das Bundesverfassungsgericht hat dazu entschieden, dass der Gesetzgeber aufgrund des Parlamentsvorbehalts die Grundentscheidung für oder gegen die Kernenergie in einem formellen Gesetz treffen und im Falle einer positiven Entscheidung für einen ausreichenden Schutz der Bürger sorgen muss.[544] Im Rahmen dieser Problematik wurde auch festgestellt, dass die Gefährdung umso geringer erscheinen darf, je schwerer der möglicherweise eintretende Schaden wäre.[545]

---

542 *Bostrom*, Superintelligence, 2016, S. 114.

543 *Yudkowsky*, in: Bostrom/Cirkovic (Hrsg.), Global catastrophic risks, 2008, 331 f.

544 BVerfG NJW 1979, 359.

545 BVerfG NJW 1979, 359, 362; *Di Fabio*, in: Maunz/Dürig, Grundgesetz, 2019, Art. 2 II 1 Rn. 49.

Der Gesetzgeber hat aber einen weiten Einschätzungs- und Gestaltungsspielraum.[546] Aus der Rechtsprechung zu Mobilfunkantennen wird zudem deutlich, dass keine allgemeine Pflicht besteht, vor rein hypothetischen Gefahren zu schützen.[547]

Die Gefahren durch eine abtrünnige, weit entwickelte KI sind nicht rein hypothetisch. Zwar ist nicht sicher, ob der Schadenseintritt jemals realisiert wird. Die Tatsache, dass diese Gefahren möglich sind, ist aber sicher. Nicht die Gefahr an sich steht in Frage, nur die Wahrscheinlichkeit ihres Eintritts.

Angesichts der angesprochenen Gefahren für Leben und körperliche Unversehrtheit, aber auch die Weltwirtschaft und die Zivilisation an sich, wird ein Punkt kommen, an dem man wie im Falle der Atomenergie eine Entscheidung des Gesetzgebers fordern muss. Aktuell ist der Bereich noch unreguliert und kann es kurz- und wahrscheinlich mittelfristig auch bleiben. Auf Dauer muss der Gesetzgeber sich aber ein Konzept überlegen und eine Entscheidung treffen.

Es ist wahrscheinlich, dass diese jedenfalls grundsätzlich zu Gunsten der neuen Technologie ausfallen wird. Insofern die Vergangenheit ein Indikator ist, lässt sich derartiger Fortschritt ohnehin nicht aufhalten und das Potential, positiven Fortschritt zu bringen, ist zu groß, als dass ein Totalverbot realistisch erscheint.

Zum jetzigen Zeitpunkt ist es schwierig, vorherzusehen, welche Maßnahmen sinnvollerweise zur Gefahrenabwehr und -prävention getroffen werden können, wenn man die Nutzung an sich erlaubt. Eine Anpassung an die dann existierende Forschung ist notwendig. Nichtsdestotrotz sind bereits mögliche Ansätze denkbar.[548]

So könnte man für die Forschung eine kontrollierte Umgebung verlangen. Gerade eine Nichtanbindung an das Internet würde der KI einen großen Teil ihrer Handlungsmöglichkeiten nehmen. Völlige Sicherheit wäre dadurch nicht garantiert. Es wird gemutmaßt, eine Superintelligenz könnte durch ihre überlegenen Manipulationsfähigkeiten die Wissenschaftler einfach dahingehend beeinflussen.[549] Folgt man derart weitreichenden Argumentationen, wird man die Nutzung aber ohnehin nicht für zulässig halten können.

---

546 BVerfGE 71, 66, 77; 73, 301, 315; 77, 84, 104; Speziell zu Art. 2 II GG: *Di Fabio*, in: Maunz/Dürig, Grundgesetz, 2019, Art. 2 II 1 Rn. 50.

547 BVerfG MMR 2002, 380.

548 Siehe zusammengefasst etwa *Bostrom*, Superintelligence, 2016, S. 175.

549 *Bostrom*, Superintelligence, 2016, S. 119.

Der Einsatz von Machine Learning-Systemen ist ein wichtiger Bestandteil sehr intelligenter Programme.[550] Ohne Lernsysteme ist moderne KI nicht denkbar. Gerade auch Mutmaßungen um die technische Singularität[551] basieren gerade darauf, dass das Programm sich selbst und damit den Verbesserer verbessert. Das bedeutet aber auch, dass es eine „unkritische" Phase geben muss, in der noch nicht genug Verbesserungen vorgenommen wurden und die Intelligenz noch nicht explodiert. Möglicherweise kann hier angesetzt und in der Phase, in der die Intelligenz steigt, eine strenge Überwachung gefordert werden.

Weiterhin kann verlangt werden, dass Programme auf dem Weg zur General Intelligence nur eingesetzt werden dürfen, wenn ihre Ziele so formuliert sind, dass es in ihrem eigenen Interesse ist, zum Wohle der Menschheit zu handeln. Die Schwachstelle dieser Sicherung wurde bereits angesprochen: Es ist schwer, Ziele so zu formulieren, dass ein Computer nichts Schädliches unternimmt, um die an sich sinnvollen Ziele zu erreichen. Historisch war das die Idee der Robotergesetze von Isaac Asimov.[552] Indem man das Ziel, Menschen nicht zu schaden, über alles stellt, sollte das Programm, jedenfalls in der Theorie, auch zur Erreichung des Ziels, für das es gebaut wurde, nicht abtrünnig werden. Dieser Ansatz könnte, trotz seiner Unsicherheit, in Zukunft in Gesetzesform gegossen werden, unter Umständen zusätzlich zu weiteren Sicherungsmaßnahmen.

Die bereits häufiger angesprochenen Testdurchläufe für Programme sind hier nicht geeignet.[553] Denkbar ist aber, sogenannte „tripwires" einzubauen, die eine ähnliche Funktion verfolgen.[554] Darunter versteht man in das Programm eingebaute Bedingungen, unter denen es sofort abgeschaltet wird. Alternativ könnte man ein zusätzliches Kontrollprogramm laufen lassen, das jederzeit überprüft, ob die KI unerwünschte Handlungen plant. Der Unterschied der beiden Konzepte ist lediglich, ob die Abschaltbedingung des Programms von innen oder von außen überprüft wird. Gegenüber menschlicher Kontrolle besteht in beiden Fällen der Vorteil, dass man sich mit dem Computer hinsichtlich der Handlungsgeschwindigkeit auf Augenhöhe befindet.

Jede staatliche Schutzmaßnahme würde in die Forschungs- und Wissenschaftsfreiheit des Art. 5 III GG eingreifen, ist aber durch die oben beschriebenen

---

550 *Frankish/Ramsey*, The Cambridge handbook of artificial intelligence, 2014, S. 165.

551 Siehe 3.6; *Vinge*, The Coming Technological Singularity: How to Survive in the Post-Human Era, 1993; *Kurzweil*, The singularity is near, 2006.

552 Z.B. in *Asimov*, Meine Freunde, die Roboter, 2002.

553 Siehe dazu z.B. 3.4.3.

554 *Bostrom*, Superintelligence, 2016, S. 167.

gefährdeten Rechtsgüter, die teils ebenfalls Verfassungsrang haben, trotz der Schrankenlosigkeit dieses Grundrechts ebenso zu rechtfertigen, wie es im Falle anderer Risikotechnologien der Fall ist. Bei einer genauen Abwägung sind jedoch die Umstände des Einzelfalls zu berücksichtigen. Nach der üblichen Je-Desto-Formel für Gefahren, die besagt, dass die Unwahrscheinlichkeit des Schadenseintritts geringer sein darf, umso gravierender die Auswirkungen wären,[555] muss man aber angesichts des Bedrohungspotentials einer Superintelligenz weitreichende Maßnahmen für zulässig halten. Von den genannten Lösungsansätzen bietet sich eine Kombination an.

555 Z.B.: BVerfG NJW 1979, 359, 362; BVerwG DÖV 1974, 207 ff; BVerwG NJW 1978, 1450.

4. Staatliche Nutzungsmöglichkeiten

Neben der sich immer wieder stellenden Frage, welche Regulierungen in Frage kommen, also wie der Staat seine Bürger schützen kann und darf, gibt es den zweiten großen Komplex, wie der Staat künstliche Intelligenz selbst einsetzen kann. Die Verwendungsmöglichkeiten sind zahlreich, es muss aber jederzeit darauf geachtet werden, ob die typischen Folgen des Einsatzes von KI subjektive Rechte von betroffenen Bürgern verletzen oder gegen objektive Rechtssätze verstoßen.

Die Tatsache, dass der Staat bei seinen Handlungen selbst an Grundrechte und die Verfassung gebunden ist, Art. 1 III, 20 III GG, Judikative und Exekutive zudem an Recht und Gesetz, führt dazu, dass nicht die hohe Schwelle für die Annahme einer Handlungspflicht[556] erreicht werden muss, um einen staatlichen Verfassungsverstoß festzustellen, sondern das Verhalten der Hoheitsträger direkt an der Verfassung gemessen werden kann.

Umgekehrt kann die durch KI mögliche Automatisierung dazu führen, dass staatliche Aufgaben besser oder zumindest effizienter ausgeführt werden können. Ein schneller durchgeführtes Verfahren ist schon für sich allein ein Gewinn und kann auch beispielsweise zur Verbesserung der Rechtsstaatlichkeit führen. Ein Recht ist weniger wert, wenn es zu lange dauert, es durchzusetzen.

Anhand dieser Maßstäbe müssen die verschiedenen Einsatzmöglichkeiten betrachtet werden. Hier werden mehrere Gebiete, auf denen ein Einsatz denkbar ist, diskutiert:

Erstens könnte der Staat im Rahmen von Verwaltung und Regierung künstliche Intelligenz zu Hilfe nehmen. Auf diese Weise könnten nicht nur einfache Entscheidungen automatisiert, sondern auch komplexe Sachverhalte erfasst und automatisiert entschieden werden. Selbst computergesteuerte Ermessensentscheidungen sind denkbar und bereits heute im Fokus der Diskussion. Ebenso werden die Analysefähigkeiten moderner Computer, die nur mit Hilfe von künstlicher Intelligenz und Machine Learning-Algorithmen möglich sind, dazu führen, dass der Staat viel präziser voraussagen kann, was in seinem Hoheitsgebiet geschehen wird. Vor allem im Bereich des Polizeirechts, in dem das Phänomen als „Predictive Policing“ bekannt geworden ist, führt dies zu grundrechtlichen Fragen.

---

556 *Walter*, in: Maunz/Dürig, Grundgesetz, 2019, Art. 93 Rn. 104 ff.

Zweitens kann KI im Rahmen der Rechtsprechung eingesetzt werden. Die Verletzung der Justizgrundrechte und der zahlreichen verfassungsrechtlichen Vorgaben zur Judikative liegt allerdings schnell nahe. Dasselbe gilt, in abgeschwächter Form, für die Staatsanwaltschaft. Auch hier kann die Analysefähigkeit der Maschinen zu neuen Herausforderungen führen, aber auch Chancen bieten, solange die Verfassung gewahrt bleibt.

4.1 Exekutive

Die Arbeit von Verwaltung und Regierung bleibt von der Digitalisierung nicht verschont. Im Laufe der letzten Jahrzehnte wurden Computer unverzichtbare Hilfsmittel und die Vernetzung schreitet stetig voran. Immer wieder stellen die Neuerungen rechtliche Herausforderungen dar, die mal leichter, mal schwieriger zu lösen sind. So regelt zum Beispiel § 3a VwVfG die elektronische Kommunikation, indem es diese zulässt, falls ein Zugang vom Empfänger eröffnet wurde. Das ermöglicht elektronische Kommunikation, ohne diejenigen zu benachteiligen, die nicht auf sie zurückgreifen wollen. Ein weiteres Beispiel ist der recht neue § 35a VwVfG, der den Erlass von automatisierten Verwaltungsakten erlaubt, hierfür aber (neben einer erlaubenden Rechtsvorschrift) verlangt, dass weder ein Beurteilungs- noch ein Ermessensspielraum existieren.

Das Aufkommen von KI schafft in allen Bereichen neue Möglichkeiten. Verwaltungsakte könnten in einem Maße automatisiert werden, das vorher unvorstellbar war.[557] Auch die Polizeiarbeit verändert sich. Schon heute wird im Rahmen des sogenannten Predictive Policing auf Computervorhersagen zurückgegriffen, um Straftaten vorherzusagen.[558] Blickt man weiter in die Zukunft, kann an einen Einsatz von Polizeirobotern und autonomen Militärgeräten gedacht werden.[559] Verschiedene Streitkräfte der Erde setzen ohnehin bereits Drohnen ein. Die komplett elektronisch erfolgende Steuerung einem Computer zu übertragen, ist der logische nächste Schritt.[560]

557 *Guggenberger*, NVwZ 2019, 844.

558 *Rademacher*, AöR 2017, 366; *Singelnstein*, NStZ 2018, 1; *Institut für musterbasierte Prognosetechnik*, Predictive Policing made in Germany (http://www.ifmpt.de/projects.html) (geprüft am 22.06.2019).

559 Zum Einsatz von Robotern durch Polizei und Militär siehe *Meyer*, in: Hilgendorf (Hrsg.), Robotik im Kontext von Recht und Moral, 2014,

560 Siehe auch *Söbbing*, Fundamentale Rechtsfragen Künstlicher Intelligenz (AI Law), 2019, S. 67 ff.

KI kann die Verwaltung schneller, effizienter, genauer und häufig allgemein besser machen. Das ist auch aus verfassungsrechtlicher Sicht wünschenswert, da das Rechtsstaatsprinzip auch eine effiziente Verwaltung fordert, zumindest soweit das notwendig ist, um überlange Verfahren zu vermeiden.[561] Es ist dabei aber immer darauf zu achten, dass bei weitgehenden Automatisierungsprozessen Rechte der Bürger, insbesondere Grundrechte, respektiert werden. Im Bereich der Eingriffsverwaltung besteht immer die Gefahr, dass diese Rechte zugunsten der Effizienz geopfert werden.

4.1.1 Der automatische Erlass von Verwaltungsakten

Als erstes sollen die rechtlichen Gefahren und Chancen untersucht werden, die dadurch entstehen, dass intelligente Maschinen eine umfassende Automatisierung des Erlasses von Verwaltungsakten ermöglichen. Denn unabhängig von der rechtlichen Zulässigkeit existiert nun überhaupt die Alternative, auch komplexere Entscheidungen durch Computer treffen zu lassen.

4.1.1.1 Die Ausgangslage durch die neuen Automatisierungsvorschriften

Schon vor der Einführung des VwVfG wurde automatisierte Verwaltung diskutiert.[562] Dies ist auch darauf zurückzuführen, dass die Verwaltung schon Mitte der 60er Jahre begann, in erheblichem Maße Informationstechnologie zu nutzen.[563] Entsprechend enthielt schon die erste Fassung des Gesetzes Regeln für automatisierte Verwaltungsakte.[564] §§ 28 II Nr. 4, 37 V und 39 II Nr. 3 VwVfG erwähnen die Möglichkeit ausdrücklich. Es geht dabei um den Erlass von Verwaltungsakten „mit Hilfe" von automatischen Einrichtungen. Der damalige Gesetzgeber hatte aber mit Sicherheit noch keine intelligenten Maschinen im Kopf, sondern wollte die Gelegenheit geben, mechanische Aufgaben, die keine nennenswerten Denkprozesse erfordern, von Maschinen erledigen zu lassen. Der Wortlaut enthält aber keinesfalls eine Beschränkung hierauf.

Seit 2016 existieren nun für Bundesverwaltungsverfahren die §§ 35a VwVfG, 155 IV AO und 31a SGB X.[565] Sie ermöglichen den vollautomatisierten

561 *Gerstner-Heck*, in: Bader/Ronellenfitsch (Hrsg.), BeckOK VwVfG, 2019, § 10 Rn. 17.
562 *Bull*, Verwaltung durch Maschinen, 1964.
563 *Eberle*, Die Verwaltung 1987, 459.
564 *Prell*, in: Bader/Ronellenfitsch (Hrsg.), BeckOK VwVfG, 2019, § 35a Rn. 2.
565 Ausführlich zu diesen Vorschriften *Braun Binder*, Jusletter IT 2016.

Erlass von Verwaltungsakten und werden seit ihrer Einführung kontrovers diskutiert.[566] In den Ländern, in denen einfach auf das Bundes-VwVfG verwiesen wird, gilt dementsprechend dasselbe. Diejenigen Bundesländer mit komplett eigenen Verfahrensgesetzen, selbst wenn diese größtenteils wortgleich sind, haben allerdings noch nicht nachgezogen.[567]

Vollautomatisierung erfordert nicht zwingend künstliche Intelligenz. Bei einfachen Sachverhalten, sowohl rechtliche als auch tatsächliche, kann ein Computer mit einem simplen „Wenn-dann"-Algorithmus zu einem rechtmäßigen und sinnvollen Ergebnis kommen. Angesichts dessen, dass Ermessensentscheidungen in § 35a VwVfG kategorisch ausgeschlossen werden, scheint das auch eher der Anwendungsfall zu sein, den der Gesetzgeber als Bild vor Augen hatte.

Der Diskussionsbedarf, der aufgrund von KI in der Verwaltung besteht oder bestehen wird, ergibt sich also nicht aus der Möglichkeit der Vollautomatisierung, die es schon vorher gab und gibt, sondern daraus, dass eine ganz neue Kategorie an Verwaltungsakten automatisch erlassen werden könnte, ohne dass die entsprechenden Programme von vornherein offensichtlich ungeeignet wären.

4.1.1.1.1 § 35a VwVfG

§ 35a VwVfG verlangt die Zulassung der Vollautomatisierung durch Rechtsvorschrift und erlaubt sie auch dann nur, wenn kein Ermessensspielraum besteht. Damit wäre ein potentiell besonders problematischer Anwendungsfall zunächst ausgeschlossen. Solange die KI nur die Voraussetzungen einer Rechtsgrundlage prüft und sichergestellt ist, dass sie dies auch kann, sind weit weniger Probleme zu befürchten als bei einem Computer, der Ermessen ausübt.

Der Wortlaut verlangt nicht, dass die Entscheidung schon gemäß der Rechtsgrundlage eine gebundene ist. Vielmehr muss überhaupt eine Entscheidung vorliegen, in der weder Ermessen noch ein Beurteilungsspielraum bestehen. Das bedeutet, dass auch im Falle einer eindeutigen Ermessensreduzierung auf Null eine Vollautomatisierung erlaubt ist.[568] Das führt zu weitergehenden Problemen, die immer dann auftreten, wenn man an die Grenzen einer Automatisierung bei der Ermessensausübung stößt. Die Problematik soll daher bei den verfassungsrechtlichen Rahmenbedingungen diskutiert werden.

---

566 Kritisch etwa *Stegmüller*, NVwZ 2018, 353. Positiv dagegen *Ziekow*, NVwZ 2018, 1169.

567 Siehe z.B. die Verwaltungsverfahrensgesetze von Bayern, Baden-Württemberg, Hamburg oder Hessen.

568 *Stelkens*, in: Stelkens/Bonk/Sachs (Hrsg.), Verwaltungsverfahrensgesetz, [9]2018, § 35a Rn. 40; *Braun Binder*, DÖV 2016, 891, 894.

Die Wirkung der Beschränkung ist dabei nicht so entscheidend, wie es zunächst den Anschein hat. Nach § 35a VwVfG selbst ist ein zusätzliches Gesetz notwendig, das im speziellen Fall die Vollautomatisierung erlaubt. Existiert ein solches Gesetz aber für einen Anwendungsfall, in dem eben doch ein Beurteilungs- oder Ermessensspielraum besteht, ginge es als spezielleres Gesetz vor.[569]

4.1.1.1.2 § 155 IV AO

§ 155 IV AO lässt „Steuerfestsetzungen sowie Anrechnungen von Steuerabzugsbeträgen und Vorauszahlungen" automatisiert zu, wenn „kein Anlass" für eine Einzelfallbearbeitung besteht. Zwar legt der Wortlaut im Gegensatz zu § 35a VwVfG nicht ausdrücklich fest, dass lediglich gebundene Entscheidungen in Betracht kommen. Die Gesetzesbegründung führt eine Ermessensentscheidung aber als Beispiel für einen „Anlass" für eine Einzelfallbearbeitung an.[570] Entsprechend wird man im Moment nicht daran vorbeikommen, das Gesetz so auszulegen, dass Entscheidungen, bei denen die Behörde Ermessens- oder Beurteilungsspielraum hat, nicht vollautomatisiert werden können.[571] Gleichzeitig lässt diese offenere Formulierung zu, dass zukünftige, bessere Programme eine andere Wertung rechtfertigen, hält man den Erlass von Entscheidungen mit Beurteilungs-/Ermessensspielraum nicht für verfassungsrechtlich ausgeschlossen.[572]

Die mathematische Natur einiger steuerrechtlicher Maßnahmen macht sie wie geschaffen für Computer und bietet in dieser Form ebenso wie § 35a VwVfG wenig Spielraum für Fehler intelligenter Programme.

4.1.1.1.3 § 31a SGB X

§ 31a SGB X, der für das komplette Sozialverwaltungsverfahren gilt, ist ähnlich formuliert, verzichtet aber auf eine Beschränkung auf bestimmte Handlungsformen, was den Anwendungsbereich ausweitet.

---

569 *Prell*, in: Bader/Ronellenfitsch (Hrsg.), BeckOK VwVfG, 2019, § 35a Rn. 14.

570 BT-Drs. 18/7457, S. 83.

571 *Braun Binder*, DÖV 2016, 891, 893.

572 Die Formulierung der § 155 IV AO und § 31a SGB X wird daher zurecht für gelungener gehalten, *Schröder*, VerwArch 2019, 328, 333.

4.1.1.2 Die Automatisierung von Verwaltungsakten aus verfassungsrechtlicher Sicht

Angesichts dessen, dass diverse Bundesländer (z.B. Bayern) noch keine Regelungen erlassen haben, sind die genannten Gesetze in vielen Verwaltungsverfahren gar nicht anwendbar. Weiterhin ist es denkbar, dass der Gesetzgeber in Zukunft verstärkt auf Automatisierung setzen möchte und die Vorschriften modifiziert. In allen Fällen steckt das Grundgesetz einen Rahmen, der zunächst bestimmt werden muss.

Vollautomatisch erlassene Verwaltungsakte sind in mehrfacher Hinsicht verfassungsrechtlich problematisch:

- Das Vorliegen der Voraussetzungen der Ermächtigung muss von dem erlassenden Programm überprüft werden können.
- Die notwendige demokratische Legitimation allen Staatshandelns (Art. 20 I, II GG) und die Rechtsstaatlichkeit müssen sichergestellt werden.
- Grundrechte müssen beachtet werden. Dabei ist auch ein Maßstab für die Ermessensausübung aufzustellen.
- Art. 33 IV GG stellt möglicherweise Anforderungen.

Auf der anderen Seite haben automatisch durchgeführte Verwaltungsverfahren Vorteile, die teilweise ebenfalls verfassungsrechtliche Relevanz besitzen:

- Das Verwaltungsverfahren kann schneller und effizienter gestaltet werden.
- Idealerweise kann dem allgemeinen Gleichheitssatz des Art. 3 I GG und den spezielleren Vorschriften des Art. 3 II, III GG besser Rechnung getragen werden.
- Folgt man der Gesetzesbegründung der Bundesregierung, werden durch die Automatisierung von Massenverfahren Ressourcen der menschlichen Mitarbeiter frei, die sich daher in problematischen Verfahren intensiver um den Bürger kümmern können.[573]

4.1.1.2.1 Die Voraussetzungen der Rechtsgrundlage

Die Frage, ob ein Gesetz zum Erlass eines speziellen Verwaltungsakts ermächtigt, ist grundsätzlich dem einfachen Recht zuzuordnen. Dennoch ist es mit dem Rechtsstaatsprinzip, Art. 20 III GG, nicht zu vereinbaren, Verwaltungsakte systematisch durch eine Maschine zu erlassen, die nicht in der Lage ist, zu

573 BT-Drs. 18/7457, S. 48; *Djeffal*, DVBl. 2017, 808, 813.

überprüfen, ob sie den Verwaltungsakt überhaupt erlassen darf. Auch Menschen sind hier nicht fehlerfrei. Man wird aber verlangen müssen, dass der Computer grundsätzlich in der Lage ist, das Vorliegen der Voraussetzungen zu erkennen. Dabei muss er keine komplizierte Subsumtion durchführen, es reicht, wenn bei einfachen Sachverhalten die Voraussetzungen einprogrammiert werden und der Computer einen logischen Vergleich vornimmt.

4.1.1.2.2 Die demokratische Legitimation und die Rechtsstaatlichkeit

Alle Staatsgewalt geht vom Volke aus, Art. 20 II GG. Diese Norm regelt unmissverständlich, dass für jede Form staatlichen Handelns eine Legitimationskette notwendig ist, die vom Volk ausgeht. In der normalen Verwaltung ist jeder Entscheidungsträger in seiner Position, weil eine Reihe von Personalentscheidungen getroffen wurde, die ursprünglich auf ein vom Volk direkt gewähltes Organ zurückgeht, entweder die Parlamente oder eine kommunale Volksvertretung.

Bei einem Programm, das selbstständig Verwaltungsakte erlässt, kommen Zweifel auf, ob diese Voraussetzung noch erfüllt ist. Es entscheidet nicht mehr ein demokratisch legitimierter Mensch, sondern eine Maschine. Es ist zum einen nicht sicher, dass diese Teil der Legitimationskette sein kann, zum anderen wird die Programmierung in der Regel nicht durch die Verwaltung erfolgen, sondern durch einen Dritten.

In diesem Zusammenhang wird zusätzlich häufig gefragt, ob eine Entscheidung durch eine Maschine überhaupt den Anforderungen des Rechtsstaates genügen kann.[574] Eine Maschine muss nicht nur in der Lage sein, den gesetzlichen Tatbestand zu achten, sondern auch den gesetzlich gegebenen Spielraum auszufüllen. Auch eine Missachtung dessen wäre ein Verstoß gegen die Rechtsstaatlichkeit.[575] In beiden Fällen finden sich, obwohl es sich bei Demokratie und Rechtsstaat um unterschiedliche Staatsstrukturprinzipien handelt, Parallelen.[576] Es ist eine Frage des Blickwinkels, ob man die Ausfüllung eines Spielraums durch

---

574 *Britz*, in: Hoffmann-Riem/Schmidt-Aßmann/Voßkuhle (Hrsg.), Grundlagen des Verwaltungsrechts, ²2012, § 26 Rn. 59; *Luhmann*, Recht und Automation in der öffentlichen Verwaltung, 1966, S. 35 ff.

575 *Luhmann*, Recht und Automation in der öffentlichen Verwaltung, 1966, S. 35 ff.

576 Aus diesem Grund werden Demokratie und Rechtsstaatlichkeit hinsichtlich der Automatisierung der Verwaltung oft zusammen diskutiert, so z.B. *Eberle*, Die Verwaltung 1987, 459, 463; *Britz*, in: Hoffmann-Riem/Schmidt-Aßmann/Voßkuhle (Hrsg.), Grundlagen des Verwaltungsrechts, ²2012, § 26 Rn. 59; *Stelkens*, in: Stelkens/Bonk/Sachs (Hrsg.), Verwaltungsverfahrensgesetz, ⁹2018, § 35a Rn. 47; *Guggenberger*, NVwZ 2019, 844, 846.

eine Maschine als Kompetenz- und damit Demokratieproblem sieht[577] oder der Entscheidung möglicherweise die Rechtsstaatlichkeit abspricht.[578]

Schon lange vor Erlass der neuen Vorschriften wurde speziell bezüglich der Ermessensentscheidungen debattiert, ob diese überhaupt von Computern getroffen werden können.[579] Eine gebundene Entscheidung gibt der Verwaltung ohnehin keine Wahl. Wenn ein Algorithmus erfolgreich prüfen kann, dass der Tatbestand der Ermächtigungsnorm erfüllt ist, kann man durch ihn auch direkt den Verwaltungsakt erlassen. Sobald aber ein Spielraum besteht, besteht Diskussionsbedarf. Der Computer trifft dann die Entscheidung, die ein Mensch eigentlich autonom treffen müsste.[580] Gerade wenn die Verwaltung einen Spielraum hat, ist die Legitimationswirkung des ermächtigenden Gesetzes kleiner als in anderen Fällen.[581] Umso wichtiger ist die personelle Legitimation, die gerade in Frage steht, wenn ein Computer die Entscheidung trifft.

Man kann insoweit anmerken, dass jeder Form der Rechtsanwendung eine Abwägung innewohnt, und damit das Herausstellen der nicht-gebundenen Entscheidungen kritisieren.[582] Ein qualitativer Unterschied ist aber nicht zu leugnen, zumal es bei gebundenen Entscheidungen deutlich einfacher ist, eine bereits vorgenommene Subsumtion in ein Programm zu pressen, das dann wirklich nur noch Tatsachen abfragen muss.

Auch deswegen werden autonome, nicht-gebundene Entscheidungen von Computern abgelehnt und hierfür ein menschlicher Entscheidungsträger verlangt. Möglich sei es lediglich, die Ermessensentscheidung „vorzuverlagern", indem man ein Programm (im wahrsten Sinne des Wortes) erstellt, das je nach Vorliegen bestimmter Bedingungen in die eine oder andere Richtung entscheidet.[583] Im Wesentlichen ist die Wertung die gleiche wie beim Einsatz von Ermessensrichtlinien. Die Verwaltung bestimmt im Vorfeld, wann welche

577 *Eberle*, Die Verwaltung 1987, 459, 463.

578 *Luhmann*, Recht und Automation in der öffentlichen Verwaltung, 1966, S. 35 ff.

579 *Stelkens*, in: Stelkens/Bonk/Sachs (Hrsg.), Verwaltungsverfahrensgesetz, [9]2018, § 35a Rn. 40.

580 *Britz*, in: Hoffmann-Riem/Schmidt-Aßmann/Voßkuhle (Hrsg.), Grundlagen des Verwaltungsrechts, [2]2012, § 26 Rn. 59; *Polomski*, Der automatisierte Verwaltungsakt, 1993, S. 56 ff.

581 *Britz*, in: Hoffmann-Riem/Schmidt-Aßmann/Voßkuhle (Hrsg.), Grundlagen des Verwaltungsrechts, [2]2012, § 26 Rn. 59 m.w.N.

582 Im Rahmen des § 35a VwVfG: *Berger*, DVBl. 2017, 804, 808.

583 *Britz*, in: Hoffmann-Riem/Schmidt-Aßmann/Voßkuhle (Hrsg.), Grundlagen des Verwaltungsrechts, [2]2012, § 26 Rn. 59.

Entscheidung getroffen wird und bindet sich damit auch selbst. Das ist nicht nur möglich, sondern kann mit Blick auf Gleichheitsgesichtspunkte auch wünschenswert sein. Teilweise wird dabei auch verlangt, dass dieses Programm auf tatsächlich existierenden Verwaltungsvorschriften basiert.[584]

Der Kern des Problems ist aber in Wahrheit ein anderer. Die menschliche Willensbetätigung bei Ermessens- und Beurteilungsspielräumen ist nicht Selbstzweck. Sie soll stattdessen eine Abwägung ermöglichen, um durch ihren Entscheidungsspielraum das Recht zu wahren und die Herstellung von Einzelfallgerechtigkeit zu ermöglichen.[585] Immer eingebunden bei der Ablehnung einer autonomen Maschinenentscheidung ist der Gedanke, ein Computer könne diese Abwägung nicht vornehmen.[586] KI zwingt hier möglicherweise schon bald zum Umdenken. Hat man aber den Sinn und Zweck der Spielräume im Kopf, stellt sich für jeden Fall lediglich eine Frage: Kann die erwünschte Einzelfallgerechtigkeit durch ein Programm hergestellt werden oder nicht?[587] Kann ein Programm die notwendigen einzubeziehenden Tatsachen berücksichtigen und eine Abwägung durchführen, sollte diese notwendig sein, oder kann es das nicht? Bei gebundenen Entscheidungen muss nicht abgewogen werden, es ergibt sich also kein Problem, solange der Tatbestand korrekt geprüft werden kann. Kann die Verwaltung etwa durch Ermessensrichtlinien rechtmäßiger- und sinnvollerweise die Entscheidung in ein Schema pressen, so kann auch das der Computer erledigen.[588] Selbst wenn das aber nicht möglich ist, sollte in Zukunft nicht pauschal eine Unzulässigkeit angenommen werden. Stattdessen sollte gefragt werden, ob das Programm die notwendige Abwägung in den entsprechenden Fällen vornehmen kann.

Dann sind die Legitimation und auch die Rechtsstaatlichkeit im Grundsatz gewahrt. Es muss auch nicht zwingend auf eine „Vorverlagerung" abgestellt werden. Solange der Computer seine Aufgaben so gut erfüllen kann, wie ein Mensch das könnte, gibt es aus diesem Blickwinkel keinen Grund, den Sachverhalt anders zu beurteilen, als würde man einen zusätzlichen menschlichen Entscheidungsträger schaffen. Zwar ist richtig, dass dann nicht mehr jede mögliche

584 Im Rahmen der Diskussion des § 35a VwVfG: *Braun Binder*, DÖV 2016, 891, 894.

585 *Sachs*, in: Stelkens/Bonk/Sachs (Hrsg.), Verwaltungsverfahrensgesetz, [9]2018, § 40 Rn. 13.

586 *Luhmann*, Recht und Automation in der öffentlichen Verwaltung, 1966, S. 35 ff.

587 Im Rahmen der Diskussion des § 35a VwVfG: *Djeffal*, DVBl. 2017, 808, 814.

588 *Britz*, in: Hoffmann-Riem/Schmidt-Aßmann/Voßkuhle (Hrsg.), Grundlagen des Verwaltungsrechts, [2]2012, § 26 Rn. 59; *Schröder*, VerwArch 2019, 328, 333.

Entscheidung antizipiert werden kann.[589] Das kann derjenige, der in der demokratischen Legitimationskette vor dem eigentlichen Entscheidenden ist, aber auch nicht. Auch Menschen sind, jedenfalls relativ gesehen, unberechenbar.[590] Wenn der Computer aber in der Lage ist, die Situation zu erfassen und selbstständig, unter Einbeziehung aller wichtigen Punkte, zu entscheiden, stellt sich die Situation kaum anders dar.

Dabei ist auch nicht entscheidend, ob der Mensch selbst algorithmisch handelt oder nicht.[591] Denn selbst wenn man annimmt, das sei nicht der Fall, ist die Nicht-Determiniertheit der menschlichen Entscheidung nicht der entscheidende Grund für das Bestehen eines Spielraums, sondern die Fähigkeit zur Abwägung von für- und widersprechenden Tatsachen und zur Einbeziehung von Hintergründen. Auch die Nicht-Determiniertheit ist kein Selbstzweck, sondern lediglich Folge der Komplexität menschlicher Denkprozesse, vorausgesetzt, man lehnt die Vorherbestimmtheit menschlicher Handlungen ab. Schafft man aber ein System, das aufgrund seiner Komplexität in der Lage ist, selbst die feineren Nuancen in Abwägungsfällen zu „verstehen", ist die Tatsache, dass es sich um ein deterministisches System handelt, nicht entscheidend.

Daran ändert sich auch nichts, wenn man selbstlernende Systeme miteinbezieht.[592] Deren Verhalten ändert sich unter Umständen mit der Zeit, ohne dass man den genauen Algorithmus des Computers versteht („Black Box").[593] Auch bei einem weiteren menschlichen Entscheidungsträger würde man nicht dessen Inneres verstehen. Man würde überprüfen, auf welchen Gründen die Entscheidung basiert und ob sie insgesamt rechtmäßig ist. Diese Überprüfung muss dann natürlich auch stattfinden. Aus rechtsstaatlichen Gründen müssen auch nicht selbstlernende, automatisierte Systeme überprüft werden.[594] Für selbstlernende Systeme muss das erst recht gelten. Einen Computer einzuschalten, der dann in Zukunft die Arbeit einer Behörde in einem Bereich übernimmt, den diese dann in Zukunft ignorieren kann, ist in keinem Fall zulässig.[595]

---

589 *Braun Binder*, DÖV 2016, 891, 894.

590 *Luhmann*, Die Kontrolle von Intransparenz, 2017, S. 102.

591 Zu diesem Streit siehe 2.2.4.2.

592 Dazu *Schröder*, VerwArch 2019, 328, 334.

593 *Delibašić/Vukićević/Jovanović u.a.*, IEEE Transactions on Education 2013, 287 Siehe dazu auch 3.2.3, 3.2.7 und 3.4.2.

594 *Beirat Verwaltungsverfahrensrecht beim Bundesministerium des Innern*, NVwZ 2015, 1114, 1116 f.

595 *Guggenberger*, NVwZ 2019, 844, 846.

Das bedeutet aber auch, dass eine umfassende Überwachung notwendig ist und dass der Computer, wenn man schon den genauen Algorithmus nicht kennt, die Gründe für die Entscheidung genau und korrekt angeben muss.[596] Anderenfalls ist es nicht mehr möglich, zu überprüfen, ob die Entscheidung nicht nur im Ergebnis rechtmäßig erlassen werden konnte, sondern auch, ob sie rechtmäßig zustande gekommen ist. Versuche, eine KI zu entwickeln, die ihre Entscheidungen trotz eines nicht verständlichen Machine Learning-Algorithmus erklären kann, finden bereits statt und werden unter dem Schlagwort „explainable artificial intelligence" (XAI) zusammengefasst.[597]

Dabei müssen sämtliche wichtigen Entscheidungen, wenn sie nicht schon der Gesetzgeber getroffen hat, von der verantwortlichen Behörde gefällt werden.[598] Entscheidungskriterien, egal welcher Art, können nicht den, aller Wahrscheinlichkeit nach privaten, Programmierern überlassen werden, will man die demokratische Legitimation nicht gefährden. Aufgrund der Sensibilität des Bereichs und den umfangreichen faktischen Einflussmöglichkeiten, die die Erschaffer eines Programms haben, kann auch darüber nachgedacht werden, ob nicht noch zusätzliche Mechanismen notwendig sind, um sicherzustellen, dass das Programm lediglich dem Staat dient und nicht heimlich private Interessen verfolgt. Gerade bei Ermessensentscheidungen kann bei nicht ausreichender Kontrolle ein Mechanismus eingebaut werden, der Entscheidungen bevorzugt, die einem Dritten dienen. Die Maschine könnte dann überprüfen, ob eine entsprechende Entscheidung rechtmäßig erlassen werden kann und dies in einem solchen Fall immer tun. Dann wäre der Verwaltungsakt dennoch rechtswidrig, weil er im Endeffekt durch die übermäßige Gewichtung eines Interesses zustande gekommen und damit ermessensfehlerhaft ist, unabhängig davon, ob die Entscheidung ohnehin so erlassen werden dürfte. Es handelt sich um einen Unterfall des Ermessensfehlgebrauchs,[599] da das private Interesse entweder eine sachfremde Erwägung sein dürfte oder, wenn es an sich in die Entscheidung einfließen darf, zu stark gewichtet wäre.

Die komplette Vollautomatisierung der Verwaltung ist, falls sie überhaupt jemals eintreten sollte, noch weit entfernt. Es wird noch für lange Zeit

596 Für eine „gewisse Transparenz" *Schröder*, VerwArch 2019, 328, 334.
597 *Miller*, Artificial Intelligence 2017, 267; *Rademacher*, AöR 2017, 366, 377.
598 *Stelkens*, in: Stelkens/Bonk/Sachs (Hrsg.), Verwaltungsverfahrensgesetz, ^{9}2018, § 35a Rn. 47; *Guggenberger*, NVwZ 2019, 844, 846.
599 *Sachs*, in: Stelkens/Bonk/Sachs (Hrsg.), Verwaltungsverfahrensgesetz, ^{9}2018, § 40 Rn. 62.

Sachverhalte geben, über die nur Menschen entscheiden können. Je mehr die Vollautomatisierung in einzelnen Bereichen aber üblich wird, desto häufiger stellt sich die Frage, wer darüber entscheidet, welche Fälle im Einzelnen durch den Computer alleine entschieden werden können. Konkret existiert die Problematik bereits heute vor allem im Zusammenhang mit § 35a VwVfG. Eine Entscheidung, die nicht schon aufgrund der Ermächtigungsnorm eine gebundene ist, kann dennoch aufgrund einer Ermessensreduzierung auf Null zu einer solchen werden. Dann ist aber die Frage, ob man dem Computer die Entscheidung, urteilen zu dürfen, überlassen kann oder nicht. Dabei ist zu beachten, dass die Entscheidung, ob eine Ermessensreduzierung auf Null vorliegt, keine Ausübung von Ermessen darstellt.[600] Die dafür notwendige Prüfung ist zwar nicht notwendigerweise, aber möglicherweise einfacher als die umfangreiche Abwägung, die im Falle einer Ermessensausübung erforderlich ist. Es ist denkbar, dass in Zukunft Programme existieren werden, die diese Abwägung noch nicht vornehmen, im Einzelfall aber erkennen können, dass bestimmte Rechtsgüter nur eine Entscheidung zulassen. Das Programm entscheiden zu lassen, ist dann unter der Bedingung, dass es immer dann, wenn es nicht zu einer klaren Entscheidung für eine Ermessensreduzierung auf Null gelangt, einen menschlichen Bearbeiter einschaltet, zulässig. Diese „Aussteuerung" ist nicht nur in diesem Fall notwendig, sondern in jeder Situation, in der der Computer auf eine Konstellation trifft, die in seiner Programmierung nicht vorgesehen ist.[601]

Schließlich ist noch der Untersuchungsgrundsatz zu beachten. Diese auch einfachgesetzlich festgehaltene Vorgabe, z.B. § 24 VwVfG, verlangt, dass alle für den Sachverhalt notwendigen Tatsachen ermittelt werden müssen, bevor eine Verwaltungsentscheidung getroffen wird. Der Grundsatz ergibt sich allerdings bereits aus dem Rechtsstaatsprinzip, sodass er auch verfassungsrechtlich gefordert ist.[602] In Bezug auf intelligente Verwaltungsprogramme bedeutet er vor allem, dass die Software in der Lage sein muss, die notwendigen Informationen entweder selbst zu ermitteln oder, dass diese jedenfalls eingegeben werden können. Die Automatisierung führt mit anderen Worten nicht zu einer Reduzierung des Maßstabs für eine ausreichende Sachverhaltsermittlung. Die neuen Gesetze berücksichtigen das, z.B: § 24 I 3 VwVfG.

---

600 So aber *Braun Binder*, DÖV 2016, 891, 894.

601 *Braun Binder*, DÖV 2016, 891, 894; *Djeffal*, DVBl. 2017, 808, 814; *Stelkens*, in: Stelkens/Bonk/Sachs (Hrsg.), Verwaltungsverfahrensgesetz, [9]2018, § 35a Rn. 41.

602 *Kallerhoff/Fellenberg*, in: Stelkens/Bonk/Sachs (Hrsg.), Verwaltungsverfahrensgesetz, [9]2018, § 24 Rn. 1.

4.1.1.2.3 Die Achtung der Grundrechte

Jede Form des Staatshandelns muss die Grundrechte achten. Gerade wenn nicht nur schematisch ein Gesetz ohne Ermessens- und Beurteilungsspielraum angewendet wird, sondern das Programm eine echte eigene Abwägungsentscheidung trifft, muss dafür gesorgt werden, dass die entscheidende KI in der Lage ist, die Grundrechte zu berücksichtigen. Der Grund, warum Ermessen momentan nicht von Computern ausgeübt werden kann, sondern dazu noch zu programmierende intelligente Programme notwendig sind, ist, dass eine Ermessensausübung eine „individuelle Abwägung und Willensbetätigung" erfordert.[603]

Eine KI könnte diese Abwägung und Willensbetätigung durch ihre Intelligenz selbst vornehmen. Dann müssen aber Kriterien bestimmt werden, anhand derer die Ermessensausübung erfolgen kann. Menschliches Ermessen im Rahmen einer Einzelfallabwägung hat im Moment immer eine stark holistische Komponente. Es ist durchaus denkbar, dass Maschinenintelligenz künftig in der Lage sein wird, ähnlich zu „denken". Ein Programmierer müsste dazu aber die zahlreichen Gründe, die möglicherweise in eine Entscheidung einfließen, in irgendeiner Form in das Programm integrieren. Bei diesem Vorgang muss darauf geachtet werden, dass grundgesetzlich geschützte Rechtspositionen nicht unter den Tisch fallen. Ebenso müssen die unterschiedlichen Gewichtungen im Einzelnen Berücksichtigung finden. Im Ergebnis zeigen sich deswegen Parallelen zur Frage, ob automatisierte Ermessensausübung möglich ist. Denn die Prüfung von Grundrechten hat zwar nur ein „richtiges" Ergebnis. Die notwendige Abwägung kann aber derart komplex werden, dass ein entsprechender Computer ebenso gute, oder besser gesagt menschliche, Fähigkeiten besitzen muss wie beim Treffen einer schwierigen Ermessensentscheidung.

Auch unabhängig davon können Probleme erwachsen: Falsche Subsumtion würde zu Grundrechtsverletzungen führen und gerade bei einem Programm, das aufgrund seiner digitalen Natur keinen physischen Zugriff auf die Außenwelt hat, muss darauf geachtet werden, dass der Sachverhalt umfassend ermittelt wurde.

Zudem stellt sich ein bekanntes Problem in anderer Form: Wenn aktuelle selbstlernende Recruiting-Programme aufgrund statistischer gesellschaftlicher Unterschiede anfangen, mehr Vorurteile zu entwickeln als Menschen,[604] muss davon ausgegangen werden, dass sich mit denselben Methoden entwickelte Verwaltungsentscheidungsprogramme ähnlich verhalten werden. Komplexere

---

603 *Prell*, in: Bader/Ronellenfitsch (Hrsg.), BeckOK VwVfG, 2019, § 35a Rn. 13.
604 Siehe 3.4.1.

Algorithmen sind aufgrund ihrer Beschaffenheit zunehmend anfälliger für derartige Probleme.[605] Zwar geht es beim Erlass von Verwaltungsakten nicht unbedingt um Personalentscheidungen. Die Gefahr, dass die Vorurteile in die Entscheidungsfindung einfließen, ist aber auch in anderen Fällen gegeben. So könnte das Programm beispielsweise Männer für unzuverlässiger halten als Frauen und deswegen eine Gaststättenerlaubnis verweigern. Ein weiteres Beispiel: Das Programm hält Personen einer bestimmten Nationalität für schlechter im Betreiben eines Volksfeststandes und vergibt den umkämpften Platz deswegen an einen Konkurrenten.

Will der Staat diese Programme selbst einsetzen, muss er Derartiges unterbinden und durch regelmäßige Überwachung und Auswertung dafür sorgen, dass keine Diskriminierung möglich ist. Alles andere hätte einen Verstoß gegen Art. 3 I, II, III GG zur Folge und kann aus verfassungsrechtlicher Sicht nicht hingenommen werden.

Im Vergleich zur reinen Regulierung privater Anwendung von potentiell diskriminierenden Programmen stellt sich ein weiteres Problem verschärft dar, wenn der Staat die Software selbst einsetzen will: Während manche Vorurteile reine menschliche Fantasie sind oder auf überkommenen Vorstellungen beruhen, gibt es statistische Ungleichheiten, die trotzdem aufgrund der Wertungen des Grundgesetzes nicht zu einer Ungleichbehandlung von staatlicher Seite führen dürfen. So darf nach zustimmungswürdiger Ansicht der Rechtsprechung ein in Art. 3 III 1 GG genanntes Merkmal nicht ausschlaggebender Grund für eine belastende Maßnahme sein.[606] Sucht die Polizei aber beispielsweise im Grenzgebiet nach illegal Einreisenden, wird es dennoch so sein, dass eine dunklere Hautfarbe die Wahrscheinlichkeit dafür, dass es sich um einen Einreisenden handelt, objektiv erhöht. Die Tatsache, dass eine Einreise wahrscheinlicher stattfindet, erhöht auch die Wahrscheinlichkeit einer illegalen Einreise. Das Grundgesetz gebietet es nun, dieses Merkmal auszublenden. Ein Machine Learning-Algorithmus wird aber auf sich allein gestellt lediglich an die objektive Wahrscheinlichkeit anknüpfen und darauf seine Entscheidung basieren, was etwa im Beispiel des racial profiling zu einer rechtswidrigen Entscheidung führen würde. Es muss also auch dafür gesorgt werden, dass der Computer nicht nur keine menschlichen Vorurteile übernimmt. Es muss zudem sichergestellt

605 *Martini/Nink*, NVwZ 2017, 681, 682; *Dzida/Groh*, NJW 2018, 1917; *Enders*, JA 2018, 721, 726.

606 OVG Rheinland-Pfalz NJW 2016, 2820.

werden, dass statistische Ungleichgewichte dann außen vor bleiben, wenn das Grundgesetz eine Gleichbehandlung anordnet.

Angesichts dessen, dass die denkbaren Eingriffe schwer wiegen können, und aufgrund dessen, dass es möglicherweise bei Computerentscheidungen an Transparenz mangelt, muss verlangt werden, dass die Voraussetzungen und auch das Überwachungsverfahren in einem formellen Gesetz geregelt sind, um dem Parlamentsvorbehalt zu genügen, der sich aus dem Demokratieprinzip nach Art. 20 I, II GG ergibt.[607]

Das Problem der diskriminierenden KI konterkariert einen potentiellen Vorteil der Automatisierung. Diese sollte eigentlich Diskriminierung minimieren und zu mehr Fairness beitragen. Bekommt man diese Schwierigkeit eines Tages in den Griff, könnte man durch die Automatisierung des Verwaltungsverfahrens eine gleichere Gesellschaft erreichen und damit den Gedanken der Art. 3 I-III GG besser Rechnung tragen.

4.1.1.2.4 Art. 33 IV GG

Gem. Art. 33 IV GG sind hoheitsrechtliche Befugnisse „als ständige Aufgabe in der Regel Angehörigen des öffentlichen Dienstes zu übertragen, die in einem öffentlich-rechtlichen Dienst- und Treueverhältnis stehen." Die Formulierung des Grundgesetzes „Angehörige des öffentlichen Dienstes" spricht dabei stark dafür, dass hiermit ausschließlich Menschen gemeint sind. Der verfassungsgebende Gesetzgeber hatte künstliche Intelligenz mit Sicherheit nicht vorausgesehen. Es ist davon auszugehen, dass die Schöpfer des Grundgesetzes menschliche Beamte vor Augen hatten.

Ein subjektives Recht gibt Art. 33 IV GG dem Einzelnen nach herrschender Meinung nicht.[608] Er verpflichtet die Gewalten aber dennoch objektiv-rechtlich bei der Organisation des Staatsdienstes.[609] Sinn und Zweck der Vorschrift ist die Sicherung der Rechtsstaatlichkeit des Verwaltungsverfahrens.[610] Verwaltungs-KI muss bereits durch ihre Programmierung an das Gesetz und die Verfassung gebunden sein, sonst scheitert ihr Einsatz schon allgemein am Rechtsstaatsprinzip.[611] Weiterhin müssen die hoheitlichen Befugnisse „in der Regel" durch

607 *Grzeszick*, in: Maunz/Dürig, Grundgesetz, 2019, Art. 20, II. Rn. 135.

608 Zum Streitstand siehe *Hense*, in: Epping/Hillgruber (Hrsg.), BeckOK Grundgesetz, 2019, Art. 33 Rn. 27.

609 *Badura*, in: Maunz/Dürig, Grundgesetz, 2019, Art. 33 Rn. 55; *Hense*, in: Epping/Hillgruber (Hrsg.), BeckOK Grundgesetz, 2019, Art. 33 Rn. 27.

610 *Hense*, in: Epping/Hillgruber (Hrsg.), BeckOK Grundgesetz, 2019, Art. 33 Rn. 27.

611 Siehe 4.1.1.2.2.

Beamte ausgeführt werden, sodass ein weiter Spielraum besteht, der ausgereizt werden kann, bevor Art. 33 IV GG der Automatisierung von Verwaltungsverfahren entgegenstehen kann.[612]

Spätestens eine komplette Automatisierung der Verwaltung dürfte aber auch an Art. 33 IV GG scheitern. Es wird irgendwann ein Punkt erreicht sein, an dem man die Ausübung hoheitlicher Befugnisse nicht mehr als in der Regel durch Menschen ausgeführt sehen kann. Programme als Angehörige des öffentlichen Dienstes in einem Treueverhältnis zu sehen, ist mit der Vorschrift nicht vereinbar. Solange allerdings wenigstens ein Grundstock an menschlichen Beamten existiert, der die Programme lediglich als Hilfsmittel verwendet, ist die Vorschrift gewahrt. Ob sich das jemals ändert, darf zudem bezweifelt werden.

4.1.1.2.5 Die Beschleunigung des Verfahrens

Der Grund, warum die Automatisierung von Verwaltungsakten trotz aller Bedenken überhaupt im Raum steht, ist vor allem die massive Entlastung der Verwaltung, die man sich davon verspricht. Für den Bürger würde sich das vor allem in einer Beschleunigung des Verfahrens positiv niederschlagen.

Das Bundesverfassungsgericht hat bislang offengelassen, ob sich ein allgemeiner Beschleunigungsgrundsatz für das Verwaltungsverfahren aus dem Grundgesetz herleiten lässt.[613] Richtigerweise wird man aber annehmen müssen, dass jedenfalls extrem überlange Verfahren im Rechtsstaat nicht erlaubt sein können.[614] Die Verwaltung muss dabei nicht immer mit maximaler Effizienz arbeiten. Eine gewisse Zielstrebigkeit kann aber erwartet werden und hat sich auch einfachgesetzlich in der Forderung eines zügig durchgeführten Verfahrens in § 10 S. 2 VwVfG niedergeschlagen.

Gerade in Zeiten starker Belastung der Verwaltung, die zu sehr langen Verfahren führt, rückt die Verlangsamung eines Verfahrens zur Gewährleistung der Rechte des Bürgers in die Nähe der Nichtgewährleistung. Die Beschleunigung des Verfahrens gewinnt dann Grundrechtsrelevanz und kann in Extremfällen sogar zu einer verfassungsrechtlichen Pflicht zur Automatisierung führen, wo diese rechtlich möglich ist.

Die Möglichkeiten zur Beschleunigung von Verwaltungsverfahren sind daher auch aus Sicht der Verfassung zu begrüßen. Sie sind aber regelmäßig nicht geeignet, Verfassungsverstöße zu rechtfertigen, die im Rahmen der unter 4.1.1.2.1.

---

612 *Badura*, in: Maunz/Dürig, Grundgesetz, 2019, Art. 33 Rn. 55.

613 BVerfG NJW 1982, 2599; BVerfG NJW 1985, 2019.

614 *Gerstner-Heck*, in: Bader/Ronellenfitsch (Hrsg.), BeckOK VwVfG, 2019, § 10 Rn. 17.

bis 4.1.1.2.4 beschriebenen Probleme auftreten. Man kann etwa nicht im großen Stil grundrechtswidrige Verwaltungsakte erlassen, weil die Verfahren zu lange dauern.

4.1.1.2.6 Freiwerdende Ressourcen

Nicht nur durch die Beschleunigung des Verfahrens soll der vollautomatisierte Verwaltungsaktserlass einen positiven Effekt auf das Verwaltungsverfahren haben. Die Verwaltung soll dadurch auch entlastet werden und in der Folge mehr Zeit für die Bearbeitung derjenigen Fälle haben, die besonders zeitintensiv und gleichzeitig automatisierter Entscheidung nicht zugänglich sind.[615]

Die Möglichkeit einer genaueren Prüfung der verbleibenden Einzelfälle hilft ebenfalls der Rechtsstaatlichkeit des Verfahrens, allein schon durch eine Reduzierung von Fehlern, die durch Zeitdruck entstehen, aber auch durch die Möglichkeit einer sorgfältigeren Abwägung bei Vorliegen eines Spielraums.

Auch aus diesem Grund kann Automatisierung also verfassungsrechtlich wünschenswert sein. Die rechtfertigende Kraft wird sich aber ebenfalls in Grenzen halten, sobald Rechte des Bürgers berührt sind.

Es sei zudem angemerkt, dass die Wunschvorstellung, die weitgehende Automatisierung führe zu mehr Zeit in der Verwaltung, keineswegs sicher ist. Es ist stattdessen nicht unwahrscheinlich, dass im Falle einer entspannten Verwaltung die Politik nach Möglichkeit Stellenabbau betreiben oder jedenfalls freiwerdende Stellen nicht ausreichend neu besetzen wird.

4.1.1.3 Vorstufen der Vollautomatisierung

Ein Verwaltungsakt kann von einem Programm komplett autonom erstellt und dann von diesem selbst auf elektronischem Wege (§§ 3a, 41 IIa VwVfG und Parallelvorschriften der Länder) bekanntgegeben werden. Als vollautomatisiert wird man auch einen Verwaltungsakt ansehen müssen, der zwar komplett computergeneriert ist, dann aber ausgedruckt und manuell verschickt wurde.[616] Das gilt sowohl für die Neuerungen in den Verwaltungsverfahrensgesetzen als auch für das restliche über automatisierte Verwaltungsakte Gesagte. Die rechtlichen Probleme und Risiken verschwinden nicht dadurch, dass ein Mensch den Verwaltungsakt ungesehen zur Post gegeben hat.

---

615 BT-Drs. 18/7457, S. 48; *Berger*, DVBl. 2017, 804, 808; *Djeffal*, DVBl. 2017, 808, 813.

616 Für § 35a VwVfG: *Braun Binder*, DÖV 2016, 891, 895.

Die Frage, die sich im Anschluss stellt, ist, wie Fälle zu behandeln sind, in denen keine Vollautomatisierung vorliegt, die handelnde Behörde sich aber derart auf Technik verlässt, dass beschriebene Probleme trotzdem auftreten.

Es ist zum Beispiel denkbar, dass ein Verwaltungsakt automatisch erstellt wird, den ein menschlicher Bearbeiter im Anschluss noch überprüft und dann erlässt. Es besteht dann die Gefahr, dass sich die Verwaltung zu sehr auf die Software verlässt und so faktisch nicht mehr ihre vollen Entscheidungsmöglichkeiten ausnutzt.

Pauschal kann das nicht zur Unzulässigkeit der Zuhilfenahme von intelligenter Software aus Sicht der Verfassung führen. Im Einzelnen können aber Anforderungen erwachsen. Wenn etwa der Computer selbstständig den Sachverhalt ermittelt und menschliche Bearbeiter lediglich die Entscheidung selbst überprüfen, stellt die Rechtsstaatlichkeit an die Fähigkeiten der KI zur Sachverhaltsermittlung dieselben Bedingungen wie im Falle eines vollautomatisierten Erlasses.

4.1.2 Predictive Policing

Im besonders grundrechtssensiblen Bereich des Polizeirechts existiert neuerdings die Möglichkeit des sogenannten Predictive Policing. Künstliche Intelligenz ist viel besser in der Lage, bestimmte Zusammenhänge und Muster aus Statistiken zu extrahieren, als Menschen. Dies ermöglicht nun, Straftaten und Gefahren durch intelligente Software vorhersagen zu lassen, teilweise mit beachtlichem Erfolg.[617] Die Prognose menschlichen Verhaltens ist nicht einfach, die Rechenkraft von modernen Computern gepaart mit Machine Learning-Algorithmen und großen Mengen an Daten ermöglicht es aber, genauere Vorhersagen zu treffen als früher.

In Deutschland steckt die Technologie noch in den Kinderschuhen. In München, Mittelfranken, Stuttgart und Karlsruhe ist die Software „Precobs" im Einsatz[618] und auch in Köln und Duisburg gab es einen Testlauf, während in Bonn noch über die Verwendung nachgedacht wird.[619] Auch in der Schweiz wird

---

617 Dem Verbrechen auf der Datenspur (https://www.zukunftsinstitut.de/artikel/big-data/predictive-policing/) (geprüft am 22.06.2019).

618 *Institut für musterbasierte Prognosetechnik*, Predictive Policing made in Germany (http://www.ifmpt.de/projects.html) (geprüft am 22.06.2019).

619 *Immenkeppel*, "Precobs" soll auch in Bonn Einbrecher fangen (http://www.general-anzeiger-bonn.de/bonn/stadt-bonn/Precobs-soll-auch-in-Bonn-Einbrecher-fangen-article1602184.html) (geprüft am 22.06.2019).

die Software eingesetzt.[620] Von der Polizei in Baden-Württemberg wird sie mit gemischten Gefühlen aufgenommen, wobei die Zustimmung auf höheren Organisationsebenen tendenziell größer ist.[621]

Andere Bundesländer versuchen, eigene Programme zu entwickeln, die ähnliche Vorhersagen ermöglichen sollen.[622] Langsam werden die Programme auch von der Öffentlichkeit wahrgenommen.[623]

Im Moment hört man hierzulande vor allem von Predictive Policing im Rahmen der Verhinderung und Aufklärung von Wohnungseinbrüchen. Diese sind gut für eine Computervorhersage geeignet, weil sie – erstens – meist von Serientätern begangen werden, diese – zweitens – häufig ein Muster haben, dessen Teil – drittens – die Tatbegehung in der Nähe des letzten Tatorts ist.[624]

4.1.2.1 Qualifikation der gewonnenen Informationen

Das Vorhersageprogramm wird Daten auswerten und im Anschluss Wahrscheinlichkeiten („scores") darüber ausgeben, wo in naher Zukunft nach Ansicht des Programms Ereignisse des gesuchten Typs (z.B. eben Wohnungseinbruchsdiebstähle) passieren werden.[625] Fraglich ist nun, welche Qualität diese Vorhersagen im Polizeirecht haben und welche Maßnahmen die Polizei dementsprechend darauf stützen darf.

Notwendig zum Tätigwerden der Polizei ist, sobald Rechte von Menschen berührt werden, in allen Bundesländern zunächst eine Gefahr, die nach allgemeiner Auffassung vorliegt, „wenn eine Sachlage oder ein Verhalten bei un-

620 *Gerstner*, Predictive Policing als Instrument zur Prävention von Wohnungseinbruchsdiebstahl, 2017, S. 1.

621 *Gerstner*, Predictive Policing als Instrument zur Prävention von Wohnungseinbruchsdiebstahl, 2017, S. 89.

622 *Heitmüller*, Predictive Policing: Die deutsche Polizei zwischen Cyber-CSI und Minority Report (https://www.heise.de/newsticker/meldung/Predictive-Policing-Die-deutsche-Polizei-zwischen-Cyber-CSI-und-Minority-Report-3685873.html) (geprüft am 22.06.2019).

623 *Armbruster*, Wenn der Computer den Mörder errät (http://www.faz.net/aktuell/wirtschaft/kuenstliche-intelligenz/wenn-der-computer-den-moerder-erraet-15295431.html).

624 *Heitmüller*, Predictive Policing: Die deutsche Polizei zwischen Cyber-CSI und Minority Report (https://www.heise.de/newsticker/meldung/Predictive-Policing-Die-deutsche-Polizei-zwischen-Cyber-CSI-und-Minority-Report-3685873.html) (geprüft am 22.06.2019).

625 *Rademacher*, AöR 2017, 366, 380.

gehindertem Ablauf des objektiv zu erwartenden Geschehens mit Wahrscheinlichkeit ein polizeilich geschütztes Rechtsgut schädigen wird".[626] Hierbei wird der Gefahrenverdacht relevant, der besteht, wenn die Polizei aufgrund objektiver Umstände eine Gefahr für möglich hält, das Gegenteil aber nicht ausschließen kann.[627] Er ermöglicht Gefahrerforschungseingriffe, also Eingriffe, die der weiteren Aufklärung dienen, ob eine Gefahr vorliegt, und nach Möglichkeit nicht final sind.[628]

Zunächst wird nun vertreten, die Ergebnisse des Vorhersageprogramms könnten allenfalls einen Gefahrenverdacht begründen, weil die Software aufgrund ihrer digitalen Natur niemals alle für den Sachverhalt relevanten, einem Amtsträger erkennbaren Umstände erfassen könne.[629] Dies sei aber notwendig für die Annahme einer Gefahr, die über einen Gefahrenverdacht hinausgeht.[630] Dem ist im Ergebnis zuzustimmen. Zwar mag es im Einzelfall möglich sein, dass keine zusätzlichen relevanten Informationen vorhanden sind, die der Computer nicht erfassen kann. Die Entscheidung, ob ein solcher Einzelfall vorliegt, muss aber wiederum ein Mensch treffen, sodass der Score ohne menschliche Beurteilung eine nicht ausreichende Basis für die Annahme einer konkreten, weiterführende Maßnahmen ermöglichenden Gefahr bietet.

Weiterhin sei die Entscheidung, ob ein Gefahrenverdacht oder mehr vorliegt, normativer Art, weshalb sie eine Abwägung erfordere und daher nicht alleine durch einen Computer erfolgen kann.[631] Auch insoweit ist dem, für die absehbare Zukunft, zuzustimmen.[632]

Selbst der Gefahrenverdacht könne aber nicht blind bejaht werden, wenn das Zustandekommen des Scores nicht nachvollziehbar sei, weil der Algorithmus lediglich Korrelation zeigen könne, nicht aber eine kausale Verknüpfung.[633] Diese Tatsache ist nicht zu bestreiten. Trotz der beeindruckenden Entwicklung künstlicher Intelligenz machen auch modernste, durch Machine Learning

---

626 BVerwG NJW 1974, 807, 809; *Denninger*, in: Lisken/Denninger (Hrsg.), Handbuch des Polizeirechts, ^{5}2012, D. Rn. 39.

627 *Denninger*, in: Lisken/Denninger (Hrsg.), Handbuch des Polizeirechts, ^{5}2012, D. Rn. 48.

628 *Denninger*, in: Lisken/Denninger (Hrsg.), Handbuch des Polizeirechts, ^{5}2012, D. Rn. 48.

629 *Rademacher*, AöR 2017, 366, 383.

630 *Rademacher*, AöR 2017, 366, 383.

631 *Rademacher*, AöR 2017, 366, 383 f.

632 Zur Diskussion, inwieweit Computer Abwägungen vornehmen dürfen, siehe 4.1.1.2.

633 *Rademacher*, AöR 2017, 366, 389.

verbesserte Algorithmen im Kern nichts anderes, als statistische Auffälligkeiten zu suchen. Diese können aber im Einzelfall auch Zufälle sein, ebenso kann der vermutete Effekt die Ursache sein. Es ist deswegen konsequent, zu fordern, dass der Zusammenhang auch für einen Menschen plausibel ist.[634] Im Ergebnis muss deswegen jede Prognose des Systems durch einen Polizeibeamten überprüft werden.[635]

Um die Zusammenhänge verstehen zu können, wäre es für den Bearbeiter hilfreich, wenn der Computer, im Gegensatz zu den aktuell im Einsatz befindlichen Systemen, seine Einschätzung eben doch begründen könnte. Es wird teilweise sogar gefordert, dass für den Bereich staatlichen Handelns jeder Algorithmus transparent und kontrollierbar sein muss.[636] Geht man davon aus, dass der verantwortliche Polizist ohnehin selbst eine Einschätzung vornehmen muss, ist diese Transparenz zwar rechtlich nicht zwingend notwendig, sie würde aber helfen. Auch hier bietet der Ansatz der „explainable artificial intelligence" (XAI)[637] Chancen.

Schafft man es in Zukunft, eine fortschrittliche KI zu erschaffen, die selbst in der Lage ist, Kausalität und Korrelation auseinanderzuhalten, muss die Situation neu bewertet werden. Gleiches gilt, wenn es einmal möglich sein sollte, das Programm mit all den Informationen auszustatten, die auch den Polizeibeamten zur Verfügung stehen. Unter Umständen kann dann die reine Vorhersage des Programms mit hinreichender Wahrscheinlichkeit eine konkrete Gefahr begründen und zu tieferen Eingriffen ermächtigen.

Festzuhalten bleibt, dass eine Computerprognose im Rahmen des Predictive Policing im Wesentlichen ein Anhaltspunkt ist, der Polizisten auf Zusammenhänge hinweisen kann, die diese alleine nicht gesehen hätten. Möchte die Polizei Maßnahmen ergreifen, die über einfache Streifenfahrten u.ä. hinausgehen, muss dies auf einer zusätzlichen Prognose eines menschlichen Polizisten beruhen.

4.1.2.2 Die Achtung der Grundrechte

Das allgemeine Problem potentiell diskriminierender KI stellt sich auch im Polizeirecht und ist aufgrund der Grundrechtssensibilität von besonderer Bedeutung.[638] Racial profiling kommt aus dem Polizeirecht und muss vermieden

---

634 *Rademacher*, AöR 2017, 366, 391.

635 *Singelnstein*, NStZ 2018, 1, 8.

636 *Singelnstein*, NStZ 2018, 1, 8.

637 Dazu auch oben 4.1.1.2.2, *Miller*, Artificial Intelligence 2017, 267.

638 Siehe 3.4.1 und für die Verwaltung 4.1.1.2.3.

werden. Weiterhin stellt sich die Frage, inwieweit die Vorhersage menschlichen Verhaltens und die darauf gestützten Eingriffe mit dem allgemeinen Persönlichkeitsrecht, Art. 2 I GG i.V.m. Art. 1 I GG, vereinbar sind.

4.1.2.2.1 Vermeidung von Diskriminierung

Zur notwendigen Vermeidung der unterschiedlichen Behandlung aufgrund eines in Art. 3 III 1 GG genannten Merkmals gilt das oben gesagte: Ein rechtmäßiger Einsatz der Software ist nur möglich, wenn vermieden wird, dass der Algorithmus sich selbst vorurteilbelastete Ansichten beibringt.

Predictive policing birgt die Gefahr der diskriminierenden Verzerrung auch deswegen in besonderem Maße,[639] weil die Vorhersage des Programms notwendigerweise ausschließlich auf Daten beruht, die die Polizei in ihrer Arbeit gewonnen hat. Das bedeutet aber, dass jede Verzerrung, die im Rahmen der Polizeiarbeit bewusst oder unbewusst Teil der Daten wird, in die Vorhersage mit einbezogen wird.[640] Im Beispiel des racial profiling, das unter 4.1.1.2.3 besprochen wurde, würde etwa eine häufigere Kontrolle von Menschen mit dunklerer Hautfarbe zu mehr Daten über diese führen. Die Schlüsse, die der Algorithmus daraus zieht, basieren dann nicht auf einem Abbild der Realität, sondern auf einem Zerrbild derselben.[641]

Gelingt es, dieses Problem zu lösen, ist der Computer gegenüber einem Menschen im Vorteil. Letzterer kann nicht nur absichtlich vorurteilsbelastet sein, er hat auch verinnerlichte Befangenheiten, die sich lediglich unterbewusst, ohne sein Wissen, auswirken. Bringt man einem Computer aber z.B. bei, keine Hautfarbe zu sehen, nimmt dieser tatsächlich eine davon unabhängige Bewertung vor und kann, anders als der Mensch, vorurteilsfrei entscheiden. Es besteht also, wie so oft, Risiko und Chance zugleich.

4.1.2.2.2 Das Recht auf informationelle Selbstbestimmung

Seit dem wegweisenden Volkszählungsurteil des Bundesverfassungsgerichts ist anerkannt, dass sich aus Art. 2 I GG i.V.m. Art. 1 I GG ein Recht auf informationelle Selbstbestimmung als Teil des allgemeinen Persönlichkeitsrechts ableiten lässt.[642] Der Schutzbereich dieses Rechts ist immer dann berührt, wenn personenbezogene Daten erhoben werden.[643]

---

639 *Härtel*, LKV 2019, 49, 55.
640 *Singelnstein*, NStZ 2018, 1, 4.
641 *Härtel*, LKV 2019, 49, 55.
642 BVerfG NJW 1984, 419, 421 ff.
643 BVerfG NJW 1984, 419, 421 ff.

Bei der Benutzung der in Deutschland aktuell dominierenden „Precobs"-Software werden nach Ansicht des bayerischen Datenschutzbeauftragten bis auf den Tatort keine personenbezogenen Daten verwendet, sodass sie datenschutzrechtlich unbedenklich sei.[644]

In Niedersachsen ist die Landesdatenschutzbeauftrage in Bezug auf das dortige Projekt skeptischer und hält es für möglich, dass die Gebiete, für die eine jeweilige Wahrscheinlichkeit berechnet wird, klein genug sind, dass sie teilweise nur bestimmte Wohnhäuser, die wiederum nur von einzelnen Personen bewohnt werden könnten, umfassen.[645] Dann würde ein Personenbezug nicht zu bestreiten sein.[646]

Je mehr Daten die Prognosesoftwares haben und je genauer diese sind, desto besser können Gefahren vorhergesagt werden, desto effektiver ist also das Programm. In Zukunft wird sich daher verstärkt die Frage stellen, inwieweit die Erhebung und Verarbeitung personenbezogener Daten zum Zwecke des Predictive Policing zulässig ist.[647]

Ein Eingriff in das Recht auf informationelle Selbstbestimmung läge dann jedenfalls vor. Schafft man die notwendigen gesetzlichen Eingriffsgrundlagen, stellt sich im Rahmen der Rechtfertigung dieses Eingriffs die Frage der Verhältnismäßigkeit der Datenerhebung und -verarbeitung.[648]

Das Bundesverfassungsgericht hat bei der notwendigen Abwägung mittlerweile wichtige Kriterien und ihr Verhältnis zueinander herausgearbeitet, hier sehr bedeutsam vor allem bei der Beurteilung der Rasterfahndung,[649] aber auch in anderen Entscheidungen.[650]

Zu prüfen ist die Streubreite des Eingriffs, die Heimlichkeit, ausgehende Einschüchterungseffekte, die Verdachtslosigkeit und nicht zuletzt, ob es sich um eine anlasslose Erhebung/Verarbeitung der Daten handelt oder ob der Maßnahmeadressat einen zurechenbaren Beitrag geleistet hat.

Sollen vernünftige Mengen an Daten untersucht werden und Predictive Policing sein Potential auch nur annährend entfalten, müssen auch Personen

644 *Der bayerische Landesbeauftragte für den Datenschutz*, Verwendung der Prognosesoftware "Precobs" durch die bayerische Polizei, 2015.

645 *Die Landesbeauftragte für den Datenschutz Niedersachsen*, Thiel befürchtet Stigmatisierung von Betroffenen, 2015.

646 So auch *Ernst*, in: Breyer-Mayländer (Hrsg.), Das Streben nach Autonomie, 2018, 146.

647 *Singelnstein*, NStZ 2018, 1, 6.

648 BVerfG NJW 1984, 419, 422 ff.; BVerfG MMR 2006, 531.

649 BVerfG MMR 2006, 531.

650 Z.B. BVerfGE 107, 299; BVerfGE 120, 378.

abgeglichen werden, die keinen Anlass dazu gegeben haben. Auch bei denjenigen Personen, die bereits durch vergangenes Handeln einen Beitrag dazu geleistet haben, Teil der Untersuchung zu werden, ist zu bedenken, dass die zu verhindernde Gefahr, die durch sie irgendwann einmal bestehen soll, weit in der Zukunft liegt. Allein aus diesen Gründen sind die Hürden für eine Erhebung und Verarbeitung bereits vorhandener Daten hoch anzusiedeln.[651]

Die Streubreite der Maßnahmen ist eine Frage der Umsetzung im Einzelnen. Die abgeglichenen Datensätze haben aber das Potential, sehr zahlreich zu werden, was der Fähigkeit des Programms zu einer möglichst genauen Vorhersage auch desto besser gerecht wird, je mehr Daten es hat.[652] Hält man es im Rahmen der Streubreite für maßgeblich, wie zahlreich die Personen sind, deren Daten erhoben/verarbeitet werden, ist Potential für eine noch deutlich größere Streubreite als bei der Rasterfahndung vorhanden.[653]

Dagegen wird nun vorgebracht, auch in solchen Fällen müsse die Streubreite nicht groß sein.[654] Das Bundesverfassungsgericht habe festgestellt, ein Eingriff sei noch nicht gegeben, wenn Daten aus technischen Gründen zwar erfasst, nach dem Abgleich im Anschluss aber ohne Rückverfolgungsmöglichkeit direkt wieder gelöscht werden.[655] Demnach sei bei der Rasterfahndung die zu große Streubreite nicht auf alle Daten, die abgeglichen wurden, bezogen gewesen, sondern auf die, immer noch zahlreichen, Personen, die nach dem Abgleich übrig blieben.[656] Ein künftiges, funktionierendes Predictive Policing könne aber zu einer sehr guten Auswahl führen und damit zu einer sehr geringen Streubreite.[657]

Das Bundesverfassungsgericht hat sich tatsächlich hauptsächlich auf die knapp 11000 Menschen bezogen, die nach dem Datenabgleich noch übrig blieben.[658] Die Formulierung „jedenfalls“ deutet aber eher darauf hin, dass es die Frage, ob diese miteinzubeziehen sind, offen lassen wollte. Eindeutig ist die Situation keineswegs, denn:

---

651 *Singelnstein*, NStZ 2018, 1, 6 f; für längere rechtsphilosophische Ausführungen darüber, ob in diesem Fall deswegen eine andere Bewertung als üblich anzunehmen ist, weil sich die typischen Gefahren des Überwachungsstaats möglicherweise nicht verwirklichen, siehe *Rademacher*, AöR 2017, 366, 397 ff.

652 *Singelnstein*, NStZ 2018, 1, 6.

653 *Singelnstein*, NStZ 2018, 1, 6.

654 *Rademacher*, AöR 2017, 366, 394 ff.

655 BVerfGE 120, 378.

656 *Rademacher*, AöR 2017, 366, 394 ff nimmt Bezug auf BVerfG MMR 2006, 531.

657 *Rademacher*, AöR 2017, 366, 394 ff.

658 BVerfG MMR 2006, 531.

„Auch dann, wenn die Erfassung eines größeren Datenbestandes letztlich nur Mittel zum Zweck für eine weitere Verkleinerung der Treffermenge bildet, kann in der Datenerhebung bereits ein Eingriff liegen (vgl. BVerfGE 100, 313 [366 mit 337, 380]). Maßgeblich ist, ob sich bei einer Gesamtbetrachtung mit Blick auf den durch den Überwachungs- und Verwendungszweck bestimmten Zusammenhang das behördliche Interesse an den betroffenen Daten bereits derart verdichtet, dass ein Betroffensein in einer einen Grundrechtseingriff auslösenden Qualität zu bejahen ist."[659]

Dementsprechend muss eine Gesamtbetrachtung angestellt werden. Zur Kennzeichenerfassung,[660] über die entschieden wurde, dass bei sofortiger, anonymer Löschung, bei der kein Personenbezug hergestellt werden kann, klar kein Eingriff vorliegt, besteht ein qualitativer Unterschied. Es ist im Rahmen der geforderten Gesamtbetrachtung nicht das Gleiche, ob eine einfache Zeichenkette verglichen werden soll oder ob es sich um eine Mehrzahl an Daten handelt.

Im Falle des Predictive Policing ist der Unterschied noch größer. Je intelligenter das Programm ist, desto komplexer wird der Vorgang, in dem es die Daten verwendet. Trotz einer großen Menge an tatsächlich im Programm existierenden Daten eine kleine Streubreite anzunehmen, erscheint dann zweifelhaft. Denn beim Einsatz eines Programms, das eine komplizierte Datenverarbeitung durchführt, kann es zum einen zu deutlich stärkeren *chilling effects* kommen. Zum anderen rückt sie bei Einbeziehung von immer mehr Kriterien und auch Hintergründen immer mehr in Richtung Verarbeitung durch einen menschlichen Sachbearbeiter, mit allen sich daraus ergebenden Konsequenzen. Die Streubreite ist daher als weit anzusehen.

Predictive policing in seinem wahrscheinlichen Anwendungsfeld wird, wenn es mit personenbezogenen Daten arbeitet, nur zum Schutz hoher Rechtsgüter eingesetzt werden können, ansonsten droht ein Verfassungsbruch.[661]

4.2 Judikative und Staatsanwaltschaft

Die Entwicklung intelligenter Maschinen hat dazu geführt, dass die Übernahme von Rechtsprechungsaufgaben und solchen der Staatsanwaltschaft durch diese nicht mehr von vornherein völlig undenkbar ist. Blickt man in die ferne Zukunft,

---

659 BVerfG MMR 2006, 531.
660 BVerfGE 120, 378.
661 *Singelnstein*, NStZ 2018, 1, 7.

wird sogar gefragt, ob künstliche Intelligenz und Robotik das Recht an sich überflüssig machen.[662]

Hier soll aber die nähere Zukunft diskutiert werden, die von derartigen Gedankenspielen noch weit entfernt ist. Man kann spekulieren, inwieweit Maschinen für Rechtsprechungsaufgaben in Zukunft nicht besser geeignet sein werden. Menschliche Richter bleiben, trotz der hohen Anforderungen an den Beruf, Menschen und sind nicht immun gegen die Unzulänglichkeiten unserer Spezies. So entscheiden Richter nach dem Essen und nach Pausen tendenziell freundlicher.[663] Ein Computer würde streng mathematisch entscheiden, ohne Einfluss von körperlicher und mentaler Verfassung.

Unter 3.5 wurden bereits Legal-Tech-Chatbots vorgestellt, die bei sehr einfachen Fällen Rechtsanwendung im allerweitesten Sinn betreiben. Gerade einfachere Sachverhalte wie zum Beispiel im Strafbefehlsverfahren oder im Annahmeverfahren im Vorfeld von Verfassungsbeschwerden vor dem Bundesverfassungsgericht, die schon heute im Namen der Prozessökonomie gar nicht in regulären Verfahren geklärt werden, könnten daher in Zukunft von Computern bearbeitet werden.

Ob diese tatsächliche Möglichkeit auch rechtlich besteht und ob sie auch wünschenswert ist, soll nachfolgend untersucht werden.

4.2.1 Die Maschine als Richter

Nach Art. 92 GG ist die Rechtsprechung den „Richtern“ anvertraut. Zudem gewährt Art. 101 I 2 GG das Recht auf den gesetzlichen Richter. Eine Automatisierung der Justiz durch ein intelligentes Richterprogramm wäre nur dann möglich, wenn dieses als „Richter“ i.S.d. Art. 92, 101 I 2 GG gesehen werden könnte. Man könnte bereits argumentieren, dass der Wortlaut „Richter“ auf eine natürliche Person abzielt.[664] Dafür sprechen auch Art. 97, 98 GG, die ein Berufsrichtertum vorsehen, das nur von einem Menschen sinnvoll ausgeübt werden kann.[665] Wieder kann auf den Willen des verfassungsgebenden Gesetzgebers nicht zurückgegriffen werden, da die Problematik noch nicht absehbar war, als das Grundgesetz geschaffen wurde.

---

662 *Schwintowski*, RAILS 2017.

663 *Weber*, Hungriger Richter – hartes Urteil (http://www.sueddeutsche.de/karriere/wirtschaftspsychologie-hungriger-richter-hartes-urteil-1.1084416) (geprüft am 15.06.2019).

664 *Enders*, JA 2018, 721, 723.

665 *Classen*, in: Mangoldt/Klein/Starck (Hrsg.), Grundgesetz, [6]2010, Art. 92 Rn. 28.

Jedenfalls muss ein Richter aber drei Merkmale erfüllen: Unabhängigkeit, Unparteilichkeit und fachliche Kompetenz.[666] Um die Reichweite eines möglichen Einsatzes von intelligenten Computern für Rechtsprechungsaufgaben zu bestimmen, ist zu klären, inwieweit diese Voraussetzungen von jenen erfüllt werden können.

4.2.1.1 Unparteilichkeit

Eine Maschine dürfte selten „Richter in eigener Sache"[667] sein. Hier sind keine Probleme ersichtlich.

4.2.1.2 Fachliche Kompetenz

Bei der Frage der fachlichen Kompetenz kann dagegen schon gezweifelt werden. Zunächst muss ein Richter nicht nur rein juristische, sondern, um zum Rechtsfrieden beitragen zu können, auch ein gewisses soziales Geschick besitzen.[668] Die Zukunft, in der eine Maschine soziale Kompetenz haben kann, ist noch ein gutes Stück entfernt. Ob sie jemals wirklich kommt, ist diskussionswürdig. Jedenfalls begrenzt die mittelfristige soziale Inkompetenz von Maschinen die Möglichkeiten ihres Einsatzes.

Eine andere, aber aufgrund der Tatsache, dass juristische Fachkompetenz für Richter noch zentraler ist als soziale Aspekte, noch entscheidendere Frage ist, inwieweit ein Rechtscomputer in der Lage sein kann, eine echte Subsumtion durchzuführen. Aufgrund der herausragenden Bedeutung der Richter für die Rechtsordnung kann im Gegensatz zur oben besprochenen[669] Situation bei Rechtsdienstleistungen auch nicht darauf abgestellt werden, dass irgendwo eine Subsumtion stattfindet oder sich der Vorgang in der Maschine einer Subsumtion annähert. Ein Richter muss eine eigene, echte, rechtliche Prüfung vornehmen. Ob eine Maschine dazu jemals in der Lage sein wird, ist Teil der größeren, unter Philosophen umstrittenen Frage,[670] ob Maschinen jemals menschlich denken können. Denn der Subsumtionsvorgang setzt eine Einbeziehung von Hintergründen und Zusammenhängen voraus, die exemplarisch für den „holistischen

---

666 *Morgenthaler*, in: Epping/Hillgruber (Hrsg.), BeckOK Grundgesetz, 2019, Art. 92 Rn. 20 ff.

667 *Classen*, in: Mangoldt/Klein/Starck (Hrsg.), Grundgesetz, ^{6}2010, Art. 92 Rn. 26.

668 *Morgenthaler*, in: Epping/Hillgruber (Hrsg.), BeckOK Grundgesetz, 2019, Art. 92 Rn. 28, 25.

669 Siehe oben 3.5.2.3.

670 Siehe oben 2.2.4.

Kontext" sind, der nach Ansicht von KI-Kritikern nicht in Algorithmen gepresst werden kann.[671] Trotz des Fortschritts aktueller KI ist genau diese Einbeziehung von Hintergründen und Zusammenhängen der Aspekt, der modernen Maschinenintelligenzen immer noch Probleme bereitet. Es bleibt daher jedenfalls festzuhalten, dass das Kriterium der fachlichen Kompetenz auch aus diesem Grund in absehbarer Zeit nicht von Computern erfüllbar sein wird.

4.2.1.3 Unabhängigkeit

Die richterliche Unabhängigkeit ergibt sich aus Art. 97 GG. Es kann zwischen sachlicher und persönlicher Unabhängigkeit unterschieden werden.[672] Persönliche Unabhängigkeit i.S.d. Art. 97 II GG kommt für Maschinen nicht in Frage. Sie gilt nur für „hauptamtlich und planmäßig" angestellte Richter. Ein Computer kann diese Kriterien nicht erfüllen.

Sachliche Unabhängigkeit nach Art. 97 I GG gilt dagegen für alle Richter.[673] Sie sind nur dem Gesetz unterworfen. Das schließt jede Form von Weisungen bei Anwendung und Auslegung aus. Bei Programmen ist das schon deswegen problematisch, weil irgendjemand das Programm schreiben muss. Es ist im eigentlichen Sinne keine Weisung gegeben, aber das letztendlich entscheidende System handelt insoweit nicht autonom, sondern aufgrund seiner Programmierung. Ist die Entscheidung aber aufgrund einer vorher festgelegten Software determiniert, liegt keine wirkliche Unabhängigkeit vor. Ein klassischer Computer kann in diesem Sinne gar nicht unabhängig sein.

Die Frage verkompliziert sich aber, wenn selbstlernende Algorithmen berücksichtigt werden. Wie schon an mehreren Stellen erwähnt, kann moderne KI sich mithilfe von Machine Learning-Algorithmen in einer Weise selbst verbessern, dass nicht einmal der Erschaffer genau weiß, wie sie zu einer Entscheidung kommt. Er kennt den Lernalgorithmus, versteht aber den dadurch entstehenden Entscheidungsalgorithmus nicht mehr.

Entscheidend ist nun, ob dadurch eine nicht determinierte Entscheidung durch die Maschine vorliegt oder nicht. Natürlich ist der Vorgang aufgrund dessen, dass er auf physikalischen Gesetzen basiert, grundsätzlich deterministisch. Dennoch muss man ab einer gewissen Komplexität aber fragen, wo der genaue Unterschied zum Menschen ist. Erheblich bedeutender ist aber, dass jetzt

---

671 *Dreyfus*, What Computers can't do, 1972.

672 *Morgenthaler*, in: Epping/Hillgruber (Hrsg.), BeckOK Grundgesetz, 2019, Art. 92 Rn. 20; *Classen*, in: Mangoldt/Klein/Starck (Hrsg.), Grundgesetz, [6]2010, Art. 97 Rn. 1.

673 *Classen*, in: Mangoldt/Klein/Starck (Hrsg.), Grundgesetz, [6]2010, Art. 97 Rn. 3.

jedenfalls keine Vorbestimmung durch einen Dritten mehr vorliegt, sodass man das Merkmal der sachlichen Unabhängigkeit bejahen könnte. Ob diese Ergebnisse dann auch gut bzw. rechtsstaatlich vertretbar sind, ist keine Frage der Unabhängigkeit.

4.2.1.4 Ergebnis

Ein kompletter Ersatz von Richtern ist auf lange Zeit schon deswegen nicht verfassungskonform möglich, weil soziale und juristische Kompetenz und Unabhängigkeit schwer zu erreichen sind. Selbst wenn man ein sehr fortschrittliches Programm schreiben könnte, das es, auch unter Zuhilfenahme von Machine Learning-Algorithmen, schafft, die notwendige Unabhängigkeit sowie juristische und soziale Kompetenz zu erreichen, wird man dennoch nicht daran vorbeikommen, dass das Grundgesetz menschliche Berufsrichter verlangt.[674]

4.2.2 Die Maschine als Unterstützung des Richters

Wie auch bei der Verwaltung stellt sich nun das Problem, dass in Zukunft Situationen vorstellbar sind, in denen ein Programm zwar formal den Richter nicht ersetzt, dieser aber in weiten Teilen auf eine Maschinenentscheidung vertraut.

Soweit eine Entscheidung in einem Verfahren getroffen wird, unabhängig vom Rechtsgebiet, muss der Richter, um seiner Aufgabe gerecht zu werden, selbst die rechtliche Beurteilung vornehmen. Jede Form von Abwälzung des eigenen Beurteilungsvorgangs muss als Übertragung der Aufgaben auf eine Maschine und damit als unzulässig angesehen werden. Das bedeutet aber nicht, dass der Richter gar nicht die Hilfe derartiger Software in Anspruch nehmen kann, um bei der Entscheidungsfindung zu helfen, solange er sich über jeden Aspekt selbst Gedanken macht und das Programm stets nur als Unterstützung einsetzt. Die Zuhilfenahme von intelligenten Programmen ist unbedenklich, solange sie sich nur als Weiterentwicklung bereits heute eingesetzter (und insoweit unproblematischer) Suchmaschinen für Urteile, Kommentare, Aufsätze und Ähnliches darstellt. Fremde Gedanken in die Entscheidungsfindung einzubeziehen, ist selbstverständlich.

Ausgeschlossen muss es dagegen sein, gar keine eigene Entscheidung zu treffen, sondern sie ganz oder teilweise abzugeben. Das wäre auch der Fall, wenn die Übernahme des Urteils einer Maschine zum Automatismus wird, selbst wenn der menschliche Richter es formal ausspricht.[675]

---

674 *Enders*, JA 2018, 721, 723.
675 *Enders*, JA 2018, 721, 723.

4.2.2.1 *Vorentscheidung des Computers*

Das muss im Prinzip für jede Verfahrensart gelten, in der ein Richter eingesetzt wird. Eine andere Beurteilung ist nur denkbar bei lediglich vorläufigen Verfahren in dem Sinne, dass die resultierende Entscheidung nicht endgültig ist. Ein Beispiel hierfür ist das Strafbefehlsverfahren nach § 407 ff StPO. Auf Antrag der Staatsanwaltschaft können in Verfahren vor dem Strafrichter oder Schöffengericht bei weniger einschneidenden Rechtsfolgen (§ 407 II StPO) und nur bei Vergehen die Rechtsfolgen ohne Hauptverhandlung durch Strafbefehl festgesetzt werden.

Das Bundesverfassungsgericht hält dieses grundsätzlich für mit dem Rechtsstaatsprinzip vereinbar.[676] Es sei für „die rasche Erledigung einer Vielzahl tatsächlich und rechtlich einfach gelagerter Fälle bestimmt und im Rahmen des deutschen Strafprozess Systems praktisch nicht zu entbehren."[677] In zweierlei Hinsicht sind intelligente Programme hierfür optimal: Sie ermöglichen die Automatisierung, sodass der Gedanke der Effizienzsteigerung zur Entlastung der Gerichte so gut wie möglich zur Geltung kommt. Weiterhin sind sie, jedenfalls auf absehbare Zeit, nur für verhältnismäßig einfache Sachverhalte gedacht.

Die verfassungsrechtliche Zulässigkeit des Verfahrens wird als gegeben erachtet, offenbar, weil es eben unverzichtbar ist, gleichzeitig aber rechtsstaatliche Sicherungen eingebaut sind, allen voran die Möglichkeit des Einspruchs nach § 410 I StPO, der bei Zulässigkeit zu einer Hauptverhandlung führt, § 411 I 2 StPO. Wird ein solcher nicht eingelegt, steht der Strafbefehl einem rechtskräftigen Urteil gleich, § 410 III StPO.

Dass das Verfahren sich dennoch qualitativ von einem normalen Strafverfahren unterscheidet, zeigt schon, dass höchstrichterlich mehrfach mit Verweis auf fehlende rechtsstaatliche Garantien für eine abweichende Behandlung im Gegensatz zu „echten" Urteilen entschieden wurde, nämlich zum einen bei der Frage, ob der Grundsatz „ne bis in idem" des Art. 103 III GG ebenso auf Strafbefehlsverfahren anwendbar ist,[678] und zum anderen bei der Problematik, ob Feststellungen im Strafbefehl für ein Verwaltungsverfahren bindend sind.[679] Zwar haben die entsprechenden Gerichte die Auffassungen mittlerweile wieder

---

676 BVerfG NJW 1954, 69.
677 BVerfG NJW 1954, 69.
678 BVerfG NJW 1954, 69 f.
679 BVerwG NJW 1988, 1340.

aufgegeben,[680] es bleibt aber klar, dass die absolute Gleichstellung als nicht unproblematisch gesehen wird.

Könnte man nun also dieses „vorläufige" Verfahren mit Hilfe von intelligenten Programmen automatisieren? Es wäre jedenfalls eine gesetzliche Grundlage notwendig, denn die Wesentlichkeitstheorie[681] verlangt in solchen Fällen, in denen eine Schuldzuweisung mit Strafe zu Lasten des Bürgers getroffen wird, ein formelles Gesetz. Zudem wäre der Grundsatz des gesetzlichen Richters verletzt, der vorsieht, dass in allen Fällen, in denen das Gesetz die Entscheidung durch einen Richter vorsieht, dieser auch gewährleistet werden muss.[682] Das Gesetz verlangt hier einen Richter, und ein Programm kann, wie gezeigt, kein Richter sein.[683]

Entschließt sich der Gesetzgeber, ein automatisches Verfahren einzubauen, könnte man nun für die verfassungsrechtliche Zulässigkeit, vor allem die Rechtsstaatlichkeit, argumentieren, es handle sich lediglich um eine konsequente Weiterführung des Gedankens des Strafbefehls. Es wird für rechtmäßig gehalten, ein summarisches, mit Unzulänglichkeiten behaftetes Verfahren durchzuführen, das der wahren Sachlage möglicherweise nicht gerecht wird, um in einfacheren Fällen die Gerichte zu entlasten.[684] Dann könnte man eine noch bessere Entlastung erreichen, indem man ein Computerprogramm einfachere Fälle lösen und dann den Strafbefehl verschicken lässt. Der Bürger hat weiterhin die Einspruchsmöglichkeit nach § 410 I StPO.

Die Grenze sollte aber schon vorher gezogen werden. Auch im Strafbefehlsverfahren wird durch einen Richter entschieden, der auch in einem regulären Verfahren entscheidungsberechtigt wäre. Die rechtsstaatlichen Mängel werden in der aktuellen Form gerade so hingenommen. Einen Computer eine Entscheidung treffen zu lassen, die möglicherweise zu einer Strafe führt, wäre nicht mehr als rechtsstaatlich anzusehen. Wenn schon im Verwaltungsverfahren Grenzen gezogen werden müssen (und dass eine Grenze existiert, ist unstreitig),[685] muss im Strafverfahren ebenfalls ein strenger Maßstab angelegt werden, auch wenn die demokratische Legitimation hier ohnehin weniger stark ausgeprägt ist.[686]

---

680 Siehe zu beiden Streitigkeiten *Maur*, in: Hannich (Hrsg.), Karlsruher Kommentar zur Strafprozessordnung, [7]2013, § 407 Rn. 15.

681 BVerfG NJW 1979, 359 f.

682 *Maunz*, in: Maunz/Dürig, Grundgesetz, 2019, Art. 101 Rn. 15.

683 Siehe 4.2.1.

684 BVerfG NJW 1954, 69.

685 Siehe 4.1.1.2.2.

686 *Tschentscher*, Demokratische Legitimation der dritten Gewalt, 2006, S. 145.

Denkbar ist aber eine Übertragung des Konzepts auf andere Verfahren. Wenn etwa nicht der Staat von sich aus ein Verfahren einleitet, sondern die Initiative vom Bürger ausgeht, bestehen weniger Bedenken, in einer Art Vorverfahren die Klage oder den Antrag von einer tauglichen Software überprüfen zu lassen. Sie würde dann entweder zu einem klaren, ablehnenden Ergebnis kommen oder den Fall an einen Menschen weiterleiten. Das Annahmeverfahren des Bundesverfassungsgerichts nach §§ 93a ff BVerfGG ist ein Beispiel für eine Vorüberprüfung, die notwendig ist, um das Gericht nicht zu überlasten.[687] Während dieses Verfahren selbst nicht automatisiert werden kann, weil die Annahme durch eine Kammer oder einen Senat geschehen muss, § 93b BVerfGG, und eine Gesetzesänderung, die eine endgültige Entscheidung durch einen Computer vorsähe, gegen diverse Verfassungsnormen wie Art. 19 IV GG und das Rechtsstaatsprinzip verstoßen würde, wäre ein noch davor geschaltetes Verfahren denkbar, in dem zunächst ein Computer eine Vorentscheidung trifft. In diesem und ähnlich gelagerten Fällen würde dies keine Probleme bereiten, soweit der Bürger, ähnlich wie im Strafbefehlsverfahren, die Möglichkeit hat, durch einen Einspruch oder ein ähnliches Mittel eine Beurteilung durch einen Menschen zu verlangen, wenn er die Entscheidung der Maschine nicht akzeptieren will. Zwar ist fraglich, wie viel Entlastung dann tatsächlich noch stattfindet, es ist aber nicht undenkbar, dass ein signifikanter Teil der Antragssteller/Kläger eine maschinelle Entscheidung akzeptieren würde. Aus den gleichen Gründen wie beim Strafbefehlsverfahren wäre eine gesetzliche Regelung notwendig.

Noch näher liegt eine Automatisierung des Mahnverfahrens nach § 688 ZPO. Es soll ebenfalls der Beschleunigung dienen.[688] Im Gegensatz zu den bisher angesprochenen Verfahren hat es aus rechtsstaatlicher Sicht den Vorteil, dass sich mehrere Private gegenüberstehen und kein Über-/Unterordnungsverhältnis gegeben ist. Weiterhin werden die Voraussetzungen nicht durch einen Richter, sondern einen Rechtspfleger geprüft[689] und es findet weder eine Ermittlung von Amts wegen noch eine umfassende Prüfung der Richtigkeit der Angaben statt.[690] Die notwendigen Fähigkeiten hierfür könnten Computer möglicherweise bald

687 *Graßhof*, in: Maunz/Schmidt-Bleibtreu/Klein/Bethge, Bundesverfassungsgerichtsgesetz, 2019, § 93a Rn. 1.

688 *Schüler*, in: Krüger/Rauscher (Hrsg.), Münchener Kommentar zur ZPO, Band 2, ^{5}2016, vor § 688 Rn. 1.

689 *Schüler*, in: Krüger/Rauscher (Hrsg.), Münchener Kommentar zur ZPO, Band 2, ^{5}2016, § 691 Rn. 2.

690 *Schüler*, in: Krüger/Rauscher (Hrsg.), Münchener Kommentar zur ZPO, Band 2, ^{5}2016, § 691 Rn. 3.

haben. Es fehlt dann nur noch an einem ermächtigenden Gesetz, das sinnvollerweise Vorkehrungen gegen die erhöhte Missbrauchsgefahr enthält.

4.2.2.2 Computerprognosen

Klärungsbedürftig ist weiterhin die Frage, inwieweit sich der Richter auf Prognosen eines entsprechenden Programms stützen darf. Während der Richter selbst, unabhängig von einem Programm, die notwendigen Tatsachen erkennen und eine eigene rechtliche Bewertung der Sachlage treffen muss, gibt es Situationen, in denen eine Einschätzung der zukünftigen Lage vorgenommen werden muss, vor allem im Strafrecht. So sind nach § 46 I 2 StGB die Wirkungen der Strafe für das zukünftige Leben des Täters zu berücksichtigen. Nach § 56 I 1 StGB ist eine Strafaussetzung zur Bewährung nur möglich, wenn zu erwarten ist, dass der Verurteilte keine weiteren Straftaten mehr begehen wird („günstige Kriminalprognose“[691]). Ein weiteres Beispiel ist die Frage, ob Fluchtgefahr eines Verdächtigen besteht, der in Untersuchungshaft genommen werden soll, § 112 I 1, II Nr. 2 StPO.

Wie auch im Bereich des Predictive Policing[692] haben intelligente Programme bereits heute dem Menschen in bestimmten Aspekten überlegene Analysefähigkeiten. Laut einer Untersuchung der Untersuchungshaft in den USA wird vermutet, durch den Einsatz von Algorithmen, die durch Machine Learning verbessert wurden, wahlweise eine Reduzierung der Kriminalität der Verdächtigen um 24,8%, ohne mehr Menschen in Haft nehmen zu müssen, oder eine Reduzierung der in Haft genommenen um 42,0%, ohne dass die Kriminalitätsrate steigt, erreichen zu können.[693] Sollten sich derart optimistische Zahlen bestätigen, wären sie ein starkes Argument für die Zuhilfenahme von Analyseprogrammen zur Prognose derartiger Wahrscheinlichkeiten.

Dabei kommt unter anderem das in vielen Gebieten auftretende Problem auf,[694] dass die entscheidende KI unter Umständen rassistisch, sexistisch oder in einer anderen Weise vorurteilsbelastet ist.[695] Die Kehrseite der angesprochenen Untersuchungen in den USA ist, dass sich das Programm bei der Rückfallwahrscheinlichkeit besonders häufig zum Nachteil von Personen mit nicht-weißer

691 *Groß*, in: Joecks/Miebach (Hrsg.), Münchener Kommentar zum StGB, Band 2, ^{3}2016, § 56 Rn. 14.

692 Siehe 4.1.2.

693 *Kleinberg/Lakkaraju/Leskovec u.a.*, Human Decisions and machine predictions, S. 2.

694 Bereits relevant bei 3.4.1, 4.1.1.2.3 und 4.1.2.2.1.

695 *Martini/Nink*, NVwZ 2017, 681, 682; *Dzida/Groh*, NJW 2018, 1917.

Hautfarbe geirrt hat.[696] Ein weiteres Mal zeigt sich die Anfälligkeit von Algorithmen für Vorurteile.

Diese Problematik muss zunächst, wie in den anderen besprochenen Fällen auch, gelöst werden. Ansonsten wären entsprechende Entscheidungen schon alleine deswegen verfassungswidrig. Zwar sind Richterentscheidungen tendenziell besonders einschneidend, die Herausforderungen unterscheiden sich aber ansonsten nicht von den anderen Fällen.

Die eigentliche Frage ist aber, ob ein Stützen der Entscheidung auf eine Computerprognose vor dem Rechtsstaatsprinzip und der Tatsache, dass die Rechtsprechung den Richtern anvertraut ist, verfassungsrechtlich möglich ist, insofern die angesprochenen Diskriminierungsprobleme gelöst werden können.

Entscheidend sollte dafür die Fähigkeit der Programme sein. Wenn sich bestätigen sollte, dass Computer die Prognose besser abgeben können als menschliche Richter, ist es rechtsstaatlich sogar förderlich, sie auch einzusetzen. Der Richter überträgt dabei auch keine ursprüngliche Rechtsprechungsaufgabe auf eine Maschine. Genauso wie er Tatsachen feststellt und aufgrund dieser eine Entscheidung trifft, kann er eine fremde Prognose aufgreifen und sein Urteil darauf stützen. Die Tatsache, dass Richter die Prognose im Moment selbst treffen, ist der Tatsache geschuldet, dass diese Prognose zwingend erfolgen muss und die Richter dafür am besten geeignet scheinen. Ist nun aber eine Maschine besser geeignet, liegt es nahe, ihr diese Aufgabe zukommen zu lassen.

Hat ein Richter zur Feststellung bestimmter Tatsachen nicht die erforderliche Sachkunde, kann ein Sachverständigengutachten eingeholt werden. Die Situationen sind zwar nicht direkt vergleichbar, es soll aber gezeigt werden, dass im Falle einer Beurteilung, die nicht rechtlicher Natur ist, denkbar ist, eine fremde Einschätzung zu einem Sachverhalt einzuholen.

Auch an dieser Stelle wäre aber eine gesetzliche Regelung unverzichtbar. Der Parlamentsvorbehalt[697] gebietet in solchen Situationen, in denen es häufig um nicht weniger als die in Art. 2 II 1 GG verbürgte Freiheit einer Person geht, dass der Gesetzgeber die entsprechende Entscheidung trifft. Er ist auch der einzige, der in der Lage ist, einzuschätzen, ob die aktuellen Programme besser zu der notwendigen Prognose fähig sind als ein Mensch. Ist dies nicht der Fall, entfällt die Grundlage für die Überlegung.

Rein faktisch wird auf Dauer kaum ein Weg an der Einbeziehung von Analyseprogrammen vorbeiführen. Wenn die Ergebnisse auch nur annährend so gut

696 *Enders*, JA 2018, 721, 726.

697 *Grzeszick*, in: Maunz/Dürig, Grundgesetz, 2019, Art. 20, II. Rn. 135.

sind, wie Untersuchungen vermuten lassen, wird ein starkes Bedürfnis für den Einsatz bestehen.

4.2.3 Die Maschine als Unterstützung des Staatsanwalts

Im Gegensatz zu den Aufgaben der Richter stellt das Grundgesetz keine derart strengen Anforderungen an die Staatsanwälte. Das lässt Raum für Überlegungen, bestimmte Handlungen jener zu automatisieren, wenn Computerintelligenz weit genug fortgeschritten ist, dies zu ermöglichen.

Es bestehen hier Überschneidungen mit „Predictive Policing", das bereits unter 4.1.2 besprochen wurde. Es gibt aber gerade bei strafprozessualen Fragen genug Raum für weitere Überlegungen.

4.2.3.1 Erhebung der öffentlichen Klage

So könnte zunächst angedacht werden, eine KI darüber entscheiden zu lassen, öffentliche Klage nach § 151 StPO zu erheben. Die Staatsanwaltschaft ist durch das Legalitätsprinzip gebunden, die Klage zu erheben, wenn zureichende Anhaltspunkte für eine Straftat vorliegen, § 152 II StPO. Diese Bindung erleichtert den Maschineneinsatz. Auf der anderen Seite stellt sich schon die Frage nach dem Sinn der Automatisierung der öffentlichen Klage. Die Maschine wird in der Regel nicht selbst untersuchen. Sobald die Staatsanwaltschaft ausreichend ermittelt hat, wird in den Fällen, in denen aufgrund der Einfachheit des Sachverhalts und seiner rechtlichen Beurteilung eine Maschinenentscheidung in Frage kommt, ohnehin klar sein, was zu tun ist. Weiterhin ist es aufgrund des Rechtsstaatsprinzips problematisch, das Verfahren, das potentiell zu einer Verurteilung im Strafprozess führen kann, ohne menschliche Beteiligung einzuleiten, auch wenn die endgültige Entscheidung einem Richter vorbehalten ist.

4.2.3.2 Einstellung des Verfahrens

Die Einstellung des Verfahrens nach den Vorschriften der §§ 153 ff StPO ist schon deswegen nicht gut für eine Computerentscheidung geeignet, weil es sich um Ermessensvorschriften handelt.[698] Daraus entstehen die Probleme, die auch unter 4.1.1.2 hinsichtlich des Erlasses von Ermessensverwaltungsakten aufkommen. Zwar ist insoweit vorteilhaft, dass die Einstellungen stets positiv für den betroffenen Bürger sind. Sie sind aber Ausnahmen vom Legalitätsprinzip, das

698 Die Staatsanwaltschaft „*kann*" einstellen. Siehe z.B. für § 153 StPO *Diemer*, in: Hannich (Hrsg.), Karlsruher Kommentar zur Strafprozessordnung, [7]2013, § 153 Rn. 17.

der Sicherung der Rechtsstaatlichkeit und der Gleichheit dient.[699] Es kann daher nicht automatisiert werden.

Ebenso wie bei der Erhebung der öffentlichen Klage stellt sich jedenfalls die Frage nach dem Nutzen der Übertragung der Aufgabe auf eine Maschine. Die Ermittlung des Sachverhalts muss ohnehin geschehen und kann nicht durch den Computer erfolgen.

4.2.3.3 Ergebnis

Abgesehen von den bereits beim „Predictive Policing" festgestellten Einsatzmöglichkeiten ist es wenig zielführend, Aufgaben der Staatsanwaltschaft durch KI erledigen zu lassen. Im Übrigen würde es wohl größtenteils einen Verstoß gegen das Rechtsstaatsprinzip darstellen.

---

699 *Diemer*, in: Hannich (Hrsg.), Karlsruher Kommentar zur Strafprozessordnung, ^{7}2013, § 152 Rn. 3.

5. Übergreifende Probleme und Lösungen

Im dritten Kapitel wurden diverse Anwendungsbeispiele von KI in der modernen Welt und der nahen Zukunft analysiert und staatliche Handlungsoptionen untersucht. Dabei haben sich an vielen Stellen Parallelen und Gemeinsamkeiten gezeigt.[700] Im vierten Kapitel wurden die eigenen direkten Einsatzmöglichkeiten der staatlichen Hand überprüft. Obwohl die Herausforderungen für die Nutzung durch die staatliche Hand andere sind als bei der nur indirekten Involvierung des Gesetzgebers durch Regulierung, haben sich auch hier ähnliche Probleme gezeigt. Auch die Lösungsmöglichkeiten ähnelten sich dabei teilweise. Abschließend sollen nun diese sich abzeichnenden Muster aufgegriffen werden und Lösungsansätze, nicht nur mit Blick auf Einzelfälle, sondern auf die Probleme an sich, erarbeitet werden.

Häufig kann das zu einem Effizienzgewinn führen, wenn KI in mehreren Gebieten ähnliche Probleme schafft und diese sozusagen vor die Klammer gezogen werden können. Teilweise kann aber auch Sicherheit besser gewährleistet werden, wenn Erfahrungen in einem Bereich auch anderen zugutekommen. In Fällen, in denen der Staat aufgrund seiner Grundrechtsgebundenheit aus verfassungsrechtlichen Gründen weniger darf als Private, kann die notwendige Infrastruktur möglicherweise auch für die Regulierung verwendet werden. Zwingend wird das allerdings nicht sein.

Oft werden Muster auch dann hilfreich sein, wenn sich neue, nicht vorhergesehene Anwendungsmöglichkeiten für künstliche Intelligenz zeigen. Möglicherweise kann dann in diesen neuen Gebieten auf die Erfahrungen und Lösungsansätze zurückgegriffen werden, die in anderen Bereichen entwickelt worden sind.

Der erste Punkt, der besprochen werden wird, sind Gefahren, die für Demokratie und Rechtsstaatlichkeit bestehen. Diese können sich nicht nur durch staatlichen Einsatz von intelligenten Programmen entwickeln, sondern auch von „außen“ induziert werden, wenn Private z.B. auf den Wahlkampf Einfluss nehmen. Ein weiteres Problem, das in vielen Bereichen gelöst werden muss, ist die Möglichkeit von Algorithmen zur Diskriminierung. Gerade hier wird ein gemeinsames Konzept für alle Bereiche hilfreich sein. Die dritte Herausforderung, die

700 An einzelnen Stellen wurde das bereits für den jeweiligen Abschnitt besprochen, siehe 3.2.7, 3.4.3.

sich prinzipiell auf sämtlichen Gebieten stellt, sind Haftungsfragen. Aus Sicht des Staates geht es hier darum, wie ein künftiges Haftungssystem aussehen soll, das die neue Lebenssituation durch künstliche Intelligenz angemessen berücksichtigt. Datenschutz und Privatheit im Allgemeinen stellen schon ohne künstliche Intelligenz eine aktuelle Herausforderung dar und sind bei privaten und staatlichen Anwendungsfällen zu beachten. Teilweise wird vorgeschlagen, eine Rechtspersönlichkeit für Maschinen zu erschaffen, was Einfluss auf jeden Bereich hat, in dem künstliche Intelligenz eingesetzt wird. Der rechtliche Rahmen ist daher auch hierfür zu erörtern. Schließlich zeigen sich auch bei den Problemen, die alle Bereiche betreffen, wieder Gemeinsamkeiten, die auf einer weiteren Ebene bei der Regulierung künstlicher Intelligenz hilfreich sein werden.

5.1 Gefahren für die Demokratie und Rechtsstaatlichkeit

KI kann auf zwei Ebenen eine Gefahr für die Demokratie darstellen. Zum einen ist das bei der Beeinflussung der Willensbildung des Volkes schon vor Wahlen der Fall. Zum anderen kann es problematisch sein, wenn ein Programm einen Menschen ersetzt, der Teil der demokratischen Legitimationskette ist. Eine Durchbrechung dieser Kette wäre nicht mit dem Demokratieprinzip nach Art. 20 I GG vereinbar.[701] Eng damit verbunden sind die Gefahren, die für die Rechtsstaatlichkeit bestehen, insbesondere dadurch, dass Maschinen Entscheidungen treffen, die nicht mehr nachvollziehbar sind. Die Bindung an Recht und Gesetz und allgemeine rechtsstaatliche Prinzipien verlangen eine gewisse Transparenz, da ansonsten keine Kontrolle stattfinden könnte, die aber gerade einer der zentralen Zwecke der Gewaltenteilung ist.[702] Ohne Kontrolle sind aber demokratische und rechtsstaatliche Garantien nichts mehr wert.

5.1.1 Einfluss auf die Willensbildung

Die Beeinflussung der Willensbildung des Volkes wird vor allem durch Social Bots geschehen.[703] Dazu gilt das im entsprechenden Kapitel Geschriebene. Social Bots fordern die Demokratie heraus, indem sie den Meinungskampf manipulieren. Der Punkt, an dem der Gesetzgeber durch die Verfassung zum Handeln verpflichtet ist, ist aber nicht erreicht, da der Meinungskampf sich zwar

---

701 Z.B. BVerfG Urteil vom 01.10.1987 – Rs. 2 BvR 1178/86; *Grzeszick*, in: Maunz/Dürig, Grundgesetz, 2019, Art. 20, II. Rn. 121.

702 *Sachs*, in: Sachs (Hrsg.), Grundgesetz, [8]2018, Art. 20 Rn. 90.

703 Siehe dazu 3.1.

sichtbar verändert, aber weiterhin eine Auseinandersetzung stattfindet, in der jeder grundsätzlich eine Stimme hat. Inwieweit die auftretenden Verzerrungen durch Bot-Manipulation stark genug sind, um Regulierung bis hin zu einem Verbot zu rechtfertigen, muss durch den Gesetzgeber beurteilt werden. Mögliche Grundrechtseingriffe können aber verhältnismäßig einfach gerechtfertigt werden, da entsprechende Regeln meist dem Schutz von Gütern von Verfassungsrang dienen werden, beispielsweise der Funktionsfähigkeit unserer Demokratie an sich. In Zukunft können Handlungspflichten dann entstehen, wenn der Meinungskampf derart tiefgehend beeinflusst wird, dass eine Willensbildung durch das Volk nicht mehr erkennbar ist und die Verzerrungen deswegen nicht mehr hinnehmbar sind.

Auf andere Gebiete übertragbare Erkenntnisse finden sich nicht, was aber vor allem daran liegt, dass der Begriff der Social Bots sehr weit ist und deswegen bereits alle Programme umfasst, die den Meinungskampf in Form der Vortäuschung einer Persönlichkeit beeinflussen. Die Diskussion bezieht sich insoweit schon auf den relevanten Bereich.

5.1.2 Demokratische Legitimation und das Rechtsstaatsprinzip

Das Durchbrechen der demokratischen Legitimationskette[704] wird vor allem dann zum Problem, wenn die Ausübung der öffentlichen Gewalt automatisiert wird, die Kriterien für die entsprechenden Entscheidungen aber nicht oder nicht genau genug von der zuständigen staatlichen Stelle in die Entscheidungsfindung einfließen, sei es direkt durch Anpassung des Programmcodes oder indirekt durch Festlegung der Parameter, mit denen das Programm arbeitet. Diese Probleme können sowohl bei Verwaltungshandeln als auch bei der Justiz auftreten. Obwohl die demokratische Legitimation bei letzterer nicht so stark ausgeprägt ist wie in der Verwaltung, da Demokratie und richterliche Unabhängigkeit gegenläufig sind, geht nach Art. 20 II 1 GG alle staatliche Gewalt vom Volke aus, sodass grundsätzlich auch bei der Rechtsprechung demokratische Legitimation nötig ist.[705] Demokratiedefizite durch die Automatisierung öffentlicher Gewalt betreffen also alle Gewalten.

Sowohl die Automatisierung der Verwaltung[706] als auch die der Justiz[707] haben hohe Hürden zu nehmen, die in den entsprechenden Kapiteln genauer

704 Siehe dazu vor allem 4.1.1.2.2.

705 *Tschentscher*, Demokratische Legitimation der dritten Gewalt, 2006, S. 145.

706 Siehe dazu 4.1.

707 Siehe dazu 4.2.

besprochen wurden. Selbst wenn man alle anderen Probleme überwinden könnte, besteht stets insoweit eine Gefahr für die Demokratie, dass entweder Richter/Verwaltungsbeamte ihre notwendigen Pflichten zur Einstellung des Programms nicht ausreichend wahrnehmen oder, ebenso problematisch, das Programm aufgrund einer entsprechenden Programmierung durch Private eigene Interessen bzw. die Interessen Dritter verfolgt. Das verstärkt sich dadurch, dass je nach Komplexität des Programms und seiner Aufgabe die Konfiguration eines solchen Programms für einen nicht technisch ausgebildeten Juristen eine komplizierte Aufgabe darstellen kann.

Die Schwierigkeiten, die bei einer Automatisierung der Justiz daneben existieren, sind unter dem Grundgesetz ohnehin schwer überwindbar. Bei der Verwaltung besteht hier mehr Potential. Patentlösungen gibt es nicht, denkbare Ansätze sind aber in der Regel auf alle Gewalten anwendbar. Entscheidend ist, dass bei jeder Ausübung öffentlicher Gewalt eine bewusste Entscheidung durch eine demokratisch legitimierte Person getroffen wird. Diese Entscheidung muss sich dann bei Zuhilfenahme von intelligenter Software in der Programmierung niederschlagen.

Festzuhalten ist auch, dass eine Überwachung des Programms, vor allem beim Einsatz von Machine Learning (was für komplexere Programme einer gewissen Intelligenz unabdingbar ist[708]), zwingend notwendig ist. Auch wenn man den Algorithmus an sich nicht mehr versteht, kann die Benutzung zulässig sein, solange die Ergebnisse überprüft werden. Bei Einsätzen, die über die Abarbeitung einfach zu verstehender Schemata hinausgehen, muss aber verlangt werden, dass die KI in der Lage ist, ihre Entscheidung zu begründen. Die Arbeit an explainable artificial intelligence (XAI)[709] ist daher entscheidend, wenn man die Automatisierung staatlicher Handlungen vorantreiben will.

Das ist auch deswegen unabdingbar, weil das Rechtsstaatsprinzip Transparenz verlangt. Ohne Transparenz kann keine wirksame Kontrolle stattfinden. Die Automatisierung muss auch aus diesen Gründen nachvollziehbar bleiben. Der Ruf nach Transparenz mag bei technologischen Neuerungen „generisch“ sein.[710] Das macht ihn aber nicht automatisch falsch. Auch wenn die Forderung reflexartig ist, ist Transparenz häufig hilfreich. Sie schafft die notwendige Grundlage für die erforderliche Kontrolle neuer Technologien, die gerade dann, wenn die Gefahren bedeutend sind, am Anfang eher größer als kleiner sein darf. Nicht

---

708 *Frankish/Ramsey*, The Cambridge handbook of artificial intelligence, 2014, S. 165.
709 *Miller*, Artificial Intelligence 2017, 267.
710 *Wischmeyer*, AöR 2018, 1, 44.

zu unterschätzen ist zudem der vertrauensschaffende Faktor. Auch im Falle von Technologien, die die Welt objektiv besser und/oder sicherer machen, existiert häufig ein gewisses Misstrauen von Seiten der Bevölkerung. Das mag irrationalen Ängsten geschuldet sein. Diesen Ängsten zu begegnen, ist aber nicht nur aus gesellschaftlicher, sondern auch aus rechtsstaatlicher und demokratischer Sicht keine falsche Überlegung.

Auch Menschen und die sie antreibenden Systeme sind komplex und in ihrer inneren Motivation häufig nicht nachvollziehbar.[711] Das mag ein Argument gegen die völlige Ablehnung des Einsatzes von Automatisierungssoftware bei der Ausübung staatlicher Gewalt sein. Gerade deshalb ist es aber notwendig, ein ähnlich dichtes Kontrollnetz zu schaffen, wie es bei Menschen existiert. Entscheidet eine Software komplett autonom, ohne der Kontrolle zu unterliegen, die man im aktuellen Fall bei menschlichen Entscheidern hätte, geht eben doch die Rechtsstaatlichkeit verloren. Setzt man dagegen einen Kontrolleur ein, der die Software ebenso überwacht, wie ein höherstehender Beamter dies bei seinen Untergebenen tun würde, ist eine Vergleichbarkeit zur aktuellen Situation einer weitestgehend menschlichen Ausübung der Staatsgewalt gegeben. XAI, die der Software dann die Möglichkeit gibt, sich ihrem „Vorgesetzten" zu erklären, wäre ein kaum zu überschätzender Bestandteil einer neuen, höher automatisierten Staatsgewalt. So kann zumindest ein Niveau an Transparenz und Kontrolle erreicht werden, das dem jetzigen Zustand ähnlich ist. Die Möglichkeit der Überprüfung, die durch das Verständnis, das Menschen untereinander haben,[712] ermöglicht wird, könnte durch XAI imitiert werden.

Es kann aber langfristig auch darüber nachgedacht werden, ob man durch die konsequente Weiterentwicklung von Methoden, die Software verständlicher machen, nicht sogar ein höheres Niveau anstreben sollte, als aktuell möglich ist. Gleicht man nämlich die Unzulänglichkeiten von Maschinen aus, haben diese auch Vorteile gegenüber menschlichen Entscheidungsträgern. Man kann Vorurteile ausschließen (jedenfalls theoretisch, siehe dazu den nächsten Abschnitt), es gibt keine unbewussten oder unterbewussten Entscheidungsgründe und die Gewichtung von Gründen findet nicht nach „Gefühl" statt, sondern anhand von

711 *Wischmeyer*, AöR 2018, 1, 44; *Luhmann*, Die Kontrolle von Intransparenz, 2017, S. 102.

712 Ein gewisses Verständnis von Menschen untereinander ist nicht abzustreiten. Inwieweit dies evolutionär bedingt ist, so *Wischmeyer*, AöR 2018, 1, Fn. 182, ist nicht entscheidend.

Kriterien, die im Code festgelegt sind und möglicherweise ausgegeben werden können.

Dabei muss man allerdings die Gefahr im Blick behalten, die durch eine rein schematische Entscheidung entsteht. Die Herstellung von Einzelfallgerechtigkeit ist gerade der Grund dafür, dass Ermessensentscheidungen existieren. Vorteilhaft wäre die automatisierte Entscheidung nur dann, wenn sie sich auf dem schmalen Grat zwischen schematischer maschineller Kälte, die Gerechtigkeit mangels Verständnis für menschliche Probleme nicht herstellen kann, und menschlicher Irrationalität, die aus den entgegengesetzten Gründen zu unfairen Entscheidungen führt, bewegt.

Möglicherweise fordert künstliche Intelligenz sogar unser Verständnis von Einzelfallgerechtigkeit heraus. Wenn es nicht möglich sein sollte, Ermessensentscheidungen zu automatisieren, obwohl man eine extrem komplexe Maschine hat, die hypothetisch alle möglichen Parameter und Abwägungsgründe kennt und auch in der Lage ist, diese korrekt zu gewichten, stellt sich die Frage, was eigentlich der Kern der Einzelfallgerechtigkeit ist. Es soll ja gerade nicht zu willkürlichen Entscheidungen kommen, sondern für mehr Fairness gesorgt werden. Es wirkt aus aktueller verwaltungsrechtlicher Sicht befremdlich, weil ein gewisses „zufälliges" Element Teil der Idee ist, das dazu führt, dass eine Überprüfung nur eingeschränkt möglich ist. Dieses Element kann aber kein Selbstzweck sein, sondern ist aus rechtsstaatlicher Sicht nur deshalb hinnehmbar, weil es insgesamt zu gerechteren Ergebnissen führt.

5.1.3 Automatisierung der Rechtssetzung

Schließlich sei noch erwähnt, dass theoretisch auch Gesetze und andere abstrakt-generelle Normen automatisch ergehen könnten. Es ist in ferner Zukunft eine Utopie (oder Dystopie) vorstellbar, in der ein Computer auf gesellschaftliche Gegebenheiten unmittelbar mit abstrakten Regeln reagiert. Im Gefüge des Grundgesetzes wären derartige Überlegungen schon aufgrund der zentralen Prinzipien des Rechtsstaates und der Demokratie nicht umsetzbar. Gesetze darf ohnehin nur der Bundestag beschließen, Art. 76 ff GG. Auch alle anderen abstrakten Rechtsnormen müssen aber der Rechtsstaatlichkeit und dem Demokratieprinzip genügen. Eine Konstellation, in der eine automatisierte Entscheidung möglich ist, ist nicht denkbar. Grundgesetzänderungen dürften an Art. 79 III GG jedenfalls in Bezug auf das Demokratieprinzip scheitern. Das Ausgehen jeglicher Staatsgewalt vom Volk, das in Art. 20 II GG normiert ist, ist Teil des Kernbereichs der Demokratie.[713] Ein Staat, in dem stattdessen legislative

713 *Herdegen*, in: Maunz/Dürig, Grundgesetz, 2019, Art. 79 Rn. 127.

Entscheidungen durch Maschinen getroffen werden, kann nicht mehr als Demokratie bezeichnet werden.

In Zukunft könnte man höchstens, wenn man die inhaltlichen Entscheidungen selbst trifft, die reine Ausformulierung des Gesetzes einer Maschine überlassen. Auch diese Möglichkeit ist zwar nicht unkritisch, weil die Formulierung des Gesetzes eine große Rolle bei dessen Auslegung und damit dessen tatsächlicher Wirkung spielt. Angesichts dessen, dass die Erstellung der Gesetzestexte heute teilweise an Anwaltskanzleien ausgelagert oder zumindest maßgeblich von diesen begleitet wird,[714] kann man jedoch auch einen automatisch erstellten Text eines intelligenten Programms für zulässig halten, spätestens, wenn dieses die Aufgabe ähnlich oder besser erfüllen kann. Der Bundestag müsste ohnehin unter Einhaltung der Verfahrensvorschriften endgültig über die Gesetzesfassung entscheiden, bevor diese wirklich Gesetz wird, Art. 76 I GG.

Die notwendige Technologie müsste allerdings extrem weit entwickelt sein. Sie müsste in der Lage sein, zu „verstehen", was beschlossen werden soll und dann einen Text auszugeben, der den Anforderungen an derartige Normen erfüllt, etwa das Bestimmtheitsgebot. Daneben tauchen viele Probleme, die schon bei Justiz und Verwaltung existieren, hier nochmal auf und werden durch die weitreichende Wirkung möglicherweise noch verschärft. Ein Programm, das maßgeblich von Drittinteressen geleitet ist und die Gelegenheit erhält, ein Gesetz zu schreiben, könnte katastrophale Folgen herbeiführen. Angesichts der hohen zu überwindenden technischen und rechtlichen Hürden ist diese Möglichkeit daher weit entfernt.

5.2 Algorithmen zwischen Diskriminierung und Gleichheit

Durch alle Gebiete, in denen die Entscheidung eines Algorithmus Auswirkungen auf Menschen haben kann und direkt oder indirekt (aufgrund von schützenden Gesetzen) auf Grundrechte achten muss, zieht sich der rote Faden, dass künstliche Intelligenz einerseits das Potential hat, blind gegenüber Ethnie, Geschlecht, Herkunft usw. zu sein, weil ihr als Maschine die Menschen innewohnenden Vorurteile grundsätzlich fremd sind. Andererseits führt aber die Natur des Machine Learnings dazu, dass das Gegenteil passiert, indem direkt

714 „Ein Fall für den Bundesrechnungshof" (http://www.faz.net/aktuell/politik/wahljahr-2009/bundestagswahl/gesetzentwurf-von-anwaltskanzlei-ein-fall-fuer-den-bundesrechnungshof-1845247.html) (geprüft am 01.09.2018).

oder indirekt menschliche Vorurteile aufgegriffen und unter Umständen noch verstärkt werden.[715]

Dies kann zunächst dadurch geschehen, dass das Programm von Menschen angeleitet lernt und so Vorurteile übernimmt. Supervised learning,[716] maschinelles Lernen unter menschlicher Anleitung, hat dieses Problem, das Ausfluss dessen ist, dass beim Lernen vom Menschen eben auch spezifische Vorteile von Maschinenintelligenz verlorengehen können. Einfach gesagt: Wenn der Lehrer vorurteilsbelastet ist und bewusst oder unbewusst unfair auswählende Lehrmethoden benutzt oder auch nur unfaire Ergebnisse fördert, wird der Schüler wahrscheinlich auch entsprechend entscheiden. Das gilt für Maschinen noch mehr als für Menschen, weil Maschinen keine eigene Persönlichkeit haben und den Lehrer auch nicht kritisch hinterfragen können.

KI kann aber auch von Menschen lernen und so auch deren Bias[717] erben, ohne direkt angeleitet zu sein.[718] Der Effekt tritt etwa deswegen auf, weil eben auch menschliches Verhalten sowie die menschliche Sprache untersucht wird. Wenn ein Programm dann etwa feststellt, dass der Beruf „Programmierer" hauptsächlich mit Männern verbunden wird, kann es sein, dass es diese bevorzugt als Programmierer einstellt. Dieses Problem wurde bei der Einstellung von Arbeitskräften durch KI besprochen.[719]

Schließlich könnte eine KI zum Lernen Daten verwenden, die selbst schon deswegen vorurteilsbelastet sind, weil sie von Menschen erstellt wurden.[720] Im Rahmen des Predictive Policing[721] spielt dies eine besondere Rolle, weil häufig Datenbanken der Polizei verwendet werden. Das hat zum einen praktische Gründe, ist aber auch datenschutzrechtlich deutlich unproblematischer, da es einfacher ist, bereits erhobene Daten zu verarbeiten, als neue zu erheben.[722] Der Unterschied im Vergleich zu der im vorigen Absatz genannten Lernmethode

---

715 *Martini/Nink*, NVwZ 2017, 681, 682; *Dzida/Groh*, NJW 2018, 1917; *Enders*, JA 2018, 721, 726, Siehe dazu auch *Martini*, Blackbox Algorithmus, 2019, S. 47 ff..

716 *Frankish/Ramsey*, The Cambridge handbook of artificial intelligence, 2014, S. 154.

717 Zum Begriff siehe *Hartl*, Suchmaschinen, Algorithmen und Meinungsmacht, 2016, S. 52 f.

718 *Simonite*, Machines taught by photos learn a sexist view of women (https://www.wired.com/story/machines-taught-by-photos-learn-a-sexist-view-of-women/) (geprüft am 14.06.2019).

719 Siehe 3.4.1.

720 Für das Beispiel des Predictive Policing: *Singelnstein*, NStZ 2018, 1, 4.

721 4.1.2.

722 *Singelnstein*, NStZ 2018, 1, 6.

besteht darin, dass sich die Ungleichheit schon darin manifestiert, welche Daten überhaupt benutzt werden. So könnte im Beispiel des racial profiling die Polizei besonders häufig Menschen mit dunkler Hautfarbe überprüfen, was zur Folge hätte, dass mehr Daten über Menschen mit dunkler Hautfarbe vorliegen. Das beeinflusst dann den Machine Learning-Vorgang und kann zu einer Verzerrung führen, die dann zu den entsprechenden Ungleichgewichten führt. Daraus kann dann eine Rückkopplungsschleife entstehen. Der Bias führt wiederum zu mehr Vorhersagen in diese Richtung, die zu zusätzlichen Verhaftungen führen können, die die Daten wiederum verzerren.

Da die Vorurteile indirekt in den Programmcode einfließen, reicht es nicht aus, einfach davon abzusehen oder es zu verbieten, ausdrückliche Diskriminierungen in den Programmcode zu schreiben. Ob man dieses tiefgreifende Problem dadurch lösen kann, dass man die Software einfach so programmiert, dass es die auszublendenden Merkmale nicht beachten soll, ist fraglich.

Die Problematik kann immer auftreten, wenn Machine Learning-Algorithmen verwendet werden. Ein Programm, das bei Geschäftsführungsaufgaben assistiert, könnte so zum Beispiel diskriminierend Vertragspartner aussuchen, weil es entweder allgemein von Menschen lernt oder durch eine Unternehmensdatenbank, die wiederum durch die Erstellung durch Menschen belastet ist. Allgemein ist das Phänomen unter dem Begriff Predictive Analytics bekannt, „algorithmenbasierte Entscheidungen auf der Grundlage einer vorausgehenden bzw. voraussagenden Analytik."[723]

Einzugreifen ist von staatlicher Seite wohl nicht verpflichtend, kann aber sinnvoll sein. Löst man das Problem in sensiblen Bereichen, ist es zweckdienlich, die Ergebnisse zu übertragen. Im Fall privater Anwendung hat der Gesetzgeber einen Spielraum. Mit Blick auf den Gleichheitssatz könnte man aber eine Regelung treffen, sollte sich das Problem als hartnäckig erweisen und die fraglichen Programme eine gewisse Verbreitung erlangen.

Auf staatlicher Seite darf ein Programm, bei dem eine Vorurteilsbelastung nicht ausgeschlossen werden kann, auf keinen Fall eingesetzt werden, da alle staatlichen Gewalten an die Grundrechte und damit auch Art. 3 I, II, III GG gebunden sind. Auch hier dürfte aber eine einheitliche Lösung effizient sein, auch wenn das bedeuten würde, dass die strengen Maßstäbe, die für einen staatlichen Einsatz gelten, auch die Privatautonomie einschränken würden, die im

723 *Härtel*, LKV 2019, 49, 54.

Zivilrecht aufgrund von Art. 2 I GG gilt.[724] Wie beim AGG zu beobachten ist, ist ein Ausgleich aber verfassungsgemäß möglich.[725]

Sollte es in Zukunft technisch möglich sein, Software so zu programmieren, dass sie für die problematischen Merkmale „blind" ist, könnte der Einsatz von KI zu einer gleicheren Gesellschaft führen. Menschliche Befangenheiten, die sich im Moment noch auf die Programme übertragen, könnten auf diese Weise ohne Auswirkung bleiben.[726] Selbst das viel diskutierte racial profiling könnte, wenn man es wie die Rechtsprechung für grundgesetzwidrig hält,[727] vermieden werden.

Kommt Machine Learning zum Einsatz, ist dies ein weiterer Grund, warum in grundrechtssensiblen Bereichen die Achtung jener durch externe Überprüfung sichergestellt werden muss. Wie im Abschnitt „Gefahren für die Demokratie und den Rechtsstaat"[728] auch ist dabei vor allem eine Kontrolle denkbar, die sich am Ergebnis orientiert, vor allem, wenn künftige KI Begründungsfähigkeiten haben.[729] Das ist dadurch bedingt, dass sich eine Kontrolle des Algorithmus schwer darstellt, wenn dieser sich selbst verändern kann. Das Ergebnis ist auch der entscheidende Punkt, sodass, wie im Teil über die Automatisierung von Rechtsgeschäften vorgeschlagen,[730] eine Art Testlauf für die Programme entwickelt werden könnte.

5.3 Haftungsfragen

5.3.1 Allgemeines

Der Einsatz von KI stellt die Haftungssysteme vor eine neue Situation. Im Bereich des autonomen Fahrens[731] hat der Gesetzgeber bereits die erste Konsequenz gezogen und die Höchstgrenzen der verschuldensunabhängigen Halterhaftung bei automatisierten Fahrsystemen verdoppelt, weil seiner Ansicht nach nicht absehbar ist, welche Schäden ein computergesteuertes Fahrzeug anrichten kann.[732] Die Geeignetheit dieser Maßnahme für den Straßenverkehr kann

---

724 *Di Fabio*, in: Maunz/Dürig, Grundgesetz, 2019, Art. 2 I Rn. 101.
725 *Härtel*, LKV 2019, 49, 57.
726 Siehe dazu auch *Martini*, Blackbox Algorithmus, 2019, S. 48.
727 OVG Rheinland-Pfalz NJW 2016, 2820.
728 Siehe 5.1.
729 *Miller*, Artificial Intelligence 2017, 267.
730 Siehe 3.4.3.
731 Siehe für den Haftungsbereich 3.2.2.
732 BR-Drs. 69/17, S. 8.

allerdings bezweifelt werden, denn die Höchstgrenze des § 12 I 1 Nr. 2 StVG gilt pro Ereignis. Die Gesetzesänderung hätte daher bei mehr verursachten Unfällen überhaupt keine Wirkung, sondern kann nur bei höheren verursachten Schäden pro schadensauslösendem Ereignis greifen. Insgesamt zeigt sich aber, dass der Gesetzgeber durchaus Bereitschaft zeigt, das Haftungsrecht für den Einsatz intelligenter Computersysteme im Bedarfsfall zu ändern. Die suboptimale Umsetzung im Straßenverkehrsrecht ändert nichts daran, dass die Erhöhung von Haftungsgrenzen an sich sinnvoll sein kann.

Im Übrigen scheint das Grundgerüst des Haftungssystems im Straßenverkehr insoweit sicher, als dass keine Lücken entstehen können.[733] Es ist aber schon absehbar, dass das Gefüge sich verändert, wenn die Haftung an eine Handlung anknüpft, die in Zukunft gar nicht mehr durch einen Menschen ausgeführt wird, sondern durch einen Fahrtcomputer. Die aktuelle Rechtslage bestimmt zwar in § 1a IV StVG, dass der Mensch Fahrer bleibt. Alleine die Notwendigkeit dieser Regelung und die Tatsache, dass es vorher stark umstritten war, ob ohne gesetzliche Klarstellung nicht jemand anders als Fahrzeugführer gilt (etwa der Computer selbst oder der Hersteller),[734] zeigt aber, dass die Übernahme einer Menschenaufgabe durch einen Computer in Zukunft eine Verschiebung der Wertung der Verantwortung für die Handlung aufkommen lässt.

Auch beim Einsatz von künstlicher Intelligenz in der Rechtsberatung wird bereits vereinzelt über Haftungsfragen diskutiert, vor allem mit Blick darauf, dass die Frage, ob die Berufshaftpflichtversicherung der Rechtsanwälte die möglichen Schäden sinnvoll auffangen kann.[735] Auch hier wird es vor allem um die Quantität möglicher Schäden gehen, gerade weil Sachverhalte mit höheren Streitwerten wohl auf längere Sicht von Menschen bearbeitet werden. Macht dagegen ein Rechtsberatungscomputer einen Fehler bei kleinen Fällen, die er aber zahlreich lösen soll, können Höchstsummen bei Haftpflichtversicherungen zu Problemen führen.

Die Erkenntnisse auf diesen Gebieten sind teilweise übertragbar.[736] Sobald eine Maschine die Macht bekommt, Schäden zu verursachen, ist aufgrund der Natur der Maschine, die mit Lichtgeschwindigkeit „denkt" und in der Lage ist,

---

733 Siehe 3.2.2.

734 *Bodungen/Hoffmann*, NZV 2016, 449, 452; *Franke*, DAR 2016, 61, 62; *Buck-Heeb/Dieckmann*, in: Oppermann (Hrsg.), Autonomes Fahren, 2017, S. 60, 64. Zu diesem Streit siehe 3.2.2.1.

735 *Weberstaedt*, AnwBL 2016, 535, 537 f; siehe auch 3.5.2 und 3.5.3.

736 Siehe dazu auch bezogen auf automatisiertes und autonomes Fahren 3.2.7.

sehr viele Handlungen gleichzeitig auszuführen und deswegen möglicherweise sehr viele Sachverhalte in kurzer Zeit bearbeiten kann, großes Schadenspotential vorhanden.

Die Lage im Straßenverkehrsrecht ist insoweit speziell, als hier schon vor dem Einsatz künstlicher Intelligenz eine Gefährdungshaftung vorlag, die Lücken verhindert. Im Falle der Rechtsberatung ist dies aber bereits nicht mehr der Fall. Weitere denkbare Anwendungsbeispiele, bei denen große Schäden verursacht werden können, sind das Steuern schwerer Maschinen, die nicht gleichzeitig Kraftfahrzeuge sind (etwa Kräne) oder das Durchführen von medizinischen Operationen mit Hilfe von Operationsrobotern, die bereits heute existieren.[737] Es müsste „nur" noch ein Programm geschrieben werden, das diese steuern kann. Ebenfalls in diese Kategorie werden die ersten Versuche, eine Superintelligenz in die Welt zu entlassen, fallen. Eine dem Menschen weit überlegene KI mit Zugriff auf das Internet hat diverse Möglichkeiten, astronomische Summen an Schäden zu verursachen.[738] Es bietet sich an, Gemeinsamkeiten herauszuarbeiten und eventuell ähnlich zu lösen.

Man kann z.B. darüber nachdenken, die Gefährdungshaftung auch in Gebieten, die diese noch nicht vorsehen, für den Einsatz komplexer intelligenter Programme einzuführen.[739] Sinn und Zweck der Gefährdungshaftung ist, demjenigen, der eine nicht kontrollierbare Gefahr erzeugt und dessen Früchte erntet, auch die Ausgleichspflicht aufzuerlegen, wenn sich das geschaffene, unkontrollierbare Risiko verwirklicht.[740] Dieser Ansatz kann also vor allem dann Sinn ergeben, wenn im jeweiligen Gebiet der Einsatz von KI gegenüber einem menschlichen Handelnden ein zusätzliches, besonders hohes Risiko begründet. Dies könnte etwa bei der Rechtsberatung ab einem gewissen Punkte der Fall sein.[741] Aber auch bei den anderen Beispielfällen sind solche Situationen

---

737 *Wenzel*, Roboter im Operationssaal (https://www.planet-wissen.de/technik/computer_und_roboter/roboter_mechanische_helfer/pwieroboterimoperationssaal100.html) (geprüft am 15.06.2019).

738 Siehe 3.6.2.1.

739 *Spindler*, CR 2015, 766, 775 f; *Zech*, ZfPW 2019, 198, 218.

740 BGH NJW 1988, 2802; *Walter*, in: Spickhoff (Hrsg.), Beck-Online Großkommentar StVG, 2017, § 7 Rn. 3.

741 *Weberstaedt*, AnwBL 2016, 535, 537 f.

denkbar. Flankiert werden könnte eine Gefährdungshaftung durch eine Pflichtversicherung und/oder einen allgemeinen Fonds zur Abdeckung von Schäden durch KI.[742]

Eine angedachte[743] analoge Anwendung bereits existierender Gefährdungshaftungstatbestände würde dagegen zu weit führen. Die Interessenlagen sind bei den jeweiligen Tatbeständen sehr speziell und können daher nicht übertragen werden.[744]

Bei großen Gefahren für höchste Rechtsgüter lässt sich eine Parallele zur Regulierung des Atomrechts ziehen. Es gilt über § 25 AtG das Pariser Abkommen. Dort wird eine Gefährdungshaftung für Personen- und Sachschäden durch nukleare Ereignisse normiert.[745] Diese gilt unabhängig von der Genehmigung der Anlage.[746] In nicht vom PÜ erfassten Fällen greift § 26 AtG. Dieser enthält eine Exkulpationsmöglichkeit, wenn die erforderliche Sorgfalt eingehalten wurde, § 26 I 2 AtG. Der Grund für diese Möglichkeit ist, dass die Gefahr einer nuklearen Kettenreaktion nicht besteht und das Risiko damit überschaubarer sein soll.[747]

Hier sieht man eine Möglichkeit der Regulierung. Es wurde eine internationale Lösung gesucht und mit dem Pariser Abkommen gefunden, um große Gefahren grenzüberschreitend zu regulieren. Es wurde zudem eine Gefährdungshaftung eingeführt, wenn die Gefahren bedrohlich genug sind, und schließlich für andere Fälle das Verschulden vermutet, aber eine Exkulpationsmöglichkeit gelassen. Die Wertung im Einzelnen ist Aufgabe des Gesetzgebers, man kann aber beispielsweise die Automatisierung von Geräten, die in der Lage sind, Menschenleben zu gefährden, unter eine Gefährdungshaftung fassen (so wie es bei autonomen und automatisierten Fahrsystemen bereits jetzt der Fall ist) und in Anwendungsbeispielen, bei denen weniger bedeutende Rechtsgüter bedroht sind, z.B. die angesprochenen Rechtsberatungsprogramme, die Möglichkeit des Nachweises der Schuldlosigkeit belassen. Natürlich ist auch das nicht

---

742 *Zech*, ZfPW 2019, 198, 219; Entschließung des Europäischen Parlaments vom 16. Februar 2017 mit Empfehlungen an die Kommission zu zivilrechtlichen Regelungen im Bereich Robotik (2015/2103(INL)) E. 58.

743 *Schulz*, Verantwortlichkeit bei autonom agierenden Systemen, 2015, S. 153 ff.

744 Im Ergebnis dann auch *Schulz*, Verantwortlichkeit bei autonom agierenden Systemen, 2015, S. 156 f.

745 *Fontana*, in: Spickhoff (Hrsg.), Beck-Online Großkommentar AtG, 2017, § 25 Rn. 19.

746 *Fontana*, in: Spickhoff (Hrsg.), Beck-Online Großkommentar AtG, 2017, § 25 Rn. 20.

747 *Fontana*, in: Spickhoff (Hrsg.), Beck-Online Großkommentar AtG, 2017, § 26 Rn. 2.

zwingend. Gerade bei kleineren Sachschäden ist es auch vertretbar, die allgemeinen Regeln anzuwenden.

Auch abgesehen von reinen Risikofragen muss sich der Gesetzgeber die Frage stellen, ob das aktuelle Haftungssystem ausreicht, wenn mit dem handelnden Menschen ein potentiell Haftender wegfällt, der Hersteller aber nicht nach den allgemeinen Vorschriften haftet, solange er bei Herstellung der Software stets die erforderliche Sorgfalt beachtet hat und damit nicht fahrlässig i.S.d. § 276 II BGB handelt. Auch scheidet eine Zurechnung über § 278 BGB aus, wenn eine menschliche Hilfsperson durch eine Maschine ersetzt wird.[748]

Es stellt sich zudem auch gerade für die Haftung die Frage, welcher Sorgfaltsmaßstab überhaupt anzuwenden ist. Hierfür sind, soviel kann bei allen Fragen im Detail gesagt werden, jedenfalls umfangreiche Überprüfungen und Kontrollen der eingesetzten Programme notwendig. Wieder spricht das Potential von Machine Learning dafür, ergebnisorientierte Tests durchführen zu lassen, sofern die möglichen Schäden so viel Freiheit zulassen.

Es zeichnet sich insoweit ein Muster ab. Sollte der Gesetzgeber in einzelnen Fragen keine verpflichtende staatliche Kontrolle durchführen lassen wollen, können dennoch Standards für die notwendigen Überprüfungen zur Einhaltung der erforderlichen Sorgfalt aufgestellt werden und bei eventuellen Fehlfunktionen von nicht ausreichend getesteten Programmen entstandene Schäden über die zivilrechtliche Haftung ausgleichen zu lassen. Sind höhere Schutzgüter wie Leib und Leben von Menschen in Gefahr, ist sinnvollerweise ein anderer, präventiver Ansatz zu wählen. Dann geht es aber nicht nur um Haftungsfragen, sondern allgemein um Gefahrverhütung.

5.3.2 Regulierung auf EU-Ebene

Wie beim Vergleich mit dem Pariser Abkommen hinsichtlich der Regulierung der Kernenergie ausgeführt wurde, bietet ein internationaler Zusammenschluss unter Umständen Vorteile. Aus diesem Grund hat das europäische Parlament Empfehlungen im Bereich „Robotik" ausgesprochen,[749] die der erste Schritt in Richtung einer europäischen Roboter-Richtlinie sein könnten.[750]

---

748 Dazu ausführlich *Klingbeil,* JZ 2019, 718 ff.

749 Entschließung des Europäischen Parlaments vom 16. Februar 2017 mit Empfehlungen an die Kommission zu zivilrechtlichen Regelungen im Bereich Robotik (2015/2103(INL)).

750 *Lohmann*, ZRP 2017, 168.

Ziel ist wahlweise eine verschuldensunabhängige Haftung oder ein „Risikomanagementansatz", die jeweils durch eine Pflichtversicherung ergänzt werden sollen.[751] Zusätzlich soll ein Fonds diejenigen Schäden abdecken, die nicht versichert sind.[752] Dabei wird gleichzeitig angedacht, einen solchen Fonds auch für das Versicherungssystem für Kraftfahrzeuge zu schaffen.

Es finden sich auch Ausführungen zur Schadensteilung, die im Wesentlichen dem deutschen Haftungsrecht entsprechen. Findet sich ein persönlich Verantwortlicher, haftet dieser entsprechend seines Beitrags zum Schaden.[753] Dabei soll zurecht der „Trainer" eines autonomen Systems berücksichtigt werden, je nach Trainingsdauer.

Die Empfehlungen werden teils kritisch gesehen.[754] Angesichts dessen, dass es sich noch um sehr allgemeine Absichtserklärungen handelt, bleibt aber abzuwarten, wie eine Umsetzung tatsächlich aussehen soll. Die Instrumente einer verschuldensunabhängigen Haftung und des Risikomanagements sind jedenfalls nicht von vornherein unbrauchbar.

5.4 Privatheit

5.4.1 Verfassungsrechtliches

Künstliche Intelligenz ist eine immense Bedrohung für die informationelle Selbstbestimmung, die das Bundesverfassungsgericht als Teil des allgemeinen Persönlichkeitsrechts[755] aus Art. 2 I GG i.V.m. Art. 1 I GG herleitet[756] und das Recht schützt, über personenbezogene Daten selbst bestimmen zu dürfen.[757]

Beim automatisierten und autonomen Fahren sieht man beispielhaft einen Teil der Bedrohung:[758] Jedes Objekt, das durch intelligente Programme gesteuert

---

751 Entschließung des Europäischen Parlaments vom 16. Februar 2017 mit Empfehlungen an die Kommission zu zivilrechtlichen Regelungen im Bereich Robotik (2015/2103(INL)) E. 53, 57.

752 Entschließung des Europäischen Parlaments vom 16. Februar 2017 mit Empfehlungen an die Kommission zu zivilrechtlichen Regelungen im Bereich Robotik (2015/2103(INL)) E. 58.

753 Entschließung des Europäischen Parlaments vom 16. Februar 2017 mit Empfehlungen an die Kommission zu zivilrechtlichen Regelungen im Bereich Robotik (2015/2103(INL)) E. 56.

754 *Lohmann*, ZRP 2017, 168.

755 BVerfGE 27, 1; *Morlok*, in: Dreier (Hrsg.), Grundgesetz, ³2013, Art. 2 I Rn. 69.

756 BVerfG NJW 1984, 419, 421 ff.

757 BVerfG NJW 1984, 419, 421 ff.

758 Siehe 3.2.5.

werden soll, muss zwangsläufig seine Umgebung auf irgendeine Weise „kennen", egal ob es sich um ein Fahrzeug, einen automatischen Staubsauger oder Rasenmäher oder auch eine Sprachsteuerung für das Haus handelt. Weiterhin ist eine Vernetzung heutzutage obligatorisch. Potentiell können also sehr viele personenbezogene Daten gesammelt und im Anschluss weitergeleitet werden. Das Auto „weiß", wo sich sein Fahrer befindet und kann ein Bewegungsprofil erstellen, der Staubsauger „kennt" die Einrichtung der Wohnung.

Sowohl die privaten Anbieter, die die Funktionsfähigkeit der Maschine über das Netz sicherstellen, als auch der Staat, der sich mit Hilfe von Gesetzen wie dem neuen § 63a I StVG i.V.m. entsprechenden Landesgesetzen der Daten bemächtigen kann, werden versuchen, durch diese „Datenkraken" Informationen zu erlangen.[759]

Die zweite Bedrohung durch KI ergibt sich nicht aus der Sammlung von Daten, sondern daraus, dass die enormen Analysefähigkeiten intelligenter Software die Gewinnung von viel mehr Informationen aus den bereits vorhandenen Daten ermöglichen. Große Datenmengen, die früher schlicht nicht gut geeignet waren, weil sie aufgrund ihrer Größe schwer überschaubar waren, können mit modernen Data Mining-Techniken, die auf künstliche Intelligenz vertrauen, sinnvoll verarbeitet werden. Predictive policing ist ein Paradebeispiel hierfür:[760] Aus bereits bekannten Informationen über alte Straftaten werden mit Hilfe von Algorithmen, deren Qualität durch die Entwicklung künstlicher Intelligenz stark zunimmt, neue Straftaten vorhergesagt.[761]

Auch Private können gesammelte Daten auf diese Weise besser analysieren. Soziale Medien haben nicht das Problem, Daten zu erhalten, Bürger geben ihre Daten freiwillig an diese weiter, um sie nutzen zu können. Hier spielt vielmehr die Auswertung der Daten eine Rolle. Künstliche Intelligenz ermöglicht eine Auswahl und Zuordnung von Daten, die über einfache Wenn-Dann-Schemata hinaus geht.

KI-Einsatz führt also zunächst zu mehr Daten und ermöglicht im Anschluss eine leichtere Analyse derselben. Möchte der Staat darauf zugreifen bzw. die bereits vorhandenen Daten abgleichen, ergeben sich die Probleme, für die das Predictive Policing beispielhaft ist. Die Streubreite der Maßnahmen wird sehr hoch sein, wenn Datenmengen in einer Größenordnung verwendet werden

---

759 Diese Herausforderung der Informationsgesellschaft sah schon *Eberle*, Die Verwaltung 1987, 459, 470.

760 Siehe 4.1.2.

761 *Singelnstein*, NStZ 2018, 1.

sollen, die das Potential der Technologie ausreizt.[762] Dabei ist auch selten ein konkreter Anlass gegeben, die Software soll diesen schließlich erst finden. Von einer Gefahr kann dabei noch lange nicht ausgegangen werden.[763]

Auch außerhalb des Sicherheitsrechts und der Strafverfolgung sind Einsatzmöglichkeiten denkbar. Es könnten z.B. umfangreichere Ermittlungen durchgeführt werden, um Informationen über eine Person oder ein Unternehmen zu gewinnen, um dann im nächsten Schritt die Vergabe von Ressourcen auf die neu gewonnenen Daten zu stützen. Hier muss im Einzelfall entschieden werden.

Für den Schutz höchster Rechtsgüter unter Achtung der verfassungsrechtlichen Grenzen wird man die Technologie dennoch einsetzen können.[764] Es ist dabei „nur" zu beachten, dass das Recht auf informationelle Selbstbestimmung enge Grenzen zieht und der Parlamentsvorbehalt[765] die Regelung wesentlicher Entscheidungen fordert.

5.4.2 Die Rechtslage nach der Datenschutzgrundverordnung

Ein großer Teil der Thematik, der Datenschutz, ist seit Kurzem in der Datenschutzgrundverordnung geregelt. Wie viel sich im Vergleich zur bisherigen Rechtslage tatsächlich ändert, wird sich zeigen.

5.4.2.1 Automatisierte Einzelfallentscheidungen

So regelt etwa Art. 22 I DSGVO die automatisierte Einzelfallentscheidung. Dabei wird ausdrücklich „profiling" erwähnt. Ob es sich um ein grundsätzliches Verbot mit ausnahmsweiser Erlaubnis oder um das Aufstellen von Voraussetzungen für eine an sich erlaubte Entscheidung handelt, kann dahinstehen.[766] Jedenfalls sind automatisierte Einzelfallentscheidungen nur unter den Voraussetzungen des Art. 22 I, II DSGVO zulässig. Nach der Legaldefinition in Art. 4 Nr. 4 DSGVO versteht man unter „profiling" "jede Art der automatisierten Verarbeitung personenbezogener Daten, die darin besteht, dass diese personenbezogenen Daten verwendet werden, um bestimmte persönliche Aspekte, die sich auf eine natürliche Person beziehen, zu bewerten, insbesondere um Aspekte bezüglich

762 *Singelnstein*, NStZ 2018, 1, 6 Siehe dazu auch 4.1.2.2.2.

763 *Rademacher*, AöR 2017, 366, 383.

764 *Singelnstein*, NStZ 2018, 1, 7.

765 *Grzeszick*, in: Maunz/Dürig, Grundgesetz, 2019, Art. 20, II. Rn. 135.

766 Zu diesem Streit siehe *Lewinski*, in: Wolff/Brink (Hrsg.), BeckOK Datenschutzrecht, 2019, DSGVO Art. 22 Rn. 2.1.

Arbeitsleistung, wirtschaftliche Lage, Gesundheit, persönliche Vorlieben, Interessen, Zuverlässigkeit, Verhalten, Aufenthaltsort oder Ortswechsel dieser natürlichen Person zu analysieren oder vorherzusagen."

Es existieren zahlreiche Anwendungsfälle. Das Merkmal der „Zuverlässigkeit" etwa, das ausdrücklich in Art. 22 I DSGVO angesprochen wird, wird vor allem in Verfahren eine Rolle spielen, in denen der Bürger Genehmigungen, Erlaubnisse u.Ä. benötigt und zeigt, dass auch außerhalb des Sicherheitsrechts Potential und Gefahren bestehen. Neben den Problemen von Rechtsstaatlichkeit und Demokratie, bei denen der Einsatz von intelligenten Programmen zur Automatisierung derartiger Verfahren bereits angesprochen wurde, ist auch die datenschutzrechtliche Seite problembehaftet, da Art. 22 I DSGVO Grenzen setzt.

Auch im privatrechtlichen Sektor wird die Vorschrift bei Beibehaltung der aktuellen Fassung die Rechtslage für Entscheidungen vieler intelligenter Programme festlegen. Die Einstellung von Arbeitskräften am Arbeitsmarkt mit Hilfe von Algorithmen[767] verdeutlicht, dass der Abschluss von Verträgen zunehmend auch von KI geprägt sein wird. Aber auch überall sonst, wo heute bereits „scoring"[768] eingesetzt wird, kann künstliche Intelligenz eine fortgeschrittenere Analyse bieten, die nicht nur durch reine Addition von einzelnen Punkten geschieht, sondern durch eine komplexere Bewertung, die auch Zusammenhänge miteinbezieht. Das hätte beispielsweise Auswirkungen auf das Versicherungswesen und die Kreditvergabe. Automatisierungen auf diesen Gebieten haben auf den Bürger keine so drastischen Auswirkungen wie bei Einstellungsverfahren. Aus dem Blickwinkel der Privatheit, des Datenschutzes und des allgemeinen Persönlichkeitsrechts sind aber dennoch Grenzen notwendig.

Es bleiben also die Möglichkeiten des Art. 22 II DSGVO, wenn ein intelligentes Programm eine Auswahl treffen soll.

Es kann nach Art. 22 II b) DSGVO eine automatisierte Einzelfallentscheidung ergehen, wenn eine Norm geschaffen wird, die dies erlaubt, und auf die Interessen des Einzelnen Rücksicht genommen wird. Die Notwendigkeit eines Gesetzes ergibt sich dabei in Deutschland aufgrund der Grundrechtssensibilität der Thematik schon aus dem Parlamentsvorbehalt.[769] Bei staatlichem Einsatz von künstlicher Intelligenz wird hier der Hauptanwendungsfall von Art. 22 DSGVO

---

767 Siehe 3.4.1.

768 Die Berechnung eines Wertes anhand von Daten zur Beurteilung eines Menschen aufgrund von „mathematisch-statistischer Berechnungverfahren", *Buchner*, in: Kühling/Buchner (Hrsg.), DSGVO/BDSG, ^{2}2018, Art. 22 Rn. 22.

769 BVerfGE 49, 89; *Grzeszick*, in: Maunz/Dürig, Grundgesetz, 2019, Art. 20, II. Rn. 135.

liegen. Der Normbefehl, auf die Interessen des Einzelnen Rücksicht zu nehmen, erzwingt die Berücksichtigung des Persönlichkeitsrechts. Am Ende steht also eine Abwägung. Bei korrekter Auslegung der Vorschrift kann ein ausreichender Schutz des Persönlichkeitsrechts des Einzelnen aber gewährt werden, ohne dass völlig auf Automatisierung verzichtet werden muss.

Für den angesprochenen Bereich des Predictive Policing gilt die Parallelvorschrift Art. 11 I JI-Richtlinie. Auch diese Norm verlangt geeignete Garantien für die Rechte und Freiheiten der betroffenen Person, sodass effektiv dasselbe gilt.

5.4.2.2 Datenschutz bei nichtautomatisierter Entscheidung

Art. 22 I DSGVO hilft nur, wenn die Entscheidung ausschließlich auf automatisierter Verarbeitung beruht. Inhaltliches Eingreifen eines Menschen führt zur Nichtanwendbarkeit.[770] Das heißt, dass kein Schutz nach Art. 22 I DSGVO besteht, wenn die KI die grundsätzliche Auswertung unterstützend für einen Menschen übernimmt, der dann die endgültige Entscheidung verantwortet. KI kann hier aufgrund ihrer analytischen Fähigkeiten noch bedrohlicher werden als nicht intelligente Datenauswertungsprogramme. Die Probleme sind aber dieselben, sie werden lediglich verstärkt. Immerhin soll richtigerweise eine bloß formale Nachbearbeitung durch einen Menschen, der keine inhaltliche Bewertung vornimmt, entsprechend der Regelung in § 6a I 2 BDSG a.F. nicht ausreichen, um eine automatisierte Verarbeitung zu verneinen.[771]

Einwilligungen nach Art. 7 DSGVO werden weiterhin eine zentrale Rolle spielen. Deren Freiwilligkeit wird in fraglichen Situationen gerne abgelehnt, etwa wenn ein Ungleichgewicht besteht.[772] Gerade wenn intelligente Programme noch nicht günstig verfügbar sind, wird ein solches Ungleichgewicht bestehen, weil eher wirtschaftsstärkere Unternehmen und Behörden die Möglichkeit haben, entsprechende Software einzusetzen.

Auch ein Hinausgehen der geplanten Datenverarbeitung über das Erforderliche spricht für die fehlende Freiwilligkeit einer Einwilligung.[773] Schließlich muss das eingeschränkte Koppelungsverbot[774] nach Art. 7 IV DSGVO beachtet werden, das von entscheidender Bedeutung ist, wenn ein Produkt erworben werden soll, das in irgendeiner Form KI beinhaltet, da die Einwilligung nach dieser

770 *Herbst*, in: Auernhammer, DSGVO/BDSG, ^{6}2018, Art. 22 Rn. 5.
771 *Herbst*, in: Auernhammer, DSGVO/BDSG, ^{6}2018, Art. 22 Rn. 6.
772 *Buchner/Kühling*, in: Kühling/Buchner (Hrsg.), DSGVO/BDSG, ^{2}2018, Art. 7 Rn. 42.
773 *Buchner/Kühling*, in: Kühling/Buchner (Hrsg.), DSGVO/BDSG, ^{2}2018, Art. 7 Rn. 46.
774 Siehe dazu z.B.: *Kramer*, in: Auernhammer, DSGVO/BDSG, ^{6}2018, Art. 7 Rn. 30 ff.

Vorschrift grundsätzlich nicht Voraussetzung für die Erbringung einer Dienstleistung oder Erfüllung eines Vertrags sein soll.

Insgesamt bietet die DSGVO hier ausreichenden Schutz, wenn die Durchsetzung des geplanten Systems funktioniert. Das zu gewährleisten, wird eine wichtige staatliche Aufgabe der nächsten Jahre unabhängig von künstlicher Intelligenz sein.

5.5 Erschaffung einer Rechtspersönlichkeit

Je ähnlicher Maschinenintelligenz der menschlichen Intelligenz wird, desto mehr kann man sich fragen, ob die Schaffung einer Rechtspersönlichkeit sinnvoll ist.[775] So wie heute Unternehmen juristische Personen sein können, könnte man diesen Status auch Computern, Programmen oder einer Mehrzahl derselben verleihen. Dies kann Auswirkungen auf viele der besprochenen Bereiche haben:

5.5.1 Eigene Haftung der KI

Es beginnt bei der Haftung: Ein Programm, das zugleich eine juristische Person ist, könnte selbst haften. Das Europäische Parlament hat gerade für die Haftung langfristig die Schaffung einer Persönlichkeit für autonome Roboter angeregt.[776] Aus der Gesamtheit der Empfehlungen ergibt sich, dass der Begriff des Roboters wohl weit verstanden werden soll.

Denkt man an Beispiele wie das autonome Fahren, ist diese Tatsache nicht hilfreich, da der Fahrtcomputer in der Regel kein Vermögen hat. Dazu kommt, dass andere Haftungsinstrumente dazu führen können, dass ohnehin immer jemand haftet, sodass kein Bedarf für eine zusätzliche KI-Haftung besteht.[777]

Anders ist die Sachlage, wenn das Programm, egal aus welchen Gründen, die Gelegenheit hat, eben doch ein eigenes Vermögen anzuhäufen. Dann hat eine Haftung aus diesem Vermögen Sinn. Das bedeutet nicht, dass die Haftung der hinter der Maschine stehenden Menschen deswegen beschränkt werden sollte. Wirkliche Vorteile sind kaum ersichtlich.

Eine KI-Haftung durch diese selbst ist erst dann ernsthaft angezeigt, wenn Computer derart autonom handeln können, dass sie von ihren Programmierern

---

775 Z.B.: *Wendehorst*, NJW 2016, 2609, *Schirmer*, JZ 2019, 711 ff.

776 Entschließung des Europäischen Parlaments vom 16. Februar 2017 mit Empfehlungen an die Kommission zu zivilrechtlichen Regelungen im Bereich Robotik (2015/2103(INL)) E. 59 f).

777 So auch *Lohmann*, ZRP 2017, 168, 171, jedenfalls für autonome Fahrzeuge.

komplett losgelöst erscheinen und so selbstständig und daher menschenähnlich wirken, dass auch eine eigene Haftung folgen muss.[778] Ob man dann noch die Ersteller haften lassen muss, ist ab einem gewissen Punkt eine rechtspolitische Frage. Man kann dann bei derartiger Unberechenbarkeit auch an eine Gefährdungshaftung denken.[779]

5.5.2 Besteuerung des Programms

Im Rahmen der Diskussion über die Finanzierung des Sozialstaats in einer automatisierten Gesellschaft wurde bereits eine Robotersteuer angesprochen.[780] Diese wäre deutlich leichter realisierbar für Programme, die eine eigene Rechtspersönlichkeit haben. Zwar wäre die Schaffung einer Maschinenpersönlichkeit nur zum Zwecke der Steuererhebung eine Umgehung des *numerus clausus* der Steuerarten,[781] die in dieser Form verfassungswidrig wäre.[782] In diesem Abschnitt werden aber noch andere Argumente genannt, die für eine Maschinenpersönlichkeit sprechen. Hätte der Gesetzgeber allgemein Interesse daran, etwa weil er, wie oben beschrieben, eine Haftung begründen will, erscheint im Anschluss auch eine Besteuerung möglich.

5.5.3 Grundrechtsfähigkeit der KI

Man würde dann zwangsläufig zur Frage gelangen, ob diese Maschinenpersonen auch grundrechtsfähig wären. Dies kann zudem der eigentlich ausschlaggebende Punkt für ihre Einführung sein.

So könnte ein Social Bot, entsprechend seinem Einsatzzweck, dem Schutz der Meinungsfreiheit unterliegen. Hier wurde vertreten, dass eine exzessive Nutzung von Social Bots nicht mehr unter die Meinungsfreiheit fällt.[783] Dass ihr Einsatz aber grundsätzlich geschützt ist, ist kaum zu bestreiten.[784] Verleiht man den Bots

---

778 *Keßler*, MMR 2017, 589, 593, stellt auf die Fähigkeit, selbstständig zu denken und damit schuldhaft zu handeln, ab; *Söbbing*, Fundamentale Rechtsfragen Künstlicher Intelligenz (AI Law), 2019, S. 200, sieht die Notwendigkeit erst bei einer Superintelligenz.

779 *Spindler*, CR 2015, 766, 775 f.

780 Siehe 3.3.2.6.

781 BVerfG NVwZ 2017, 1037, 1039; *Seiler*, in: Maunz/Dürig, Grundgesetz, 2019, Art. 105 Rn. 123; *Birk*, in: Wassermann (Hrsg.), Kommentar zum Grundgesetz für die Bundesrepublik Deutschland, ²1989, Art. 105 Rn. 21.

782 Siehe 3.3.2.6.

783 Siehe 3.1.2.1.

784 *Milker*, ZUM 2017, 216; *Zumkeller-Quast*, Die Nutzung von Socialbots als Identitätstäuschung? (https://www.juwiss.de/2-2017/) (geprüft am 13.06.2019).

selbst Meinungsfreiheit, kann man ihnen diese auch bei einer exzessiven Nutzung nicht absprechen, da jeder einzelne Bot Grundrechtsträger wäre.

Auch hier hat der Rechtspersonenstatus nur Sinn, wenn eine so starke Autonomie des Programms besteht, dass eine Zurechnung zum Programm überzeugender scheint.[785] Der Bot im Beispiel müsste tatsächlich eine eigene Meinung vertreten, nicht nur die des Nutzers verbreiten. Das ist durchaus denkbar. Man könnte in Zukunft ein Programm schreiben, das selbst über ein Thema recherchieren und sich im Anschluss anhand komplexer Algorithmen eine „Meinung" bilden soll.

Abgesehen davon, ob man es für wünschenswert hält, würde, neben einer ausdrücklich angeordneten einfachgesetzlichen Geltung, die Anwendbarkeit der Grundrechte von Art. 19 III GG abhängen. Der Begriff der juristischen Person ist untechnisch zu verstehen[786] und umfasst „Organisationseinheiten, deren Handeln und Entscheiden rechtlich keiner anderen, übergeordneten Stelle mehr zugerechnet werden kann."[787] Das würden Programme dann erfüllen, wenn eine ausreichende Selbstständigkeit gegeben wäre. Ein selbstlernender Algorithmus, der irgendwann sich selbst überlassen wird, könnte hierfür ausreichen.

Schwieriger ist die Frage, ob Grundrechte ihrem Wesen nach auf die Maschinenpersönlichkeiten anwendbar sind. Das Bundesverfassungsgericht hält dies im Allgemeinen für gegeben, wenn ein personales Substrat vorliegt, d.h. wenn ein „Durchgriff" auf die hinter den juristischen Personen stehenden Menschen dies als sinnvoll und erforderlich erscheinen lässt."[788] Trotz einiger Kritik an der Formulierung halten auch große Teile des Schrifttums Art. 19 III GG für eine Erweiterung des Grundrechtsschutzes für natürliche Personen.[789]

Sieht man das so, wird die Anwendbarkeit der Grundrechte auf eine Maschinenpersönlichkeit problematisch. Denn damit eine solche Rechtspersönlichkeit überhaupt Sinn ergibt, muss das Programm, wie oben geschrieben, eine gewisse Autonomie besitzen. Diese Autonomie führt aber häufig dazu, dass ein „Durchgriff" nicht mehr geboten scheint. Im Beispiel der Social Bots würde die Tatsache, dass die eigene „Meinungsbildung" des Computers zu einer Unabhängigkeit vom Nutzer führt, gleichzeitig bedeuten, dass kein Durchgriff auf den Nutzer stattfinden kann, da dessen Meinung nicht mit der des Programms zusammenhängt.

---

785 Ähnlich *Lohmann*, ZRP 2017, 168, 171.

786 *Remmert*, in: Maunz/Dürig, Grundgesetz, 2019, Art. 19 III Rn. 1.

787 *Remmert*, in: Maunz/Dürig, Grundgesetz, 2019, Art. 19 III Rn. 37.

788 BVerfG NJW 1967, 1411; BVerfG NVwZ 1987, 879.

789 *Remmert*, in: Maunz/Dürig, Grundgesetz, 2019, Art. 19 III Rn. 34.

Grundrechtsfähigkeit ist daher für Programme, auch wenn diese intelligent sein sollten, auf lange Sicht unter dem Grundgesetz kaum möglich.

Wie bereits angedeutet, kann der Gesetzgeber die Geltung gewisser Rechte für die neu geschaffenen Maschinenpersonen einfachgesetzlich einführen. Vielleicht hält er es, um bei dem vorher genannten Beispiel zu bleiben, gerade für zielführend, einem Bot Meinungsfreiheit zuzugestehen. Der Nutzen des Ganzen wird beschränkt sein, völlig abwegig ist die Idee aber nicht. Man könnte es in Zukunft z.B. für sinnvoll halten, die Perspektive einer selbstlernenden Software zu einem bestimmten politischen Problem zu schützen, um neue Sichtweisen auf bestimmte Themen zu ermöglichen.

Das Problem an einer einfachgesetzlichen Geltungsanordnung ist, dass die Schutzwirkung deutlich hinter dem zurückbleibt, was Grundrechte eigentlich zu leisten im Stande sind. Der Gesetzgeber ist nicht an sie gebunden und kann sich mit anderen einfachen Gesetzen aufgrund des lex posterior-Grundsatzes[790] schlicht darüber hinwegsetzen. Wendet ein Gericht das „Grundrecht" falsch an, steht auch eine Verfassungsbeschwerde nicht zur Debatte.

Vielleicht ist es aber gerade hilfreich, einen solchen Zwischenweg zu wählen. So kann man bestimmte Verhaltensweisen von Computern schützen, ohne die weitreichenden Folgen eines vollen Grundrechtsschutzes auszulösen.

5.5.4 Fazit

Es zeigt sich, dass die Schaffung einer Rechtspersönlichkeit selten isoliert Vorteile bietet und auf absehbare Zeit keinen Nutzen bringen wird.[791] Auf lange Sicht kann die Konstruktion dann Sinn ergeben, wenn das Zusammenspiel der einzelnen Effekte als vorteilhaft genug gesehen wird. Eine Rechtspersönlichkeit nur zum Zweck der Besteuerung ist etwa nicht zielführend. Eine sehr selbstständige KI, die eigene Rechte und Pflichten hat, die sie ohne Vertreter geltend machen und erfüllen kann, kann aber auch sinnvoll selbst besteuert werden und haften.

5.6 Kontrolle von intelligenter Software

Die ersten fünf Abschnitte zeigen, dass in vielen Bereichen Gemeinsamkeiten bestehen und einige Konzepte verallgemeinerungsfähig sind. Insgesamt lässt sich zudem eine große, übergreifende Thematik erkennen: Will man einen

790 *Vranes*, ZaöRV 2005, 391, 392 ff.

791 So auch *Lohmann*, ZRP 2017, 168, 171.

verfassungsgemäßen, sicheren Umgang des Rechts mit künstlicher Intelligenz und möchte man dabei nicht auf komplette Verbote zurückgreifen, um sich nicht der wertvollen möglichen Fortschritte für die Gesellschaft zu berauben,[792] müssen Möglichkeiten geschaffen werden, Programme zu kontrollieren, unabhängig davon, ob staatliche Kontrolle privaten Einsatzes oder ein direkter Einsatz durch die öffentliche Hand das Ziel sein soll.

Ist die Entscheidung für eine Kontrolle im Einzelfall getroffen, gibt es prinzipiell drei Möglichkeiten:

- Eine präventive Kontrolle der verwendeten Algorithmen selbst,
- eine präventive Kontrolle der verwendeten Software, unabhängig vom einzelnen Algorithmus,
- die Festlegung von Standards, deren Einhaltung durch nachträgliche, stichprobenartige Kontrollen und/oder nur mit Haftungsmechanismen sichergestellt wird.

5.6.1 Kontrolle der Algorithmen

Eine Möglichkeit ist die Verpflichtung, benutzte Algorithmen selbst offenzulegen und dann durch staatliche Sachkundige kontrollieren zu lassen. Das geschieht etwa indirekt beim Wertpapierhandel nach § 3 IV 4 Nr. 5 BörsenG.[793] Die verwendeten Strategien müssen angezeigt werden, ansonsten darf eine Verwendung nicht stattfinden. Auf diese Weise kann jederzeit kontrolliert und im Bedarfsfall eingegriffen werden. Es geht dabei nicht primär darum, dass die staatliche Stelle den Programmcode genau kennt, sondern darum, dass das Handeln der Software vorhersehbar ist. Das bedeutet auch, dass eine spontane Veränderung des Algorithmus oder die Nutzung eines Algorithmus, der für Menschen unverständlich ist, wie es bei selbstlernenden Systemen, die von menschlichen Instruktoren unabhängig arbeiten können, der Fall sein kann („Black Box"),[794] rechtlich nicht

792 Entschließung des Europäischen Parlaments vom 16. Februar 2017 mit Empfehlungen an die Kommission zu zivilrechtlichen Regelungen im Bereich Robotik (2015/2103(INL)) B.

793 Mehr dazu unter 3.4.2.

794 *Delibašić/Vukićević/Jovanović u.a.*, IEEE Transactions on Education 2013, 287; *Wüst*, Deep-Learning-Modelle an der Börse: Finanzmarktanalysten aus der Tiefe des Netzes (https://www.finanzen100.de/finanznachrichten/wirtschaft/deep-learning-modelle-an-der-boerse_H694531631_410535/) (geprüft am 14.06.2019). Siehe dazu auch 3.2.3, 3.2.7, 3.4.2 und 4.1.1.

möglich ist. Dies gilt zumindest, solange die Problematik, dass selbst die Schöpfer einer KI deren Arbeitsweise nicht mehr verstehen, nicht gelöst werden kann.

Es ergeben sich daraus Vor- und Nachteile. Sehr komplexe intelligente Systeme, von deren überlegener Intelligenz gegenüber nichtlernenden Systemen die Menschheit profitieren könnte, sind nicht einsetzbar. Die erhöhte Vorhersehbarkeit sorgt aber für ein Höchstmaß an Sicherheit. Der Illusion hundertprozentiger Sicherheit darf man sich dabei natürlich nicht hingeben. KI unterscheidet sich insoweit aber nicht von anderen Technologien.

Trotz des Ausschlusses bestimmter Möglichkeiten ist die Option vor allem dann sinnvoll, wenn aufgrund großer Gefahren kein Risiko eingegangen werden soll. Hält man die Börse für ein solches Szenario, wird man dann, wenn Leib und Leben von Menschen geschützt werden sollen, konsequenterweise ähnlich entscheiden müssen. Die eher ergebnisorientierte Regelung zum autonomen Fahren, in der im Prinzip nur geregelt ist, dass das Fahrzeug sicher fahren können muss, scheint in eine andere Richtung zu zeigen. Man kann die vorgeschriebene Eingreifmöglichkeit des Menschen nach § 1a II 1 Nr. 3 StVG als das Unterscheidungskriterium sehen, das die Wertung verändert. Faktisch kann aber im Falle einer Fehlfunktion ein Fahrer nicht auszuschließende katastrophale Schäden auch nicht mehr vermeiden.

Angesichts des großen Gestaltungsspielraums[795] des Gesetzgebers wird man ihm aber die Möglichkeit, so zu entscheiden, zugestehen müssen.

5.6.2 Kontrolle der Software

Möchte man dagegen die Möglichkeit erhalten, Machine Learning-Systeme auch in größerem Umfang einzusetzen und vor allem selbstlernende Systeme zulassen, die für Menschen unverständliche Algorithmen produzieren, muss eine andere Lösung gefunden werden. Für automatisierte Verwaltungsentscheidungen[796] wurde vorgeschlagen, in diesen Fällen eine staatliche Kontrolle durchzuführen, die nicht den Algorithmus selbst überprüft, sondern das lernende System wiederholt anhand von Testdaten untersucht.[797] Die Unterscheidung ist wichtig: Während beim oben diskutieren Ansatz begutachtet wird, wie das Programm im Einzelfall zu seiner Entscheidung kommt (es geht also um den Algorithmus selbst), soll in diesem Fall überprüft werden, was die Entscheidung im

795 BVerfGE 71, 66, 77; 73, 301, 315; 77, 84, 104; *Walter*, in: Maunz/Dürig, Grundgesetz, 2019, Art. 93 104 ff.

796 Siehe auch 4.1.1.

797 *Martini/Nink*, NVwZ 2017, 681, 682. Siehe auch 4.1.1.2.2.

Einzelfall ist, ohne genau zu wissen, wie das Programm zu dieser Entscheidung gelangt ist. Das ist deswegen entscheidend, weil Machine Learning-Systeme die genaue, im Einzelfall sehr komplexe Wenn-Dann-Abfolge verändern können, sodass deren Kontrolle keinen Sinn ergibt, weil man nicht weiß, wie sie im Anwendungsfall aussehen wird.

Die ergebnisorientierte Kontrolle überzeugt nicht nur für das Verwaltungsverfahren. Sie ist stattdessen jedes Mal dann eine sinnvolle Option, wenn selbstlernende Systeme zum Einsatz kommen, die das Potential haben, rechtlich geschützte Güter zu verletzen. Das Verwaltungsverfahren ist ein wichtiges Beispiel, da der Staat selbst grundrechtsgebunden ist, Art. 1 III GG. Aber auch bei der Regulierung von Recruiting-KI[798] kann man hier ansetzen und anhand von Musterbewerbungen kontrollieren, ob eine Diskriminierung stattfindet. Ebenso könnte man somit auch beim Einsatz von Predictive Policing[799] im Rahmen des möglichen sicherstellen, dass ein Programm grundrechtskonform handeln wird. Rechtsberatende Programme können ähnlich einem Examenskandidaten der Rechtswissenschaften geprüft werden, aufgrund der „Denk"-Geschwindigkeit der Programme allerdings anhand von viel mehr Beispielen. Automatisierte Fahrsysteme[800] können ebenfalls sinnvoll auf diese Art getestet werden.

Die Tatsache, dass diese Option sehr häufig in Frage kommt, wenn künstliche Intelligenz eingesetzt wird, lässt an eine einheitliche staatliche Stelle zur Kontrolle von Algorithmen und Programmen denken, äquivalent zum TÜV bei Kraftfahrzeugen.[801] Zwar werden die einzelnen Tests je nach Anwendungsgebiet unterschiedlich ausfallen, dennoch wird es Überschneidungen geben und viele wertvolle Erfahrungen werden übertragbar sein. Es ist mit Sicherheit auch viel Expertise notwendig, die in Form von ausgebildetem Personal Kosten verursacht. Es kann auch aus diesem Blickwinkel Vorteile bieten, nicht jeder Behörde im Einzelfall Kontrollpflichten aufzuerlegen, sondern eine zentrale Stelle zu schaffen. Das Europäische Parlament schlägt daher etwa eine europäische Agentur für künstliche Intelligenz und Robotik vor.[802] Es verweist dabei auf

798 Siehe 3.4.1.

799 Siehe 4.1.2.

800 Siehe 3.2.

801 Ähnlich *Martini/Nink*, NVwZ 2017, 681, 682.

802 Entschließung des Europäischen Parlaments vom 16. Februar 2017 mit Empfehlungen an die Kommission zu zivilrechtlichen Regelungen im Bereich Robotik (2015/2103(INL)) E. 16.

die Einhaltung von Sicherheitsstandards und ethischen Grundsätzen.[803] Daraus folgt, dass bestimmte gemeinsame Grundsätze festgelegt werden können.

Die Forschung an sehr intelligenten Computern mit „General Intelligence"[804] ist auf diese Weise allerdings schwer in den Griff zu bekommen. Die Kontrolle anhand von Testdaten scheitert schon daran, dass gar nicht klar ist, was das Ziel eigentlich ist, abgesehen von der Schaffung einer menschenähnlichen Intelligenz und dass die Möglichkeiten, die ein solches Programm hätte, völlig unüberschaubar wären. Die Offenlegung des Algorithmus ist ebenfalls unmöglich, weil der Einsatz von eigenständig lernenden Systemen *conditio sine qua non* für diese Art der Forschung ist. Es bleibt zunächst die Möglichkeit einer kontrollierten Umgebung und extremer Vorsicht.

Auch hier muss aber nochmal erwähnt werden, dass Gedankenspiele um „Superintelligenzen" und Ähnliches voraussichtlich erst in Jahrzehnten wirklich relevant werden. Ob sie überhaupt geschaffen werden können, ist ebenfalls nicht sicher.[805]

5.6.3 Keine präventive Kontrolle

In vielen Gebieten, in denen aktuell an KI geforscht und diese auch eingesetzt wird, findet aktuell gar keine Regulierung statt, entweder, weil es keine Veranlassung dazu gibt, oder, weil der Gesetzgeber sich (noch) nicht für eine Regulierung entschieden hat. Die Forschung an General Intelligence ist etwa weitgehend nicht reguliert, weil die Probleme, die sich stellen können, weit in der Zukunft liegen und der Gesetzgeber noch keinen Anlass gesehen hat, sich tiefgehend damit zu beschäftigen.[806] Abseits von staatlichen Schutzpflichten ist der Verzicht auf Regulierung ebenfalls eine Entscheidung (oder Nichtentscheidung), die getroffen werden kann.

Ebenfalls nicht Teil präventiver Kontrolle sind Standards, die festgelegt werden können, ohne dass deren Einhaltung automatisch flächendeckend überprüft wird. Stichproben sind eine Möglichkeit, hiermit umzugehen, ebenso kann die Nichteinhaltung solcher Vorschriften zivilrechtliche Ansprüche auslösen. Aktuell

---

803 Entschließung des Europäischen Parlaments vom 16. Februar 2017 mit Empfehlungen an die Kommission zu zivilrechtlichen Regelungen im Bereich Robotik (2015/2103(INL)) E. 15.

804 Siehe 3.6.

805 *Vinge*, The Coming Technological Singularity: How to Survive in the Post-Human Era, 1993.

806 Siehe dazu 3.6.

wird von dieser Möglichkeit allerdings wenig Gebrauch gemacht. Wenn Anforderungen an einen Algorithmus oder das Programm selbst gestellt werden, wird in der Regel kontrolliert, etwa im Fall von Algorithmen an der Börse,[807] aber auch bei automatisierten Fahrzeugen, die vor einem möglichen Einsatz ebenso wie alle anderen Fahrzeuge überprüft werden.[808] Bei Gefahren für bedeutende Rechtsgüter bieten sich präventive Kontrollmechanismen auch eher an. Die bloße Knüpfung von Rechtsfolgen im Nachhinein reicht dann häufig nicht aus, das notwendige Schutzniveau herzustellen. Gerade wenn Standards lediglich dazu dienen, potentiell Geschädigten zivilrechtliche Ansprüche zu verschaffen, wird häufig fraglich sein, wie die dafür notwendige Transparenz herzustellen ist. Vermutet jemand, ein Programm habe einen rechtswidrigen Schaden zugefügt und genüge den gestellten Anforderungen nicht, wird dies schwer zu überprüfen sein, weil der Algorithmus nicht bekannt ist. Liegt eine „Black Box"[809] vor, verstärkt sich das Problem noch.

5.6.4 Abstufung und Einordnung der einzelnen Probleme

Es zeigt sich eine Abstufung, die sich im Grunde nicht von anderen Technologien unterscheidet, die potentiell gefährlich sind. Je gefährlicher der einzelne Einsatz ist, desto restriktiver muss die Regulierung gehandhabt werden. Die mögliche Intransparenz stellt sich bei genauer Betrachtung als weiterer Unsicherheitsfaktor heraus, der entsprechend behandelt werden muss. Dem Gesetzgeber wird in Zukunft die Aufgabe zuteilwerden, die einzelnen Gebiete einzuordnen und zu bestimmen, wie die Kontrolle auf dem entsprechenden Gebiet gestaltet wird. Grenzen ziehen Schutzpflichten, sodass eine völlige Deregulierung bestimmter Gebiete nicht möglich ist.

Auch zwischen privatem und staatlichem Einsatz wird eine Unterscheidung erfolgen müssen. Aus der direkten Bindung aller staatlicher Stellen an die Grundrechte nach Art. 1 III GG ergeben sich höhere Anforderungen als dasjenige, was an Regulierung zur Erfüllung staatlicher Schutzpflichten notwendig ist. Dennoch wird ein möglicher Erkenntnisgewinn, welche Programme erfahrungsgemäß starken Einfluss auf bestimmte Grundrechte nehmen, in beiden

807 Diese Kontrolle ist speziell aufgrund neuer Bedrohungen eingeführt worden, siehe 3.4.2.

808 Hier mussten daher vorhandene Regeln lediglich angepasst werden, 3.2.3.

809 *Delibašić/Vukićević/Jovanović u.a.*, IEEE Transactions on Education 2013, 287 Siehe dazu auch 3.2.3, 3.5.7, 3.4.2. und 4.1.1.

Fällen eine Rolle spielen, auch wenn diese bei Regulierungsansätzen nur mittelbare Wirkung entfalten.

Insgesamt zeigt sich, dass sich an vielen Stellen zwar eine Anpassung des geltenden Rechts zur besseren Regulierung künstlicher Intelligenz anbietet, es aber nur in seltenen Fällen völlig ungeeignet ist. Gerade bei Beispielen wie der Automatisierung der Verwaltung ist es aktuell noch so, dass dem Einsatz ohnehin Schranken gesetzt sind, die sich aus verfassungsrechtlichen, aber auch einfachrechtlichen Gründen ergeben. Das bedeutet, dass für weitergehenden Einsatz zusätzliche Regulierung notwendig ist, was „versehentliche" Gefahren aufgrund von Untätigkeit des Gesetzgebers unwahrscheinlich macht. Privatrechtssubjekte sind zwar nicht direkt an die Verfassung gebunden, die starke Regulierung praktisch aller Lebensbereiche führt aber auch hier dazu, dass abseits von weit entfernten Szenarien wie einer Superintelligenz heute schon häufig geeignete Schranken durch die einfachen Gesetze existieren.

Wo diese nicht ausreichen, ist aber auch keine Revolution notwendig. Praktisch alle hier diskutierten Lösungsansätze basieren auf an sich bekannten Prinzipien. Gefährdungshaftung existiert schon heute in risikobehafteten Bereichen und auch ergebnisorientierte Kontrollen, die sich, wie gezeigt, häufig anbieten, sind kein revolutionäres Konzept, sondern die Weiterentwicklung bestehender Ideen. Die Herausforderungen sind damit von staatlicher Seite lösbar und geben keinen Grund zu übertriebener Sorge.

Literaturverzeichnis

53. *Deutscher Verkehrsgerichtstag Arbeitskreis II*, Empfehlung Automatisiertes Fahren 2015.

Aletras, Nikolaos/Tsarapatsanis, Dimitrios/Preotiuc-Pietro, Daniel/Lampos, Vasileios, Predicting judicial decisions of the European Court of Human Rights: a Natural Language Processing perspective, Peer J Computer Science 2016.

Ankenbrand, Hendrik, Wo Künstliche Intelligenz zur Religion wird, FAZ (Frankfurter Allgemeine Zeitung) 25.09.2017, S. 18.

Armbruster, Alexander, Wenn der Computer den Mörder errät, http://www.faz.net/aktuell/wirtschaft/kuenstliche-intelligenz/wenn-der-computer-den-moerder-erraet-15295431.html.

Armbrüster, Christian, Automatisiertes Fahren – Paradigmenwechsel im Straßenverkehrsrecht? ZRP 2017, S. 83.

Asimov, Isaac, Meine Freunde, die Roboter – Erzählungen, München 2002.

Assmann, Heinz-Dieter/Schütze, Rolf (Hrsg.), Handbuch des Kapitalanlagerechts, 4. Aufl., München 2015.

association for the advancement of artificial intelligence, A Brief History of Artificial Intelligence, https://aitopics.org/misc/brief-history (geprüft am 10.06.2019).

Auernhammer, Herbert, DSGVO/BDSG – Datenschutz-Grundverordnung, Bundesdatenschutzgesetz und Nebengesetze Kommentar, 6. Aufl., Köln 2018.

Autos selbst steuern? In 20 Jahren nur mit Sondererlaubnis, http://www.faz.net/aktuell/wirtschaft/neue-mobilitaet/angela-merkel-autos-selbst-steuern-in-20-jahren-nur-mit-sondererlaubnis-15056398.html (geprüft am 10.06.2019).

Bach, Stefan, Einkommens- und Vermögensverteilung in Deutschland, https://www.bpb.de/apuz/155705/einkommens-und-vermoegensverteilung-in-deutschland?p=all (geprüft am 14.06.2019).

Bäcker, Gerhard, Mindestsicherung und Maschinensteuer: Wege zur Lösung der sozialen und finanziellen Defizite der lohnbezogenen Sozialversicherung, SozSich 1985, S. 33.

Bader, Johann/Ronellenfitsch, Michael (Hrsg.), BeckOK VwVfG – mit VwVG und VwZG, 43. Edition, München 2019.

Beeger, Britta, Der Bot macht Meinung, http://www.faz.net/aktuell/wirtschaft/netzkonferenz-dld/dld-2017-der-bot-macht-meinung-14630988.html (geprüft am 13.06.2019).

Beirat Verwaltungsverfahrensrecht beim Bundesministerium des Innern, Automatisiert erlassene Verwaltungsakte und Bekanntgabe über Internetplattformen – Fortentwicklung des Verfahrensrechts im Zeichen der Digitalisierung: Wie können rechtsstaatliche Standards gewahrt werden? – Stellungnahme des Beirats Verwaltungsverfahrensrecht beim Bundesministerium des Innern zur Frage der Zulassung vollständig automatisiert erlassener Verwaltungsakte und zur Bekanntgabe von Verwaltungsakten über Internetplattformen, NVwZ 2015, S. 1114.

Berger, Ariane, Digitales Vertrauen – Eine verfassungs- und verwaltungsrechtliche Perspektive, DVBl. 2017, S. 804.

Bill Gates: Die Welt ist noch nicht bereit für ein bedingungsloses Grundeinkommen,http://www.finanzen.net/nachricht/private-finanzen/innovationen-als-schluessel-bill-gates-die-welt-ist-noch-nicht-bereit-fuer-ein-bedingungs loses-grundeinkommen-5353880#comments (geprüft am 14.06.2019).

Bill Gates fordert Roboter-Steuer, http://www.faz.net/aktuell/wirtschaft/netzwirtschaft/automatisierung-bill-gates-fordert-roboter-steuer-14885514.html (geprüft am 14.06.2019).

Bitteres Ende – Schach-Computer, Der Spiegel 1973, S. 108–110.

Bodkin, Henry, AI robots are sexist and racist, experts warn, http://www.telegraph.co.uk/news/2017/08/24/ai-robots-sexist-racist-experts-warn/ (geprüft am 14.06.2019).

Bodungen, Benjamin von/*Hoffmann, Martin*, Autonomes Fahren – Haftungsverschiebung entlang der Supply Chain? (1. Teil), NZV 2016, S. 449.

—, Autonomes Fahren – Haftungsverschiebung entlang der Supply Chain? (2. Teil), NZV 2016, S. 503.

Bonnefon, Jean-Francois/Shariff, Azim/Rahwan, Iyad, The social dilemma of autonomous vehicles, Science 2016, S. 1573.

Borges, Georg, Rechtliche Rahmenbedingungen für autonome Systeme, NJW 2018, S. 977.

Boshmaf, Yazan/Muslukhov, Ildar/Beznosov, Konstantin/Ripeanu, Matei, The Socialbot Network: When Bots Socialize for Fame and Money, ACSAC 2011, S. 93.

Bostrom, Nick, Superintelligence – Paths dangers strategies, Oxford 2016.

Braun Binder, Nadja, Vollständig automatisierter Erlass eines Verwaltungsaktes und Bekanntgabe über Behördenportale, DÖV 2016, S. 891.

—, Weg frei für vollautomatisierte Verwaltungsverfahren in Deutschland, Jusletter IT 2016.

Brings-Wiesen, Tobias, Meinungskampf mit allen Mitteln und ohne Regeln?, https://www.juwiss.de/93-2016/ (geprüft am 13.06.2019).

Britz, Gabriele, § 26 Elektronische Verwaltung, in: Hoffmann-Riem, Wolfgang/ Schmidt-Aßmann, Eberhard/Voßkuhle, Andreas (Hrsg.), Grundlagen des Verwaltungsrechts – Informationsordnung, Verwaltungsverfahren, Handlungsformen, 2. Aufl., München 2012.

Buchholtz, Gabriele, Legal Tech, JuS 2017, S. 955.

Buck-Heeb, Petra/Dieckmann, Andreas, Zivilrechtliche Haftung von Fahrer und Halter bei (teil-)autonomem Fahren, in: Oppermann, Bernd H. (Hrsg.), Autonomes Fahren – Rechtsfolgen, Rechtsprobleme, technische Grundlagen, München 2017, S. 60.

Bull, Hans Peter, Verwaltung durch Maschinen – Rechtsprobleme der Technisierung der Verwaltung, Köln/Berlin 1964.

Bundesagentur für Arbeit, Heilerziehungspfleger/in Kurzbeschreibung, https://berufenet.arbeitsagentur.de/berufenet/faces/index?path=null/suchergebnisse/kurzbeschreibung&dkz=9127 (geprüft am 14.06.2019).

Bundesregierung, Eckpunkte der Bundesregierung für eine Strategie Künstliche Intelligenz 2018.

Bundesverband Interaktive Unterhaltungssoftware, Jahresreport der Computer- und Videospielbranche in Deutschland 2016.

Burmann, Michael/Heß, Rainer/Hühnermann, Katrin/Jahnke, Jürgen (Hrsg.), Straßenverkehrsrecht – Kommentar mit StVO nebst CsgG, dem StVG, den wichtigsten Vorschriften der StVZO und der FeV, dem Verkehrsstraf- und Ordnungswidrigkeitenrecht, dem Schadensersatzrecht des BGB, Zivilprozessrecht und Versicherungsrecht, der Bußgeldkatalog-Verordnung sowie Verwaltungsvorschriften, 25. Aufl., München 2018.

Caspar, Johannes, Klarnamenpflicht versus Recht auf pseudonyme Nutzung, ZPR 2015, S. 233.

Chen, Haibo/Zhou, Lidong (Hrsg.), SOSP'17 – Proceedings of the Twenty-Sixth ACM Symposium on Operating Systems Principles: October 28-31, 2017, Shanghai, China, New York 2017.

Deep Learning im Aktienhandel, https://www.fau.de/2017/02/news/wissenschaft/deep-learning-im-aktienhandel/ (geprüft am 14.06.2019).

DeepMind's work in 2016: a round-up, https://deepmind.com/blog/deepmind-round-up-2016/ (geprüft am 10.06.2019).

Degen, Thomas A./Krahmer, Benjamin, Legal Tech: Erbringt ein Generator für Vertragstexte eine Rechtsdienstleistung? GRUR-Prax 2016, S. 363.

Delaney, Kevin, The robot that takes your job should pay taxes, says Bill Gates, https://qz.com/911968/bill-gates-the-robot-that-takes-your-job-should-pay-taxes/ (geprüft am 10.06.2019).

Delibašić, Boris/Vukićević, Milan/Jovanović, Miloš/Suknović, Milija, White-Box or Black-Box Decision Tree Algorithms: Which to Use in Education? IEEE Transactions on Education 2013, S. 287.

Dem Verbrechen auf der Datenspur, https://www.zukunftsinstitut.de/artikel/big-data/predictive-policing/ (geprüft am 22.06.2019).

Der bayerische Landesbeauftragte für den Datenschutz, Verwendung der Prognosesoftware „Precobs" durch die bayerische Polizei 2015.

Der Unsinn der Maschinensteuer, Unternehmer 1980, S. 31.

Die Landesbeauftragte für den Datenschutz Niedersachsen, Thiel befürchtet Stigmatisierung von Betroffenen 2015.

Diekmann, Florien, So wird die Arbeitslosigkeit schöngerechnet, http://www.spiegel.de/wirtschaft/soziales/arbeitslosenstatistik-so-hoch-ist-die-verdeckte-arbeitslosigkeit-a-1133354.html (geprüft am 14.06.2019).

Djeffal, Christian, Das Internet der Dinge und die öffentliche Verwaltung – auf dem Weg zum automatisierten Smart Government?, DVBl. 2017, S. 808.

Dowideit, Anette/Drepper, Daniel/Knödler, Benjamin/Wormer, Vanessa, Die erschreckende Wahrheit über unsere Pflegeheime, https://www.welt.de/wirtschaft/article156060163/Die-erschreckende-Wahrheit-ueber-unsere-Pflegeheime.html (geprüft am 14.06.2019).

Dreier, Horst (Hrsg.), Grundgesetz – Kommentar, 3. Aufl., Tübingen 2013.

Dreyfus, Hubert, Alchemy and Artificial Intelligence, Santa Monica 1965.

—, What Computers can't do, New York 1972.

duden.de, Intelligenz, http://www.duden.de/rechtschreibung/Intelligenz (geprüft am 10.06.2019).

Dzida, Boris/Groh, Naemi, Diskriminierung nach dem AGG beim Einsatz von Algorithmen im Bewerbungsverfahren, NJW 2018, S. 1917.

Eberle, Carl-Eugen, Die öffentliche Verwaltung vor den Herausforderungen der Informationsgesellschaft, Die Verwaltung 1987, S. 459.

Efron, Louis, How A.I. is about to disrupt corporate recruiting, https://www.forbes.com/sites/louisefron/2016/07/12/how-a-i-is-about-to-disrupt-corporate-recruiting/#14bee3c93ba2 (geprüft am 14.06.2019).

Ehmann, Eugen/Selmayr, Martin (Hrsg.), DS-GVO – Datenschutz-Grundverordnung Kommentar, München/Wien 2017.

„Ein Fall für den Bundesrechnungshof", http://www.faz.net/aktuell/politik/wahljahr-2009/bundestagswahl/gesetzentwurf-von-anwaltskanzlei-ein-fall-fuer-den-bundesrechnungshof-1845247.html (geprüft am 01.09.2018).

Enders, Peter, Einsatz künstlicher Intelligenz bei juristischer Entscheidungsfindung, JA 2018, S. 721.

Epping, Volker/Hillgruber, Christian (Hrsg.), BeckOK Grundgesetz, 40. Edition., München 2019.

Ernst, Stefan, Herausforderungen autonomer Systeme an das Recht, in: Breyer-Mayländer, Thomas (Hrsg.), Das Streben nach Autonomie – Reflektionen zum digitalen Wandel, Baden-Baden 2018.

Erster tödlicher Unfall mit Autopilot-Funktion, http://www.faz.net/aktuell/wirtschaft/neue-mobilitaet/tesla-meldet-ersten-toedlichen-unfall-mit-autopilot-funktion-14318194.html (geprüft am 14.06.2019).

Erxleben, Christian, Wie Twitter-Bots Brexit-Wähler betrogen haben, http://www.internetworld.de/technik/bots/twitter-bots-brexit-waehler-betrogen-1111324.html (geprüft am 13.06.2019).

Ethik-Kommission, Automatisiertes und vernetztes Fahren – Bericht Juni 2017.

Feuerich, Wilhelm E./Weyland, Dag (Hrsg.), Bundesrechtsanwaltsordnung, 9. Aufl., München 2016.

Finne zieht Fazit: Ende meines Sklavendaseins, https://www.focus.de/finanzen/news/bedingungsloses-grundeinkommen-immer-noch-arm-aber-das-leben-in-der-eigenen-hand-wie-ein-finne-das-grundeinkommen-erlebt_id_9315295.html (geprüft am 01.09.2018).

Fischer, Ute, Das bedingungslose Grundeinkommen – Drei Modelle, https://www.bpb.de/dialog/netzdebatte/223286/das-bedingungslose-grundeinkommen-drei-modelle (geprüft am 24.06.2019).

Forgó, Nikolaus, Datenschutzrechtliche Fragestellungen des autonomen Fahrens, in: Oppermann, Bernd H. (Hrsg.), Autonomes Fahren – Rechtsfolgen, Rechtsprobleme, technische Grundlagen, München 2017, S. 157.

Franke, Ulrich, Rechtsprobleme beim automatisierten Fahren – ein Überblick, DAR 2016, S. 61.

Frankish, Keith/Ramsey, William, The Cambridge handbook of artificial intelligence, Cambridge 2014.

Franziska Knupper, Facebook-Experiment – Computer entwickeln eigene Sprache, https://www.berliner-zeitung.de/digital/facebook-experiment-computer-entwickeln-eigene-sprache-28101812 (geprüft am 14.06.2019).

Fraunhofer-Institut für Produktionstechnik und Automatisierung IPA, Roboter zur Pflegeunterstützung im Altenheim und Krankenhaus, http://www.ipa.fraunhofer.de/pflegeunterstuetzung.html (geprüft am 10.06.2019).

French, Andrew J./Adams, Catharine A./Anderson, Linda S./Kitchen, John R./Hughes, Marcus R./Wood, Samuel H., Development of Human Cloned Blastocysts Following Somatic Cell Nuclear Transfer with Adult Fibroblasts, Stem Cells 2008, 485.

Frey, Carl Benedikt/Osborne, Michael A., The future of employment: How susceptible are jobs to computerisation? 2013.

Friehe, Matthias, Wahlkampf in den sozialen Netzwerken – „Wilder Westen"?, https://www.juwiss.de/17-2017/ (geprüft am 24.06.2019).

Gartner IT Glossary, Big Data, http://www.gartner.com/it-glossary/big-data (geprüft am 10.06.2019).

Gasser, Lucas/Kraatz, Matthias, Social Bots: Wegbereiter der Maschinokratie, http://verfassungsblog.de/social-bots-wegbereiter-der-maschinokratie/ (geprüft am 13.06.2019).

Gendolla, Peter, Die lebenden Maschinen – Zur Geschichte der Maschinenmenschen bei Jean Paul, E. T. A. Hoffmann und Villiers de l'Isle Adam, Marburg/Lahn 1980.

Gerstl, Sebastian, Stephen Hawking warnt vor KI als „schlimmstes Ereignis der Zivilisationsgeschichte", https://www.elektronikpraxis.vogel.de/stephen-hawking-warnt-vor-ki-als-schlimmstes-ereignis-der-zivilisationsgeschichte-a-660803/ (geprüft am 10.06.2019).

Gerstner, Dominik, Predictive Policing als Instrument zur Prävention von Wohnungseinbruchsdiebstahl, Freiburg 2017.

Gless, Sabine/Janal, Ruth, Hochautomatisiertes und autonomes Autofahren – Risiko und rechtliche Verantwortung, JR 2016, S. 561.

Goertzel, Ben, Artificial general intelligence – With 16 tables, Berlin 2007.

Grunwald, Armin, Autonomes Fahren: Technikfolgen, Ethik und Risiken, SVR 2019, S. 81.

Guggenberger, Leonid, Einsatz künstlicher Intelligenz in der Verwaltung, NVwZ 2019, S. 844.

Habel, Dominik, Roboterjournalismus, Baden-Baden 2019.

Hähnchen/Bommel, Digitalisierung und Rechtsanwendung, JZ 2018, S. 334.

Hand, David, Data Mining, https://onlinelibrary.wiley.com/doi/abs/10.1002/9780470057339.vad002.pub2 (geprüft am 29.06.2019).

Hannich, Rolf (Hrsg.), Karlsruher Kommentar zur Strafprozessordnung – mit GVG, EGGVG und EMRK, 7. Aufl., München 2013.

Harari, Yuval Noaḥ, Eine kurze Geschichte der Menschheit, München 2013.

Härtel, Ines, Digitalisierung im Lichte des Verfassungsrechts – Algorithmen, Predictive Policing, autonomes Fahren, LKV 2019, S. 49.

Hartl, Korbinian, Suchmaschinen, Algorithmen und Meinungsmacht, Wiesbaden 2017.

Heitmüller, Ulrike, Predictive Policing: Die deutsche Polizei zwischen Cyber-CSI und Minority Report, https://www.heise.de/newsticker/meldung/Predictive-Policing-Die-deutsche-Polizei-zwischen-Cyber-CSI-und-Minority-Report-3685873.html (geprüft am 22.06.2019).

Henssler, Martin/Kilian, Matthias, Rechtsinformationssysteme im Internet, CR 2001, S. 682.

Hillgruber, Christian, Der Staat des Grundgesetzes – nur „bedingt abwehrbereit"?, JZ 2007, S. 209.

Hillje, Johannes, Warum Deutschland falsch über das Grundeinkommen redet, https://www.sueddeutsche.de/kultur/geld-ohne-gegenleistung-warum-deutschland-falsch-ueber-das-grundeinkommen-redet-1.3946149.

Hofmann, Kai, Big Data in der Industrie 4.0 – Zum Schutz der informationellen Selbstbestimmung von Unternehmen in „intelligenten" Netzwerken, http://www.jurpc.de/jurpc/show?id=20150158.

Hornung, Gerrit, Verfügungsrechte an fahrzeugbezogenen Daten – Das vernetzte Automobil zwischen innovativer Wertschöpfung und Persönlichkeitsschutz, DuD 2015, S. 359.

Hutchins, John, „The whisky was invisible", or Persistent myths of MT, MT News International 1995, S. 32.

IBM, Kann ein Fahrzeug in eine Konversation einsteigen?, https://www.ibm.com/cognitive/de-de/outthink/olli.html (geprüft am 23.04.2019).

IHS Markit, Autonomous Vehicle Sales to Surpass 33 Million Annually in 2040, Enabling New Autonomous Mobility in More Than 26 Percent of New Car Sales, IHS Markit Says, https://technology.ihs.com/599099/autonomous-vehicle-sales-to-surpass-33-million-annually-in-2040-enabling-new-autonomous-mobility-in-more-than-26-percent-of-new-car-sales-ihs-markit-says (geprüft am 13.06.2019).

Immenkeppel, Gabriele, „Precobs" soll auch in Bonn Einbrecher fangen, http://www.general-anzeiger-bonn.de/bonn/stadt-bonn/Precobs-soll-auch-in-Bonn-Einbrecher-fangen-article1602184.html (geprüft am 22.06.2019).

INGDiBA, Die Roboter kommen 2015.

Institut für musterbasierte Prognosetechnik, Predictive Policing made in Germany, http://www.ifmpt.de/projects.html (geprüft am 22.06.2019).

Isensee, Der Sozialversicherungsbeitrag des Arbeitgebers in der Finanzordnung des Grundgesetzes – Zur Verfassungsmäßigkeit eines Maschinenbeitrags, DRV 1980, S. 145.

Jänich, Volker/Schrader, Paul/Reck, Vivian, Rechtsprobleme des autonomen Fahrens, NZV 2015, S. 313.

Jarass, Hans D./Pieroth, Bodo (Hrsg.), Grundgesetz für die Bundesrepublik Deutschland – Kommentar, 13. Aufl., München 2014.

Jauernig, Othmar (Hrsg.), Bürgerliches Gesetzbuch – Mit Rom-I-, Rom-II-VO, EuUnthVO/HUntProt und EuErbVO: Kommentar, Hrsg.: *Jauernig*, Othmar, 17. Aufl., München 2018.

Joecks, Wolfgang/Miebach, Klaus (Hrsg.), Münchener Kommentar zum StGB, Band 2, 3. Aufl., München 2016.

— (Hrsg.), Münchener Kommentar zum StGB, Band 1, 3. Aufl., München 2017.

Joerden, Jan C., Zum Einsatz von Algorithmen in Notstandslagen. – Das Notstandsdilemma bei selbstfahrenden Kraftfahrzeugen als strafrechtliches Grundlagenproblem, in: Hilgendorf, Eric (Hrsg.), Autonome Systeme und neue Mobilität – Ausgewählte Beiträge zur 3. und 4. Würzburger Tagung zum Technikrecht, Baden-Baden 2017, S. 73.

Jourdan, Frank/Matschi, Helmut, Automatisiertes Fahren – Wie weit kann die Technik den Fahrer ersetzen? Entwickler oder Gesetzgeber, wer gibt die Richtung vor, NZV 2015, S. 26.

Jürgens, Isabell, Anwälte gründen Online-Portal gegen Mietwucher, https://www.morgenpost.de/berlin/article209850139/Anwaelte-gruenden-Online-Portal-gegen-Mietwucher.html (geprüft am 03.06.2019).

Keßler, Oliver, Intelligente Roboter – neue Technologien im Einsatz – Voraussetzungen und Rechtsfolgen des Handelns informationstechnischer Systeme, MMR 2017, S. 589.

Kirn, Stefan/Müller-Hengstenberg, Claus D., Rechtliche Risiken autonomer und vernetzter Systeme – Eine Herausforderung, Berlin/Boston 2016.

Kleinberg, Jon/Lakkaraju, Himabindu/Leskovec, Jure/Ludwig, Jens/Mullainathan, Sendhil, Human Decisions and machine predictions, NBER working paper series.

Klingbeil, Stefan, Schuldnerhaftung für Roboterversagen, JZ 2019, S. 718.

Kolb, Bemessung des Arbeitgeberanteils in der gesetzlichen Rentenversicherung nach dem Kapitaleinsatz bzw. der Wertschöpfung, DRV 1980, S. 1.

König, Carsten, Die gesetzlichen Neuregelungen zum automatisiertern Fahren, NZV 2017, S. 123.

Koschmieder, Norman/Gerdes, Laura, Zukunftsmusik oder bald schon Realität? – Das Regulierungsregime für den Betrieb von Lufttaxen unter der neuen EU-VO 2018/1139, EuZW 2019, S. 368.

Kremp, Matthias, Der unheimlich menschliche Eugene Goostmann, http://www.spiegel.de/netzwelt/gadgets/eugene-goostman-computer-besteht-erstmals-turing-test-a-974131.html (geprüft am 10.06.2019).

Krey, Volker/Esser, Robert, Deutsches Strafrecht Allgemeiner Teil, 6. Aufl., Stuttgart 2016.

Krüger, Wolfgang/Rauscher, Thomas (Hrsg.), Münchener Kommentar zur ZPO, Band 2, 5. Aufl., München 2016.

Küchemann, Fridtjof, Die Angst vor künstlicher Intelligenz ist Hollywood-Stoff, http://www.faz.net/aktuell/feuilleton/debatten/garri-kasparow-hat-keine-angst-vor-kuenstlicher-intelligenz-15007553.html (geprüft am 10.06.2019).

Kühling, Jürgen/Buchner, Benedikt (Hrsg.), DSGVO/BDSG – Kommentar, 2. Aufl., München 2018.

Kurzweil, Ray, The singularity is near – When humans transcend biology, New York, NY 2006.

Lackner, Karl/Kühl, Kristian (Hrsg.), Strafgesetzbuch – Kommentar, 29. Aufl., München 2018.

Lange, Ulrich, Automatisiertes und autonomes Fahren – eine verkehrs-, wirtschafts- und rechtspolitische Einordnung, NZV 2017, S. 345.

Libertus, Michael, Rechtliche Aspekte des Einsatzes von Social Bots de lege lata und de lege ferenda, ZUM 2018, S. 20.

Lill, Felix, Hallo, wie geht es Ihnen? http://www.zeit.de/2017/01/pflegeroboter-japan-krankenpflege-terapio/seite-2 (geprüft am 14.06.2019).

Lisi, Antony Garrett, I, for one, welcome our machine overlords, in: Brockman, John (Hrsg.), What to think about machines that think – Today‘s leading thinkers on the age of machine intelligence, New York u.a. 2015, S. 22.

Lisken, Hans/Denninger, Erhard (Hrsg.), Handbuch des Polizeirechts – Gefahrenabwehr, Strafverfolgung, Rechtsschutz, 5. Aufl., München 2012.

Lobe, Adrian, Die Angst vor der Vierzig-Stunden-Pause, http://www.faz.net/aktuell/feuilleton/debatten/die-digital-debatte/silicon-valley-fuer-bedingungsloses-grundeinkommen-14291521.html (geprüft am 14.06.2019).

—, Erzwitschere dir deine Wahl, http://www.faz.net/aktuell/feuilleton/debatten/twitter-bots-von-donald-trump-greifen-in-us-wahlkampf-ein-14455894.html (geprüft am 13.06.2019).

Lohmann, Melinda, Ein europäisches Roboterrecht – überfällig oder überflüssig?, ZRP 2017, S. 168.

Lüdemann, Volker, Das vernetzte Auto nimmt Fahrt auf, der Datenschutz bleibt zurück, ZD 2015, S. 247.

Luhmann, Niklas, Recht und Automation in der öffentlichen Verwaltung, Berlin 1966.

—, Die Kontrolle von Intransparenz, Berlin 2017.

Lutz, Lennart, Autonome Fahrzeuge als rechtliche Herausforderung, NJW 2015, S. 119.

Lutz, Lennart/Tang, Tito/Lienkamp, Markus, Die rechtliche Situation von teleoperierten und autonomen Fahrzeugen, NZV 2013, S. 57.

Mangoldt, Hermann von/*Klein, Friedrich/Starck, Christian* (Hrsg.), Grundgesetz, 6. Aufl., München 2010.

— (Hrsg.), Grundgesetz, 7. Aufl., München 2018.

Martini, Mario, Blackbox Algorithmus – Grundfragen einer Regulierung Künstlicher Intelligenz, Berlin/Heidelberg 2019.

Martini, Mario/Nink, David, Persönlichkeitsschutz in vollautomatisierten Verwaltungsverfahren, NVwZ 2017, S. 681.

Mau, Katharina, Gegen TTIP! Aber wieso noch mal genau?, http://www.jetzt.de/meinungsbildung/meinungsbildung-durch-soziale-medien (geprüft am 13.06.2019).

Maunz, Theodor/Dürig, Günter, Grundgesetz – Kommentar, 86. Ergänzungslieferung, München 2019.

Maunz, Theodor/Schmidt-Bleibtreu, Bruno/Klein, Franz/Bethge, Herbert, Bundesverfassungsgerichtsgesetz – Kommentar, Hrsg.: *Maunz*, Theodor, 56. Ergänzungslieferung, München 2019.

McCulloch, Warren/Pitts, Walter, A logical calculus of the ideas immanent of nervous activity, Bulletin of mathematical biophysics 1943, 115.

McCune, William, Robbins Algebras Are Boolean, http://www.cs.unm.edu/~mccune/papers/robbins/ (geprüft am 10.06.2019).

Meyer, Stefan, Der Einsatz von Robotern zur Gefahrenabwehr, in: Hilgendorf, Eric (Hrsg.), Robotik im Kontext von Recht und Moral, Baden-Baden 2014.

Milker, Jens, „Social-Bots" im Meinungskampf, ZUM 2017, S. 216.

Miller, Tim, Explanation in Artificial Intelligence: Insights from the Social Sciences, Artificial Intelligence 2017, S. 267.

mpz, CDU erwägt Einsatz von Chatbots, http://www.spiegel.de/netzwelt/web/cdu-peter-tauber-erwaegt-einsatz-von-chatbots-im-bundestagswahlkampf-a-1141207.html (geprüft am 13.06.2019).

Nicolaysen, Lars, Vergreistes Japan setzt in der Pflege auf Roboter, https://www.welt.de/gesundheit/article129502877/Vergreistes-Japan-setzt-in-der-Pflege-auf-Roboter.html (geprüft am 14.06.2019).

Osterhammel, Jürgen, Die Verwandlung der Welt – Eine Geschichte des 19. Jahrhunderts, 5. Aufl., München 2010.

Öztürk, Asiye, Alternde Gesellschaft – Editoral, https://www.bpb.de/apuz/153116/editorial (geprüft am 14.06.2019).

Pei, Kexin/Cao, Yinzhi/Yang, Junfeng/Jana, Suman, DeepXplore: Automated Whitebox Testing of Deep Learning Systems, in: Chen, Haibo/Zhou, Lidong (Hrsg.), SOSP'17 – Proceedings of the Twenty-Sixth ACM Symposium on Operating Systems Principles: October 28-31, 2017, Shanghai, China, New York 2017, S. 1.

Philosoph Precht: Das Ende der deutschen Autoindustrie, http://automotive-technology.de/philosoph-precht-das-ende-der-deutschen-autoindustrie/ (geprüft am 22.08.2018).

Podolski, Tanja, Schaumwaffel mit Migrationshintergrund, https://www.lto.de/recht/hintergruende/h/zehn-jahre-agg-kritik/ (geprüft am 01.07.2019).

Polomski, Ralf-Michael, Der automatisierte Verwaltungsakt – Die Verwaltung an der Schwelle von der Automation zur Informations- und Kommunikationstechnik, Berlin 1993.

Prior, Patrick, Legal Tech – Digitalisierung der Rechtsberatung, ZAP 2017, S. 575.

R2-D2 als Roboter-Vorbild für die Altenpflege, http://schluermann.com/aktuell/2016/star-wars-als-vorbild-fuer-pflege-roboter/ (geprüft am 14.06.2019).

Rademacher, Timo, Predictive Policing im deutschen Polizeirecht, AöR 2017, S. 366.

Rauchhaupt, Ulf von, Technik ist nicht alles, http://www.faz.net/aktuell/wissen/geist-soziales/selbstfahrende-autos-braucht-kein-mensch-14909061.html (geprüft am 13.06.2019).

Reinsch, Melanie, Social Bots Parteien in Deutschland wollen auf technische Wahlkampfhelfer verzichten, http://www.berliner-zeitung.de/25278052 (geprüft am 13.06.2019).

Remmertz, Frank/Kuhlmann, Niko, Was geht? Was nicht? Und was sollte gehen?, https://www.lto.de/recht/legal-tech/l/legal-tech-rechtsdienstleistungsgesetz-legal-chatbots-vertragsgeneratoren/2/ (geprüft am 14.06.2019).

Rifkin, Jeremy, The end of work – The decline of the global labor force and the dawn of the post-market era, New York 1995.

Roscher, Wilhelm Heinrich, Ausführliches Lexikon der griechischen und römischen Mythologie, Norderstedt 2016.

Roßnagel, Alexander, Datenschutz im vernetzten Fahrzeug, in: Hilgendorf, Eric (Hrsg.), Autonome Systeme und neue Mobilität – Ausgewählte Beiträge zur 3. und 4. Würzburger Tagung zum Technikrecht, Baden-Baden 2017, S. 23.

Russell, Stuart J./Norvig, Peter, Artificial intelligence – A modern approach, 3. Aufl., Boston 2010.

Sachs, Michael (Hrsg.), Grundgesetz, 8. Aufl., München 2018.

Salmon, Felix/Stokes, Jon, Algorithms take control of Wall Street, https://www.wired.com/2010/12/ff_ai_flashtrading/all/ (geprüft am 10.06.2019).

Sander, Günther/Hollering, Jörg, Strafrechtliche Verantwortlichkeit im Zusammenhang mit automatisiertem Fahren, NStZ 2017, S. 193.

Schächinger, Michael, Menschenwürde und Menschheitswürde – Zweck, Konsistenz und Berechtigung strafrechtlichen Embryonenschutzes, Berlin 2014.

Scheffler, Wolfram, Veränderung des Steueraufkommens durch den Einsatz von Robotern – eine Analyse am Beispiel von Pflegedienstleistungen, DStR 2017, S. 2565.

Scheufens, Martin, Am Anfang ist die Illusion, http://www.spiegel.de/wissenschaft/mensch/wie-soziale-netzwerke-meinungsbildung-beeinflussen-a-1048991.html (geprüft am 13.06.2019).

Schirmer, Jan-Erik, Von Mäusen, Menschen und Maschinen – Autonome Systeme in der Architektur der Rechtsfähigkeit, JZ 2019, S. 711.

Schmitt, Peter-Philipp, 2016 wieder weniger Verkehrstote, http://www.faz.net/aktuell/gesellschaft/ungluecke/2016-wieder-weniger-verkehrstote-in-deutschland-15094360.html (geprüft am 14.06.2019).

Schönleben, Dominik, Welche Social Bots gibt es und wie funktionieren sie?, https://www.wired.de/collection/tech/welche-social-bots-gibt-es-und-wie-funktionieren-sie (geprüft am 23.04.2019).

Schrader, Paul, Haftungsrechtlicher Begriff des Fahrzeugführers bei zunehmender Automatisierung von Kraftfahrzeugen, NJW 2015, S. 3537.

Schröder, Meinhard, Rahmenbedingungen der staatlichen Regulierung von Social Bots, DVBl. 2018, S. 465.

—, Rahmenbedingungen der Digitalisierung der Verwaltung, VerwArch 2019, S. 328.

Schulz, Thomas, Verantwortlichkeit bei autonom agierenden Systemen – Fortentwicklung des Rechts und Gestaltung der Technik, Baden-Baden 2015.

—, Sicherheit im Straßenverkehr und autonomes Fahren, NZV 2017, S. 548.

Schuster, Frank Peter, Das Dilemma-Problem aus Sicht der Automobilhersteller – eine Entgegnung auf Jan Joerden, in: Hilgendorf, Eric (Hrsg.), Autonome

Systeme und neue Mobilität – Ausgewählte Beiträge zur 3. und 4. Würzburger Tagung zum Technikrecht, Baden-Baden 2017, S. 99.

Schwintowski, RAILS 2017

—, Strafrechtliche Verantwortlichkeit der Hersteller beim automatisierten Fahren, DAR 2019, S. 6.

Searle, John, Minds, Brains and Programs, Behavioral and Brain Sciences 1980.

Simitis, Spiros (Hrsg.), Bundesdatenschutzgesetz, 8. Aufl., Baden-Baden 2014.

Simonite, Tom, Machines taught by photos learn a sexist view of women, https://www.wired.com/story/machines-taught-by-photos-learn-a-sexist-view-of-women/ (geprüft am 14.06.2019).

Singelnstein, Tobias, Predictive Policing: Algorithmenbasierte Straftatprognosen zur vorausschauenden Kriminalintervention, NStZ 2018, S. 1.

So viele Arbeitnehmer wie nie in Deutschland, http://www.zeit.de/wirtschaft/2016-02/erwerbstaetigkeit-deutschland-statistisches-bundesamt-arbeitslosigkeit-arbeitnehmer (geprüft am 14.06.2019).

Söbbing, Thomas, Fundamentale Rechtsfragen Künstlicher Intelligenz (AI Law), Frankfurt am Main 2019.

Specht, Frank, Mehr Geld für weniger Arbeit, https://www.handelsblatt.com/politik/deutschland/ig-metall-will-arbeitszeitverkuerzung-mehr-geld-fuer-weniger-arbeit/20436102.html (geprüft am 01.09.2018).

Spickhoff, Andreas (Hrsg.), Beck-Online Großkommentar AtG 2017.

— (Hrsg.), Beck-Online Großkommentar StVG 2017.

Spindler, Gerald, Roboter, Automation, künstliche Intelligenz, selbststeuernde Kfz- Braucht das Recht neue Haftungskategorien?, CR 2015, S. 766.

Stark, Jens, IBM Watson hilft bei der Diagnose, http://www.com-magazin.de/news/business-it/ibm-watson-hilft-diagnose-1140556.html (geprüft am 10.06.2019).

statista, Anzahl der Grundwehrdienstleistenden und freiwillig länger Dienstleistenden in der Bundeswehr nach dem Jahr des Diensteintritts von 1990 bis 2009, https://de.statista.com/statistik/daten/studie/152202/umfrage/entwicklung-der-anzahl-der-wehrdienstleistenden-in-der-bundeswehr-seit-1990/ (geprüft am 01.09.2018).

Statistisches Bundesamt, Verkehr im Überblick 2015 – Fachserie 8 1.2,

—, Februar 2017: 1,4% mehr Erwerbstätige im Vorjahresvergleich 31. März 2017.

Stegmüller, Martin, Vollautomatische Verwaltungsakte – eine kritische Sicht auf die neuen § VWVFG § 24 VWVFG § 24 Absatz I 3 und § VWVFG § 35a VwVfG, NVwZ 2018, S. 353.

Stelkens, Paul/Bonk, Heinz Joachim/Sachs, Michael (Hrsg.), Verwaltungsverfahrensgesetz, 9. Aufl., München 2018.

Stellpflug, Timo/Hilpert, Johannes, Novellierter Rechtsrahmen für den Betrieb unbemannter Fluggeräte, NVwZ 2017, S. 1490.

Stender-Vorwachs, Jutta/Steege, Hans, Das Aus für Autonomes Fahren? – Rechtliche und technische Möglichkeiten von Verkehrskontrollen bei autonomen Fahrzeugen, NZV 2017, S. 553.

—, Grundrechtliche Implikationen autonomen Fahrens, in: Oppermann, Bernd H. (Hrsg.), Autonomes Fahren – Rechtsfolgen, Rechtsprobleme, technische Grundlagen, München 2017, S. 253.

Stern, Michael, Rechtsberatung durch Computerprogramme, CR 2004, S. 561.

Sternberg, Jan, Wollen Sie das Auto abschaffen?, http://www.haz.de/Sonntag/Promi-Talk/Wollen-Sie-das-Auto-abschaffen (geprüft am 14.06.2019).

Stieglitz, Stefan/Brachten, Florian/Ross, Björn/Jung, Anna-Katharina, Do Social Bots Dream of Electric Sheep? A Categorisation of Social Media Bot Accounts, Australasian Conference on Information Systems 2017.

Straßmann, Burkhard, Schluss mit Schwester! http://www.zeit.de/2014/12/kopfgeld-pflegepersonal-klinik (geprüft am 14.06.2019).

Strawe, Christoph, Arbeitszeit, Sozialzeit, Freizeit Ein Beitrag zur Überwindung der Arbeitslosigkeit, https://www.dreigliederung.de/essays/1994-12-001 (geprüft am 01.09.2018).

Szent-Ivanyi, Timot, Neues Bewertungssystem – Pflegeheime schlechter als bislang gedacht, http://www.ksta.de/wirtschaft/neues-bewertungssystem-pflegeheime-schlechter-als-bislang-gedacht-24118592 (geprüft am 14.06.2019).

Tschentscher, Axel, Demokratische Legitimation der dritten Gewalt, Tübingen 2006.

Tsvetkova, Milena/Garcia-Gavilanes, Ruth/Floridi, Luciano/Yasseri, Taha, Even good bots fight: The case of Wikipedia, PLoS ONE 2017.

Turing, Alan, Computer Machinery and Intelligence, Mind 1950, 433.

Twitter, FAQ zu verifizierten Accounts, https://support.twitter.com/articles/313322# (geprüft am 13.06.2019).

Udsching, Peter (Hrsg.), SGB XI – Soziale Pflegeversicherung, 5. Aufl., München 2017.

van Rijsbergen, Keith, Information Retrieval, 2. Aufl., London 1979.

Vardi, Moshe Y., Artificial Intelligence: Past and Future, Communications of the ACM 2012.

Vinge, Vernor, The Coming Technological Singularity: How to Survive in the Post-Human Era, San Diego 1993.

Vitzthum, Thomas, Als Merkel in die Zukunft blicken soll, lacht das Auditorium, https://www.welt.de/politik/deutschland/article165359594/Als-Merkel-in-die-Zukunft-blicken-soll-lacht-das-Auditorium.html (geprüft am 14.06.2019).

Volkmann, Viktor, Hate Speech durch Social Bots – Strafrechtliche Zurechung von Volksverhetzungen gem. § 130 Abs. 1 StGB, MMR 2018, S. 58.

Vom Luxus zum Standard: Der Aufstieg der Spülmaschine, https://www.faz.net/aktuell/finanzen/meine-finanzen/sparen-und-geld-anlegen/nachrichten/vom-luxus-zum-standard-der-aufstieg-der-spuelmaschine-12638712.html (geprüft am 14.06.2019).

Vranes, Erich, Lex Superior, Lex Specialis, Lex Posterior – Zur Rechtsnatur der „Konfliktlösungsregeln", ZaöRV 2005, S. 391.

Wagner, Jens, Legal Tech und Legal Robots in Unternehmen und den diese beratenden Kanzleien, BB 2017, S. 898.

Wassermann, Rudolf (Hrsg.), Kommentar zum Grundgesetz für die Bundesrepublik Deutschland, 2. Aufl., München 1989.

Weber, Christian, Hungriger Richter – hartes Urteil, http://www.sueddeutsche.de/karriere/wirtschaftspsychologie-hungriger-richter-hartes-urteil-1.1084416 (geprüft am 15.06.2019).

Weber, Philipp, Dilemmasituationen beim autonomen Fahren, NZV 2016, S. 249.

Weberling, Johannes, Medienrechtliche Bedingungen und Grenzen des Roboterjournalismus, NJW 2018, 735.

Weberstaedt, Jakob, Online-Rechtsgeneratoren als erlaubnispflichtige Rechtsdienstleistung?, AnwBL 2016, S. 535.

Weichert, Thilo, Big Data und Datenschutz – Chancen und Risiken einer neuen Form der Datenanalyse, ZD 2013, S. 251.

—, Datenschutz im Auto – Teil 1, SVR 2014, S. 201.

Welzel, Hans, Zum Notstandsproblem, ZSTW 1951, S. 47.

Wendehorst, Christiane, Die Digitalisierung und das BGB, NJW 2016, S. 2609.

Wenzel, Silvio, Roboter im Operationssaal, https://www.planet-wissen.de/technik/computer_und_roboter/roboter_mechanische_helfer/pwieroboterimoperationssaal100.html (geprüft am 15.06.2019).

Wettlaufer, Jan Max, Vertragsgestaltung, Legal Techs und das Anwaltsmonopol – Bewertung von Angeboten automatisierter Vertragsgestaltung durch das RDG, MMR 2018, S. 55.

Wilder-James, Edd, What is big data? – An introduction to the big data landscape., https://www.oreilly.com/ideas/what-is-big-data (geprüft am 10.06.2019).

Wischmeyer, Thomas, Regulierung intelligenter Systeme, AöR 2018, S. 1.

Wolff, Heinrich Amadeus/Brink, Stefan (Hrsg.), BeckOK Datenschutzrecht, 28. Edition., München 2019.

Wolff, Verena, Es muss nicht immer nur Anwalt sein, https://www.sueddeutsche.de/karriere/arbeitsmarkt-fuer-juristen-es-muss-nicht-immer-nur-anwalt-sein-1.3684070 (geprüft am 02.09.2018).

Woratschka, Rainer, Eine Krankenschwester für 13 Patienten, http://www.tagesspiegel.de/politik/zu-wenig-pflegepersonal-eine-krankenschwester-fuer-13-patienten/19370914.html (geprüft am 14.06.2019).

Wüst, Thomas, Deep-Learning-Modelle an der Börse: Finanzmarktanalysten aus der Tiefe des Netzes, https://www.finanzen100.de/finanznachrichten/wirtschaft/deep-learning-modelle-an-der-boerse_H694531631_410535/ (geprüft am 14.06.2019).

Yudkowsky, Eliezer, Artificial Intelligence as a positive and negative factor in global risk, in: Bostrom, Nick/Cirkovic, Milan M. (Hrsg.), Global catastrophic risks, Oxford 2008.

Zech, Herbert, Künstliche Intelligenz und Haftungsfragen, ZfPW 2019, S. 198.

Ziekow, Jan, Das Verwaltungsverfahrensrecht in der Digitalisierung der Verwaltung, NVwZ 2018, S. 1169.

Zumkeller-Quast, Florian, Die Nutzung von Socialbots als Identitätstäuschung?, https://www.juwiss.de/2-2017/ (geprüft am 13.06.2019).

www.ingramcontent.com/pod-product-compliance
Ingram Content Group UK Ltd.
Pitfield, Milton Keynes, MK11 3LW, UK
UKHW021935290926
8980IPUK00016B/1635

9 783631 833629